普通高等院校"十二五"规划教材

贸易经济学

钱方明　主　编
蔡正倩　副主编

经济科学出版社

图书在版编目（CIP）数据

贸易经济学/钱方明主编. —北京：经济科学出版社，2011.12
普通高等院校"十二五"规划教材
ISBN 978 – 7 – 5141 – 1484 – 3

Ⅰ.①贸… Ⅱ.①钱… Ⅲ.①贸易经济学—高等学校—教材 Ⅳ.①F710

中国版本图书馆 CIP 数据核字（2011）第 282970 号

责任编辑：周胜婷
责任校对：王肖楠
技术编辑：王世伟

贸易经济学

钱方明 主 编
蔡正倩 副主编

经济科学出版社出版、发行 新华书店经销
社址：北京市海淀区阜成路甲 28 号 邮编：100142
总编室电话：88191217 发行电话：88191613
网址：www.esp.com.cn
电子邮件：esp@esp.com.cn
北京中科印刷有限公司印装
787×1092 16 开 11 印张 250000 字
2012 年 2 月第 1 版 2012 年 2 月第 1 次印刷
印数：0001 – 3000 册
ISBN 978 – 7 – 5141 – 1484 – 3 定价：22.00 元
（图书出现印装问题，本社负责调换）
（版权所有 翻印必究）

前　言

改革开放以来，随着经济体制改革的不断深入和市场经济的发展，我国贸易制度发生了重大变迁，贸易总量实现了快速扩张，贸易结构也有了明显的改善。我国贸易经济发展的特殊国情，使我国贸易经济学的研究内容有了鲜明的特色。我国贸易经济学界围绕贸易发展中遇到的重大现实问题，如贸易体制改革、国内统一市场形成规律、贸易主体培育、区际贸易发展等，开展了卓有成效的理论探索，产生了具有重要影响力的研究成果。这些研究成果进一步丰富了贸易经济学理论，对贸易经济发展具有较强的指导意义。随着流通产业的快速发展，贸易领域对贸易人才的需求也不断增长，贸易人才的供求矛盾比较突出。为了培养适应社会主义市场经济发展需要的贸易人才，一些高等院校的经济和管理专业开设了贸易经济学课程。本书是适应高等院校贸易经济学课程教学需要而编写的本科教材。

本书在编写过程中，认真总结了多年来的教学经验，根据创新型人才培养的需要充分吸收了同类教材的优点和近年来我国贸易经济领域的最新研究成果，力求在教学内容、体系安排上有所创新。本书以现代经济学为基础，规范分析与实证分析相结合，尽量体现贸易经济学内容的时代性，以适应培养学生的贸易经济理论素养的需要。同时，本教材在每章后都附有案例和相应的讨论题，引导读者利用所学理论进行深入的思考和讨论，以培养学生的创新能力。为了让学生增加对现实世界的了解，本教材注重理论联系实际，对贸易经济实务内容有较多的阐述。所以，通过本教材，读者不仅掌握贸易经济的基本理论，还了解和掌握贸易实务知识。本书在文字表达上尽力做到简练和准确。

本书是国家特色专业建设单位——嘉兴学院经济学专业系列教材之一。本书编写的分工是，钱方明编写第一、第二、第三、第七、第八、第九、第十章和全书统稿，还负责搜集、整理和编写每章的案例；蔡正倩编写第四、第五、第六章。本书汲取和采用了国内外许多学者的研究成果，在此对有关专家、学者和教授表示感谢。贸易经济学研究范围广，内容更新快，尚有许多有待进一步探索的新问题、新情况。同时，编写人员水平有限，本书中难免存在一些不足，敬请来自读者和其他来自理论界和教育界的批评指正，以便以后修订教材时参考。

编　者

2011 年 10 月

目　　录

第一章　贸易经济学导论 ··· 1
　　第一节　贸易的产生与发展 ·· 1
　　第二节　贸易理论的演进 ··· 5
　　第三节　贸易经济学的发展概述 ······································ 10
　　第四节　贸易经济学的研究对象、基本范畴和内容 ··············· 12
　　［本章案例］欧洲商业中心的变迁 ·································· 16
　　［复习思考题］ ·· 18
　　［推荐阅读］ ··· 18

第二章　贸易主体与交易行为 ··· 19
　　第一节　贸易主体的概念和分类 ···································· 19
　　第二节　贸易主体的组织形式 ······································· 21
　　第三节　贸易主体的交易行为 ······································· 23
　　［本章案例］家电行业贸易渠道成员间的竞争与合作 ············ 33
　　［复习思考题］ ·· 34
　　［推荐阅读］ ··· 34

第三章　贸易客体与贸易行业 ··· 35
　　第一节　贸易客体含义及贸易行业 ································· 35
　　第二节　商品贸易 ··· 37
　　第三节　服务贸易 ··· 40
　　［本章案例］不同国家服务业发展比较 ···························· 47
　　［复习思考题］ ·· 48
　　［推荐阅读］ ··· 48

第四章　贸易运行 ·· 50
　　第一节　贸易运行形式 ·· 50
　　第二节　贸易运行渠道 ·· 55

第三节　贸易渠道的选择 …………………………………………… 59
　　[本章案例] 工程机械行业贸易渠道的选择与管理 …………………… 64
　　[复习思考题] …………………………………………………………… 65
　　[推荐阅读] ……………………………………………………………… 66

第五章　批发贸易 …………………………………………………………… 67
　　第一节　批发贸易与批发商 ……………………………………………… 67
　　第二节　批发贸易变迁及批发商理论假说 ……………………………… 73
　　第三节　批发交易组织 …………………………………………………… 75
　　第四节　批发业的发展趋势 ……………………………………………… 79
　　[本章案例] 农产品批发市场的发展 ……………………………………… 82
　　[复习思考题] ……………………………………………………………… 83
　　[推荐阅读] ………………………………………………………………… 83

第六章　零售贸易 …………………………………………………………… 84
　　第一节　零售贸易与零售商 ……………………………………………… 84
　　第二节　零售业态的变迁及理论假说 …………………………………… 88
　　第三节　零售业的发展趋势 ……………………………………………… 96
　　[本章案例] 苏宁电器连锁贸易 …………………………………………… 99
　　[复习思考题] …………………………………………………………… 100
　　[推荐阅读] ……………………………………………………………… 100

第七章　贸易制度与贸易管理 …………………………………………… 101
　　第一节　贸易制度的特点及类型 ……………………………………… 101
　　第二节　贸易制度变迁 ………………………………………………… 103
　　第三节　政府对贸易的管理 …………………………………………… 107
　　第四节　贸易行业协会对贸易的管理 ………………………………… 111
　　[本章案例] 义乌小商品市场的变迁 …………………………………… 114
　　[复习思考题] …………………………………………………………… 115
　　[推荐阅读] ……………………………………………………………… 115

第八章　空间贸易 ………………………………………………………… 116
　　第一节　农村市场与城乡贸易 ………………………………………… 116
　　第二节　区域市场与区际贸易 ………………………………………… 124

第三节　世界市场与国际贸易……………………………………………129
　　［本章案例］城乡商贸流通载体的构建……………………………………132
　　［复习思考题］………………………………………………………………134
　　［推荐阅读］…………………………………………………………………134

第九章　贸易效益……………………………………………………………135
　　第一节　贸易效益及其评价…………………………………………………135
　　第二节　贸易效益的主要影响因素…………………………………………139
　　第三节　提高贸易效益的基本途径…………………………………………143
　　［本章案例］批发零售行业的效益分析……………………………………147
　　［复习思考题］………………………………………………………………149
　　［推荐阅读］…………………………………………………………………149

第十章　贸易发展……………………………………………………………150
　　第一节　贸易增长与发展……………………………………………………150
　　第二节　贸易发展趋势………………………………………………………155
　　第三节　我国贸易发展战略…………………………………………………158
　　［本章案例］贸易发展方式转型……………………………………………160
　　［复习思考题］………………………………………………………………162
　　［推荐阅读］…………………………………………………………………162

参考文献…………………………………………………………………………163

第一章 贸易经济学导论

【本章学习目的】了解贸易产生和发展的历史及我国贸易经济学发展的沿革,明确贸易经济学的研究对象和研究内容,掌握贸易经济学的基本范畴,理解当代西方经济学中的相关贸易理论,熟悉贸易经济学内容框架体系。

贸易作为一个历史范畴,是在人类社会三次大分工中逐步产生的。在人类发展历史中,贸易的产生和发展,对经济社会发展产生了深远和持久的影响。古今中外经济学家对贸易活动进行了大量的深入研究,形成了丰富的贸易经济理论。中国特色贸易经济学的形成和发展,对于揭示我国贸易运行的客观规律,指导我国贸易经济的科学发展具有重要意义。

第一节 贸易的产生与发展

一、贸易的产生

《辞海》对贸易的解释是"交易、买卖"。在经济学中,贸易是指不同范围的商品交换活动或商品货币相交换(买卖)活动的总称。狭义的贸易是指以货币为媒介的商品交换活动,是商品生产和商品交换发展到一定阶段后的产物。马克思强调,"商品生产和发达的商品流通,即贸易"。①

贸易作为一个历史范畴,是在人类社会三次大分工中逐步产生的。分工是指人类社会的经济领域中为进行合理的劳动而把劳动专业化的做法。分工是交换形成和发展的基础,分工的形成和发展,促进了贸易等行业的出现,推动了社会生产力的快速发展。而交换又是分工、特别是社会分工发展的必要条件,交换的出现促进了分工的深化,客观上推动了经济发展。

第一次社会大分工使游牧部落与野蛮人相分离,产生了经常性的物物交换。第一次社会大分工使畜牧业成为独立的生产部门,促进了生产效率的提高,丰富了剩余产品。在第一次社会大分工之前,各氏族、部落之间,只存在个别的、偶然的交换。自从畜牧业成为独立的生产部门后,形成了农业生产和畜牧业生产的相互分离,便出现了经常性的物物交换,即 W—W。但是,当时生产力水平低下,商品交换并不占重要地位,自给自足仍是主

---

① 《马克思恩格斯全集》第5卷,人民出版社2009年版,第171页。

要的生产生活方式。

第二次社会大分工使手工业从农业中分离出来,产生了商品交换。第一次社会大分工的发生,使各部落的劳动产品除了满足本部落的消费需求外,还有了剩余,这为手工业的发展创造了物质条件。手工业产品一开始就是直接以交换为目的而生产的,因此具有商品生产的性质。第二次社会大分工促进了生产规模的扩大和劳动生产率的提高,进一步扩大了交换活动的范围。由于货币的出现,交换的形式从物物交换(W—W)转变为简单的商品流通(W—G—W),商品交换发生了质的飞跃,把交换推向一个新的发展阶段,为商业的最终产生创造了前提条件。

第三次社会大分工使商业从手工业中分离出来,产生了贸易。第二次社会大分工使商品生产得到较快的发展,更多的商品需要交换,要求商品流通的规模和范围相应扩大,这时生产者难以兼营买卖事务,客观上促使商品交换活动从商品生产者那里独立出来,以利于商品生产的进一步发展。① 于是出现了专门从事商品买卖的商业阶层和贸易行业。商业劳动的专业化,提高了交换活动的效率,扩大了贸易规模和交易范围,促进了远程贸易的发展。贸易作为发达的商品交换形式,推动了社会分工的深化和商品经济的发展。人类社会三次大分工也促进了商品交换方式发生质的变化,即从第一次社会大分工的物物交换,到第二次社会大分工的简单商品流通,再到第三次社会大分工的发达的商品流通(G—W—G′)。因此,贸易是社会分工的产物,是适应商品生产和商品交换进一步发展的需要而产生的。同时,贸易又进一步促进社会分工和商品经济的发展。亚当·斯密认为,"分工的程度受交换能力大小的限制,换言之,要受市场广狭的限制"②。斯密定理的具体含义是,只有当对某一产品或服务的需求随市场范围的扩大增长到一定程度时,专业化的生产者才能实际出现和存在。反过来表述就是:市场范围的扩展是分工发展的必要条件。

二、贸易的发展

在人类经济社会发展进程中,贸易发展呈现阶段性特征。按历史发展阶段划分,贸易的演进可以分为古代贸易、近代贸易和当代贸易三个阶段。

(一) 古代贸易

古代贸易指前资本主义社会时期,即原始社会、奴隶社会、封建社会的贸易。埃及、巴比伦、印度、中国作为文明古国,较早开始商品交换和贸易活动,其贸易的历史可以追溯到5000~7000年以前。埃及在公元前6000~公元前5000年农业已经相当发达了,具备了商品交换的条件。中国5000年前就有原始的集市和经常性的商品交换。商代就出现货币,出现了商人阶级和商业。西周时期,商朝遗民大多失去了土地,无从回归农耕生活,

---

① 章国兴、张鹏:《贸易经济学》,重庆大学出版社1995年版,第16页。
② 亚当·斯密:《国民财富的性质和原因的研究》,商务印书馆2009年版,第16页。

一些商人抄起了老行当，成了行商坐贾。在营商的人之中，商朝遗民占有较大比重，所以人们称他们为"商人"①。春秋战国时期，中国古代商业出现了第一次大的繁荣，商业获得了大的发展。当时出现了历史上著名的大商人范蠡、子贡、白圭等。秦始皇统一中国，统一货币，降低了区际贸易的交易成本，为区际贸易的发展创了良好的条件。但始于秦、兴于汉的抑商政策，对商品经济和商业的发展起了严重的阻碍作用。唐宋时期，是中国继春秋战国之后的又一个商业发展高峰。唐朝的城市商业已经比较发达，涌现了像长安、洛阳、扬州等商业城市，并形成了辐射全国的商业网络。同时，城市商业已经深刻地影响了乡村集市。宋朝延续了唐朝的商业繁荣，商贸中心向南方和沿海转移。开封、成都、杭州、广州等地的商业得到发展，形成了繁荣的商圈。中国古代有徽、晋、陕、鲁、闽、粤、宁波、洞庭、江右、龙游等十大商帮，其中以徽商和晋商规模最大、实力最为雄厚，纵横商界500年。在清末民国时期，宁波帮后来居上、取而代之。

古代世界贸易随各地经济与文化的发展状态而呈地域性转移。除上述中国的情况外，世界上最早的商业出现在埃及、巴比伦、腓尼基等地。古埃及交换的产品从大宗的农产品到稀有的珍宝都有。古巴比伦商业比较发达，以"城市商业"和"邦际贸易"为主，手工业、商人、高利贷者是日常生活的主角②。巴比伦的商业兴盛了几百年。而腓尼基人则在公元前3000年，来到地中海开始航海贸易，是活跃于地中海和埃及的有名商人，成为早期地中海海上贸易的垄断者。从公元前5世纪到公元11世纪是古希腊、古罗马和土耳其的君士但丁堡的城邦商业时期。公元前5世纪，雅典人称霸爱琴海，雅典邦城成为地中海最大的商业中心。公元前3世纪，罗马称霸地中海，成为商业中心。公元330年，罗马帝国皇帝君士坦丁大帝宣布迁都拜占庭，改名为君士坦丁堡，8~10世纪，它成为欧洲最重要的商业中心。公元1204年，威尼斯舰队掠夺君士坦丁堡，从此逐渐成为地中海的商业中心。12~15世纪地中海沿岸，威尼斯成为欧洲商业和海运中心。热亚那、比萨、佛罗伦萨商业也十分发达。15~16世纪地理大发现使东方与欧洲的商路不再经地中海，威尼斯、热亚那、比萨、佛罗伦萨商业衰落。16世纪，葡萄牙、西班牙、尼德兰南部各港口，尤其是里斯本、赛维尔和安特卫普，成为世界航海中心。17世纪上半叶，世界商业中心转移到荷兰的阿姆斯特丹。1642~1648年，英国资产阶级革命在世界范围拉开古代社会进入现代社会的序幕。工业优势带来商业优势，17世纪中叶以后，英国取代荷兰成为世界商业中心。

古代贸易和商业具有如下的特点：第一，贸易和商业的地位与作用相对较低、较小。这一时期，生产力水平相对较低，自然经济占统治地位，商业与贸易仍然从属于自然经济，总体规模较小，在整个经济中所起的作用较小。第二，交换的商品品种较少，贸易活动的地区范围不大。市场交换的商品为一般的生活用品，但主要是供封建统治者享用的奢侈品。奴隶也作为一种特殊的商品在奴隶主间进行买卖。世界贸易有一定的发展，但贸易量和贸易范围受到限制。第三，不平等贸易是商业的普遍现象。由于商业资本集中在封建领主、地主和官府的手中，不等价交换、欺诈、暴力等现象比较普遍。

---

① 王晓明：《世界贸易史》，中国人民大学出版社2009年版，第55页。
② 同上，第125页。

（二） 近代贸易

近代历史的起端始于英国16世纪中叶的资产阶级革命（中国以1840年开始），其末端以第二次世界大战结束为标志。与此相对应，17世纪下半叶，英国战胜荷兰取得海上霸权，并成为世界商业中心。稍后，法国、德国、美国也相继进行了资产阶级革命和工业革命。

以资本主义发展为标志的近代贸易，其发展已经具有如下的特点：

第一，贸易和商业的地位和作用进一步提高，贸易成为资本主义生产的内在要素。在前资本主义时期，商业资本是独立发展的，但随着资本主义的发展，贸易资本的独立性下降，贸易资本与产业资本的联系更紧密。"在资本主义社会以前的阶段，商业支配着产业。而在现代社会里，情况正好相反。"[①] 贸易资本独立性下降并不意味着贸易和商业地位的下降，相反说明贸易在资本主义生产中的作用越来越强，资本主义生产已经离不开正常的贸易活动。

第二，贸易的规模迅速扩大，范围不断延伸。资本主义的生产方式使进入贸易领域的商品品种和数量迅速扩大。市场交换的商品除了迅速增长的生活资料外，一切生产要素都通过市场交换活动获取，贸易规模不断扩大，贸易结构不断变化。在货物贸易活动不断增加的同时，服务贸易也开始发展起来。资本主义的发展使贸易组织化程度不断提高，呈现贸易企业大型化、网络化、层次化、国际化的特征，跨国公司不断涌现，世界贸易和世界市场的规模日益扩大，贸易范围不断延伸。

第三，贸易领域的竞争日益激烈。资本主义社会化大生产的生产方式促进了贸易的大发展，导致贸易活动的竞争也日趋激烈。随着买方市场的形成，资本家不断创新贸易方式、贸易手段，贸易竞争空前激烈。贸易领域的竞争既在国内市场进行，也在国际市场上展开。各个垄断资本集团间、国家间为争夺世界市场展开了各种形式的"贸易战"，盲目竞争加剧了周期性的商业危机。

第四，贸易利润受资本主义平均利润率规律的制约。资本主义时期的贸易活动受到资本主义经济规律，特别是资本主义平均利润率规律的制约，获取同产业资本家一样的平均利润。如果商业资本竟比产业资本提供较高的百分比的平均利润，那就会有一部分产业资本转变为商人资本。[②] 反之，就会出现相反的流动。

（三） 当代贸易

当代贸易指从第二次世界大战以后至今的贸易。第二次世界大战后，世界经济贸易格局发生了重大变化，贸易活动呈现出新的特征，主要表现在以下几个方面：

第一，国际贸易迅猛发展，贸易全球化成为不可阻挡的趋势。第二次世界大战后，国

[①] 马克思：《资本论》第3卷，上海三联书店2009年版，第229页。
[②] 同上，第192页。

际贸易环境发生了前所未有的变化,各国对外贸易开放度提高,国际分工深入到行业内部不同产品之间、甚至同一产品的不同生产过程,国际贸易的范围、规模、程度得到前所未有的发展。20世纪90年代以来,国际贸易的快速增长又有其新的内在动力和支持条件。20世纪中叶以来,全球贸易的增长率高于生产的增长率,世界各国对世界市场的依存度越来越大,各国间的生产和消费越来越紧密地相互联系。

第二,贸易内容和形式发生巨大变革,贸易对生产和生活方式的影响越来越大。第二次世界大战以后,现代信息技术、生物工程、原子能技术、航空航天、新材料的产生和发展,极大地推动了产品创新和更新,新产品层出不穷,老产品不断更新换代,使商品贸易内容发生了深刻的变化。世界货物贸易的发展,直接拉动了与其密切相关的运输、保险等服务贸易部门贸易的快速增长。科技的发展和服务外包等新的贸易方式的兴起更加快了世界服务贸易的发展。同时,新的技术革命,特别是在电子信息领域的技术进步,对贸易方式产生了重大的影响。电子商务的发展,彻底改变了传统的业务方式和手段,使国际贸易智能化、无纸化和简单化。此外,生产和消费的巨大变化推动了贸易制度创新,新的贸易组织和贸易业态不断涌现。

第三,贸易、投资、金融联系日益紧密,贸易的地位和作用不断增强。第二次世界大战后特别是20世纪70年代以后跨国公司的迅猛发展,使贸易与投资、金融的关系更加密切。跨国公司的对外直接投资不仅把产品的生产与贸易紧密联系在一起,而且推进了贸易与金融的结合。贸易向相关领域渗透范围的扩大极大地拓展了贸易在社会再生产领域中的地位和作用。

第四,贸易领域的竞争日益激烈,贸易竞争手段不断变化。为争夺市场份额,各种贸易战、价格战、倾销战与反倾销战接连不断。美日汽车贸易战、欧美农产品贸易战、中美纺织品贸易战等贸易战不断发生。2008年以来的世界金融危机使世界贸易保护主义抬头,贸易摩擦与贸易战经常出现。技术贸易壁垒、绿色贸易壁垒等成为贸易保护主义的新形式。

第二节 贸易理论的演进

一、马克思的交换与贸易理论

马克思关于交换、流通与贸易发展的理论十分丰富,主要涉及交换在社会再生产中的地位、商品流通形式、贸易与市场、流通费用等。

马克思认为,生产过程必然是社会再生产过程。再生产过程有四个要素,即生产、分配、交换、消费。交换在社会再生产中处于中介地位,即生产与消费的中介,以及由生产决定的分配和消费的中介。

马克思认为，流通的本质是交换，但不是个别的交换，而是交换行为体系，表现为交换总体。商品流通不仅在形式上，而且在实质上不同于直接的产品交换。马克思揭示了商品流通的两种形式，即简单商品流通和发达商品流通。由于货币的出现，买和卖可以在时间和空间上出现分离，商品交换就发展到商品流通，进而发展到贸易。但严格意义上，这仅是贸易的萌芽阶段，真正的贸易是出现在发达商品流通阶段，即以追求价值增值为目的的买卖活动。马克思强调，"商品生产和发达的商品流通，即贸易"。①

马克思在研究资本主义经济时经常运用市场、世界市场、国际贸易、对外贸易等一系列概念。马克思认为，不断扩大产品销路的需要，驱使资产阶级奔走于全球各地。资产阶级由于开拓了世界市场，使一切国家的生产和消费都成为世界性的。新的工业所加工的，已经不是本地的原料，而是来自极其遥远的地区的原料；它们的产品不仅提供本国消费，而且同时供世界各地消费。② 马克思还在《英中条约》、《对华贸易》等文章中专门论述了对外贸易问题。

马克思在研究资本流通的过程中曾单独开辟一章，系统地研究流通费用。马克思将流通费用分为两部分，即纯粹流通费用与追加费用。所谓纯粹流通费用是指用于直接买卖过程的费用，即"为了实现商品的价值，使之由商品转化为货币或由货币转化为商品，对商品交换起中介作用所必须的"。③ 纯粹流通费用包括计算、簿记、市场、通讯等方面的费用。所谓追加费用，是指与商品使用价值有关的费用，包括再加工费用、保管费用与运输费用。

二、西方传统的贸易理论

1. 重商主义的贸易理论

15~18世纪，西欧是重商主义思潮产生、盛行和衰落时期。大约从15世纪下半期至17世纪上半期为早期重商主义，从17世纪上半期至18世纪下半期为晚期重商主义。重商主义把货币看成财富的唯一形态，把国家的经济政策和一切经济活动统统归结为摄取金银。早期重商主义主张采用行政手段或法律手段严禁金银出口，在对外贸易上奉行绝对的"少买多卖"原则。因此，早期的重商主义又称"重金主义"，或"货币差额论"。晚期重商主义主张在保证有更多的金银运回本国的前提下，允许金银出口，但在总量上保持贸易顺差。重商主义重视扶植工场手工业，扩大商品出口，限制收入。因此，晚期重商主义又称"重工主义"或"贸易差额论"。

2. 斯密的贸易理论

亚当·斯密是英国古典经济学的重要代表人物，代表作是1776年出版的《国民财富的性质和原因的研究》（简称《国富论》）。该著作中关于贸易方面的理论主要体现在以下

---

① 《马克思恩格斯全集》第5卷，人民出版社2009年版，第171页。
② 《马克思恩格斯全集》第2卷，人民出版社2009年版，第35页。
③ 《马克思恩格斯全集》第7卷，人民出版社2009年版，第321页。

几个方面：（1）人类所特有的倾向是"互通有无，物物交换，互相交易"①，这种交换倾向促使了分工的产生。"由于我们所需要的相互帮忙，大部分是通过契约、交换和买卖取得的，所以当初产生分工也正是人类要求相互交换这个倾向"②。（2）斯密主张分工，认为分工能提高劳动生产率，降低产品成本，促进财富的增加。分工的原则是绝对优势或绝对利益，每个国家按照绝对有利的生产条件去进行专业化生产，然后彼此交换，对所有交换国家都是有利的。（3）分工受市场范围限制。斯密认为，分工起因于交换能力，分工的程度也受市场范围的限制。"有些业务，哪怕是最普通的业务，也只能在大都市经营。"③斯密主张自由贸易，摒弃重商主义把货币作为财富唯一形态的理论。

3. 李嘉图的贸易理论

大卫·李嘉图是英国古典经济学的另一个重要代表人物，代表作是1917年出版的《政治经济学及赋税原理》。李嘉图继承了亚当·斯密的自由贸易学说，并在自己的价值和货币论的基础上提出了更加系统和完善的比较成本说。这一理论突破了把互利性贸易限制在绝对成本优势的范围内的理论局限性。该学说认为，只要两国之间的生产成本存在相对差异，两国可以各自生产在比较成本上相对有利的商品，通过国际贸易彼此节省劳动，对双方都有利。比较优势说比绝对成本说更全面、更深刻地揭示了国际贸易的产生。它阐述了发展程序不同的国家都可以从参与国际贸易、国际分工中获得好处，也进一步说明了对外贸易利益的来源，对推动自由贸易政策的实施和国际贸易自由化发展起到了积极的作用。

4. 李斯特的保护贸易理论

弗里德里希·李斯特是德国著名的经济学家，其代表作是1841年出版的《政治经济学的国民体系》。李斯特反对亚当·斯密等人的自由贸易理论，提倡以保护关税为核心的保护贸易理论。保护关税制度为国内工业的发展创造了良好的发展环境，促进生产力的发展。他认为，保护关税制度是现实生活中经济发展的客观结果，并且保护关税制度也并不限制个人自由。李斯特的保护关税制度是有条件的，并不适用于一切国家和一切产品。李斯特认为，从经济方面看，国家都必须经过原始未开化时期、畜牧时期、农业时期、农工业时期、农工商业时期。对于一个国家来说，不同的发展阶段应实行不同的贸易政策，只有当一个国家进入农工业时期，才应实行贸易保护和保护关税制度。当时只有德国和美国符合这一条件。

三、当代西方经济学的贸易理论

1. 要素禀赋理论

俄林是当代瑞典著名经济学家。他在1933年出版的《地区间贸易和国际贸易》一书

---

① 亚当·斯密：《国民财富的性质和原因的研究》（上卷），商务印书馆1996年版，第12页。
② 同上，第14页。
③ 同上，第16页。

中比较系统地论述了资源禀赋理论。该理论认为，区域之间互利贸易的基础在于要素禀赋的差异，区域贸易的最终决定因素是要素的供给和需求之间的关系。俄林认为，贸易的首要条件是商品在一个地区的生产要比在其他地区生产（价格）更便宜，这种商品包含了许多比其他地区更便宜的要素，进而将这些低价商品出口以便换回其他地区生产的相对低价的商品。因此，每个地区会大量出口使用低价要素的产品，即进口自身生产成本较高的产品，而出口生产成本较低的产品。① 俄林早期师承瑞典著名经济学家赫克歇尔而深受启发，故他的要素禀赋说也被称为赫克歇尔—俄林定理。

要素禀赋理论提出以后，很多经济学家对其进行了实证检验，其中最著名的是里昂惕夫检验。1953 年，里昂惕夫在费城的美国哲学协会上宣读了题为《国内生产与对外贸易：美国资本状况的重新检验》的论文。论文根据 1947 年美国 200 个行业的材料，归纳为 50 个部门（其中 38 个部门的产品是直接进入国际市场的），制定"投入—产出表"进行了一系列的计算，发现美国出口的商品是劳动密集型的，而进口的商品是资本密集型的。里昂惕夫的这个结论与赫克歇尔—俄林定理完全相反，被称为"里昂惕夫之谜"（The Leontief Paradox）。针对"里昂惕夫之谜"，西方学术界从不同的角度提出了解释，如劳动效率说、消费偏向说、贸易壁垒干扰说、人力资本说和美国经济延伸说等。

2. 产业内贸易理论

产业内贸易是指一国同时出口和进口同类型的制成品，又称双向贸易或重叠贸易。第二次世界大战后，特别是 20 世纪 70 年代以后，产业内贸易得到迅速发展，传统的比较优势理论、要素禀赋理论都无法解释这些现象，70 年代末、80 年代初出现了大量有关产业内贸易的理论解释。

林德从需求的角度解释发达国家间的产业内贸易现象。他认为，人均收入水平相近的发达国家彼此消费者的偏好相似程度也较高，互相为对方提供了同类产品出口的市场，由此形成发达国家之间的工业制成品贸易与产业内贸易。美国经济学家保罗·克鲁格曼是产业内贸易学说的代表人物。他在 1983 年发表了《工业国家间贸易的新理论》一文，比较系统地阐述了产业内贸易理论。克鲁格曼将贸易分为产业间贸易和产业内贸易两大类。前者是指不同产业间的贸易，后者是指产业内部同类产品之间的贸易，即一个国家同时出口和进口同类产品，或者说，贸易双方交换的是同一产业所生产的产品，如美国和日本之间相互输出汽车。产业内贸易理论是建立在规模经济学说之上的。由于每个产业内部都存在着广泛的系列产品，各国没有必要生产全部系列产品，应根据产业内专业化的要求，选择其中一种或几种产品进行生产，以追求规模经济效益。因此，产业内贸易是基于规模经济基础上国与国之间同类而相异的产品的贸易。

3. 产品内分工贸易理论

20 世纪 90 年代，随着经济全球化程度的不断加深，产品内分工贸易现象引起了经济学家的关注。到目前为止，对于产品内分工在学术界尚无一种统一的说法，如外包、产品内部专业化、分割价值链、生产地址的分离、内部中间贸易等。虽然名称各不相同，但内

---

① 伯特尔·俄林：《区际贸易与国际贸易》，华夏出版社 2008 年版，第 17 页。

在含义基本一致。产品内分工贸易理论成为现代主流贸易理论重点研究的方向,这个国际贸易的理论范式开始于传统国际贸易理论中"中间产品贸易"（Intermediate Products Trade）,它研究的现实基础是产业链的全球铺展导致某种产品的生产工序在空间上分离,从而产生了相应的贸易形式和经济后果。① 与产品内贸易相关联的概念可以追溯到 20 世纪 60 年代。1967 年,巴拉萨（Balassa）首次使用"垂直专业化"一词来概括产品生产过程跨越国界所形成的上下游企业之间的纵向关系。进入 90 年代以后,产品内分工理论开始盛行,研究的主线是传统的国际贸易理论框架下的产品内分工理论。进入 21 世纪以来,一些新贸易理论经济学家也开始研究"全球生产组织"和"外包"现象,也形成了产品内分工贸易理论的新的基石。产品内分工使国际贸易的性质发生了巨大变化,从 OECD 和新兴市场国家的投入产出表可估计出这种垂直专业化（导致的国际贸易）占世界出口 30%,而其在过去 25 年中增长了 25%。因此对其进行深入研究具有重要意义。②

4. 交易费用理论

交易费用理论的提出使西方经济学对贸易或交易行为的研究更接近于现实世界。交易费用理论是由科斯首先提出,经威廉姆森、克莱因、阿罗、张五常等人发展而逐步形成的。1937 年,著名经济学家罗纳德·科斯在《企业的性质》一文中提出了交易费用的思想。在科斯看来,之所以存在交易费用,是因为市场交易是有代价的,市场价格机制的运行是有成本的。为节约交易费用,企业作为代替市场的新型交易形式应运而生。阿罗、张五常等人将交易费用的概念扩展为"制度费用"。威廉姆森是从契约的角度分析交易费用及其存在的,他将交易视为经济分析的基本单位,而交易是有费用的。他将交易费用分为两部分:一是事先的交易费用,即为签订契约、规定交易双方的权利和责任等花费的时间。二是度量、界定和保护产权,发现交易对象和交易价格,讨价还价,订立和执行交易,监督违约行为并对之制裁,维护交易秩序等的费用。威廉姆森从人的因素、与特定交易有关的因素、市场的交易环境三个方面研究决定交易费用的影响因素的。威廉姆森认为,决定交易特性的要素包括资产专用性、交易的不确定性、交易频率三个方面。威廉姆森还提出了不同的合同关系及其对应的交易类型。古典缔约活动大约适用于所有标准化的交易（不论发生频率如何）,关系性缔约活动适用于经常性交易和非标准化的交易,新古典缔约活动用于数次性、非标准化的交易。③ 制度经济学的分析方法被运用于贸易领域的研究后,对贸易理论的研究更加接近现实,对贸易现象更具有现实解释力。特别是对于转型国家来说,制度变迁是贸易发展的重要因素,交易费用更是不能被忽视的。20 世纪 90 年代以来,一些西方学者将制度因素和交易成本引入国际贸易理论,取得了不少研究成果。

5. 价值链理论

20 世纪 80 年代以来,众多学者相继提出价值链理论。1985 年,波特在《竞争优势》

---

① 曾铮、王鹏:《产品内分工理论的历史沿承及其范式嬗变》,载于《首都经贸大学学报》2007 年第 1 期。
② 陶爱颖:《产品内分工理论简介》,载于《中国市场》2010 年第 35 期。
③ 陈郁:《企业制度与市场组织——交易费用经济学文选》,上海三联书店、上海人民出版社 2006 年版,第 38~39 页。

一书中指出，价值链是指一个企业用来进行设计、生产、营销、销货、交货以及对产品起辅助作用的各种活动的集合。同年，科洛特（Kogut）在《设计全球战略：比较与竞争的增值链》中用价值增值链来分析国际战略优势。科洛特认为："价值链基本上就是技术与原料和劳动融合在一起形成各种投入环节的过程，然后通过组装把这些环节结合起来形成最终商品，最后通过市场交易、消费等最终完成价值循环过程"。科洛特的价值链理论对价值链理论的形成产生了重要的影响。与价值链研究基本同时进行的还有生产链、商品链、生产网络、价值网和投入产出等。

1994 年，格里芬（Gereffi）等一些学者在价值链的基础上提出了全球商品链理论（Global Commodity Chain，GCC）。全球商品链开始从投入产出结构、地域性、治理结构、体制框架四个角度开展研究，后来基本上集中在链条治理这个角度。这是由格里芬于 1994 年按照全球商品链二分法提出的生产者驱动（Product - driven）和购买者驱动（Buyer - Driven）两种模式。购买者驱动型商品链是指大型零售商，经销商和品牌制造商在散布于全球的生产网络（特别是奉行出口导向的发展中国家）的建立和协调中起核心作用的组织形式。生产者驱动型商品链是指大的跨国制造商在生产网络的建立和调节中起核心作用的垂直分工体系。

由于全球商品链（GCC）不能在经济全球化研究中给出比较理想的分析框架，受到一些学者的质疑。2001 年，格里芬在全球商品链基础上又提出了全球价值链理论（GVC）。联合国工业发展组织（UNIDO）在《2002—2003 年度工业发展报告——通过创新和学习来参与竞争》中对全球价值链的定义为：在全球范围内为实现某种商品或服务的价值而连接生产、销售、回收处理等全过程的跨企业网络组织，涉及从原材料采集和运输、半产品和成品生产及分销，直至最终消费和回收处理的整个过程。全球价值链理论的一项核心内容是关于它的动力模式。全球价值链理论中关于动力的研究，基本延续了格里芬（1994）等在全球商品链研究中给出的全球商品链运行的生产者驱动型和购买者驱动型两种模式，认为全球价值链的驱动力基本来自生产者和采购者两方面。例如，巴黎春天控制和主导的全球价值链就属于购买者驱动的价值链。巴黎春天作为全球著名的百货店，面对超市、专卖店的价格竞争，定位于"高档精品百货"，凭借其在全球价值链中的地位对商品价值链活动进行控制和协调。

第三节 贸易经济学的发展概述

一、我国贸易经济学发展沿革

贸易经济学是在交换与贸易产生并有较大发展后，经过人们的认知、总结、探索其发展规律的长期过程中产生和逐步发展起来的。最初散见于学者们零星、个别的理论片段，逐渐发展为比较系统的贸易经济理论，并形成一门独立的应用经济学学科。西方国家没有贸易经济学学科，与其相对应的是商学或商业学，属于商科范畴。商学最早起源于10世纪阿拉伯的《商人手记》，到了15世纪出现《商人学》（1458年意大利出版的《完美的商人》），17世纪出现《商事学》（德国路德比奇的《商事学》）、法坎强的《商业一般性质论》，直到19世纪以后才发展成为《商业学》（德国希亚的《一般商业经营论》）。[①] 1907年，日本产生了第一部《商业学》。20世纪初，美国出版了《市场学》。商学的发展与世界各国商品经济发展程度和商业活动状况相关，反映了各国商业的发展情况。

1904年，中国人自己编纂出版了最早的系统著作《商学》。1916年，上海商务印书馆出版了柳准编写的《商业经济》教科书。新中国成立60年以来，我国贸易经济理论理论在不断地创新发展，具体来说，经历了无流通论—流通论—流通产业论—流通先导产业论—流通基础产业论—流通战略产业论—流通产业集群论—流通产业结构论—流通产业联盟论—流通体系战略论等。[②] 新中国成立后，我国从苏联引进商业经济学。但苏联的商业经济学是在第二次世界大战后不到10年功夫仓促建立起来的，以计划经济为基础，以注释政策和介绍政府的管理条例为内容。到20世纪60年代中期，不少高等学校编写了贸易经济学教材，推动了我国贸易经济学教材建设。改革开放以后，原来的商业经济学已经不能适应商品经济发展、市场经济运行的需要。一些专家学者开始着手编写反映时代要求的贸易经济学教材。1994年，中国人民大学林文益教授出版《贸易经济学》教材。该教材是我国改革开放以后出版的具有重要影响的教材，在我国贸易经济学教材建设史上具有里程碑意义。该教材总结了贸易发展的历史，提出了在商业经济学外建立贸易经济学的必要性和可能性，建立了市场经济条件下贸易经济学的基本框架，走出了从解释商业政策、管理制度、条例内容的条条框框，增强了学科的理论性。1999年，中南财经政法大学周肇先教授编写出版了《贸易经济学》。该教材既突出了贸易理论阐述与分析，又有较强的实用性，反映了当时贸易经济发展的最新成果。2007年，湖南商学院柳思维教授出版了《贸易经济学》教材。该教材在内容上吸收了国内外最新的研究成果，在内容体系上进行了创新，突出了实用性和操作性。

二、我国贸易经济学教材建设

1. 我国贸易经济学与市场经济发展紧密相关

我国贸易经济学的发展与市场经济理论与实践的发展同步。改革开放以来，随着经济体制改革的不断深入和市场经济的发展，我国贸易制度发生了重大变迁，贸易总量实现了快速扩张，贸易结构也有了明显的改善。贸易经济学界围绕我国贸易发展中遇到的重大现实问题，如贸易体制改革、国内统一市场形成规律、贸易主体培育、区际贸易发展等，开

[①] 黄国雄、曹厚昌：《现代商学通论》，人民日报出版社1994年版，第1页。
[②] 洪涛：《"十二五"中国特色流通体系及其战略初探》，载于《北京工商大学学报（社会科学版）》2010年第7期。

展了卓有成效的理论探索,产生了具有重要影响力的研究成果。这些研究成果进一步丰富了贸易经济学理论,对贸易经济发展具有较强的指导意义。

2. 我国贸易经济学具有自身特色

我国贸易经济发展的特殊国情使我国贸易经济学的研究内容具有鲜明的特色。我贸易经济发展特殊性表现在:改革开放发来,我国从计划经济向市场经济转型中贸易制度发生了重大变迁,无论对内贸还是外贸都产生了重大而深刻的影响,出现了许多独特的贸易现象,我国地域辽阔区域发展差距大,各种贸易形式并存,区域市场、区际贸易的发展具有特殊性,我国是城乡二元结构比较明显的发展中国家,城乡贸易也有其自身特点。对我国贸易经济现象进行深入研究,总结我国贸易运行规律,是贸易经济学的历史使命。

3. 贸易经济学与其他应用经济学的关系

贸易经济学是应用经济学的分支,与其他经济管理学科有联系。厘清相互关系,对于学好贸易经济学有重要意义。

与贸易经济学最接近的应用经济学是商业经济学。与贸易经济学有紧密联系的课程有产业经济学、市场营销学、零售学、采购学、物流学等。产业经济学是研究产业发展及其规律的应用经济学,不研究贸易运作规律,不可能替代贸易经济学。市场营销学是从企业微观层面来认识市场、研究营销活动的,而且着重研究交换的一个方面。而贸易经济学是以贸易活动的运行为基点,它不仅涉及企业的商品交换活动,而且要从更宏观的角度研究商品交换的运行及其规律性,如贸易渠道、贸易空间、贸易管理、贸易发展等。至于零售学、采购学、物流学等是在贸易经济学基本理论的基础上,在各个侧面和分支上发展起来的实务性较强的课程。

第四节 贸易经济学的研究对象、基本范畴和内容

一、贸易经济学的研究对象

贸易经济学作为独立的应用经济学,有其特定的研究对象。目前学术界对贸易经济学的研究对象有不同的看法。林文益编的《贸易经济学》教材把贸易经济学研究对象确定为:以狭义的贸易为范围,研究对象是特定的社会关系条件下商品市场——商品流通领域中的经济关系及其运动规律。周肇先编的《贸易经济学》教材把贸易经济学研究对象确定为:商品交换过程的经济关系及其运行机制。这里所指的商品,包括有形的实物商品和无形的服务商品。柳思维编的《贸易经济学》教材把贸易经济学研究对象确定为:社会贸易经济活动中贸易活动过程、贸易活动中的经济关系以及贸易活动中的客观规律。洪涛

（2010）认为，贸易经济学是研究商品流通领域交换关系及规律的独立的经济学科，它研究实物商品、服务商品和商务活动，以交换、市场、流通、贸易、商业、流通产业、价格、供求等为核心范畴，研究整个商品流通领域的资源配置、总量规模、结构状况、运行规律、流通体制等问题，属于应用经济学的范畴。

综合以上观点，本书认为把贸易经济学的研究对象确定为贸易活动过程所发生的经济关系、运行规律及资源配置问题比较合适，不仅要研究物质商品贸易的运行规律，还应加强对服务贸易运行规律的研究。首先，贸易经济学研究商品交换过程中所发生的经济关系。商品交换活动中涉及多种形式、多方面的关系。这些关系包括：(1) 商品生产者与生产者之间的商品交换关系。商品生产者同时又是生产资料的消费者，不同产业间、不同产品间生产者存在复杂的交换关系。(2) 商品生产者与商品消费者之间的交换关系。这里讲的消费者既包括居民，也包括机关、团体、学校、部队、事业单位等社会集团。商品生产者与商品消费者之间的交换关系体现了商品生产与最终消费间的关系。(3) 商品生产者与商品经营者之间的关系。商品从生产领域向消费领域转移的过程中，作为流通渠道成员的商品生产者和商品经营者之间既存在相互合作关系，又存在激烈的竞争关系。研究这种关系对于构建和谐的工商关系具有重要意义。(4) 商品经营者与商品经营者的关系。商品流通过程中涉及不同的商品经营者，如批发商、零售商等。研究这种关系对于优化贸易渠道、合理配置贸易要素资源具有重要意义。(5) 商品经营者与商品消费者之间的关系。体现流通领域与消费领域之间的关系。(6) 政府与商品生产者、经营者之间的关系。它体现贸易管理部门与贸易主体间的关系。其次，贸易经济学研究贸易活动中商品交换的运行规律及资源配置问题。在市场经济条件下，商品交换过程中起基础作用的机制是市场机制，具体包括价格机制、供求机制、竞争机制、风险机制等。由于市场运行机制的相关理论已经在价格学、西方经济学等教材中阐述，贸易活动中储存、运输等内容在物流学等教材中阐述，本书不再详细阐述。而有关贸易活动中的特殊的运行规律及资源的配置问题，如贸易行为、贸易客体、贸易形式、贸易运行、贸易空间、贸易管理、贸易效益等是贸易经济学研究的重点内容，也是学习其他实务课程的基础。

二、贸易经济学的基本范畴

1. 商品交换

商品交换是贸易经济学最重要的范畴，是贸易经济学科学体系的起点和出发点，并贯穿于贸易经济学研究的全过程。商品交换指实体商品和产权的综合转移，涉及商流、物流和信息流。商品交换需要以下四个方面的要素[①]：一是需要，包括生产需要和消费需要。没有需要就没有交换，而交换需要实质上是生产需要和消费需要的反映。二是产品。商品交换的产品应具有使用价值，这是交换的客体和对象。三是分工。分工是交换的前提和基

---

① 林文益：《贸易经济学》，中国财政经济出版社1995年版，第3页。

础，如果没有分工，不论这种分工是自然发生的或者本身已经是历史的成果，也就没有交换①。四是产品所有者。交换主体对商品和劳务具有四种基本的权利，即所有权、占有权、使用权和支配权。现代市场经济下这四种权利常常表现为分离的状态，促使商品交换活动向深度和广度扩展。这些权利让渡的清晰化是交易主体开展商品活动的基础。

2. 商品流通

商品流通是商品从生产领域到消费领域的转移过程。马克思认为，"流通本身只是交换的一定要素，或者也是从交换总体上看的商品交换"。商品流通有狭义和广义两种含义。狭义商品流通又称纯粹的商品流通，指商品价值形态的变化。广义的商品流通，指商品价值形态的变化与商品物质运动过程的有机结合和统一，不仅有商品与货币价值形态转化，而且有商品实体的运动，如运输、储存、包装等。

3. 市场

市场是与商品交换或贸易同等重要的范畴，是贸易活动的载体。市场是具有丰富内涵的范畴，具有以下四方面的内涵②：一是商品交换活动场所。这是最初的市场概念，是空间概念。二是商品交换关系的总和。商品交换活动对市场要求的不仅是交易的场所，还要有与交易活动有关的运输、仓储、金融、信息、技术等，因此市场是商品交换关系的总和。三是指市场需求和产品销路。马克思指出："寻找市场，也就是寻找买者。"四是特定条件下，市场被用来作为交易组织的称谓，如批发市场、交易所等，指集中交易的流通服务组织，为分散的、没有固定供销关系的生产者和消费者、卖者和买者提供直接见面或接受委托进行集散买卖的场所和其他为交易服务的条件。

4. 分工

通常所说的分工，一般指人类社会分工。社会分工是社会各种劳动的划分和独立化，是社会总劳动划分为相互独立而又相互依存的若干部分，是不同所有者之间的分工。社会分工是商品交换的基本前提。马克思认为是分工决定交换，而亚当·斯密认为是交换决定分工。斯密不仅认为分工起因于交换能力，而且认为分工程度也受到交换能力的限制。贸易经济学需要研究分工产生和发展及其对贸易活动的影响，使分工成为贸易经济学的基本范畴之一。

5. 商业

商业是指专门从事以货币为媒介的商品交换的经济部门，是商品交换与商品流通的发达形式，是专业化、组织化的贸易。商业有广义与狭义之分。广义的商业是指所有以营利为目的的事业，即英语中的"business"；而狭义的商业是指专门从事商品交换活动（转售）的营利性事业，即通常所说的商业。商品从生产领域向消费领域转移不全由商业者来完成的。作为消费者个人和作为生产者的制造商也从事着大量的商品交换活动。商业是商品流通中部分、特殊的、中介性的买卖活动，而不是全部商品流通领域的买卖活动。

6. 贸易

贸易是指不同范围内的商品交换活动或商品货币相交换（买卖）活动的总和，因而它

---

① 《马克思恩格斯全集》第8卷，人民出版社2009年版，第23页。
② 林文益：《贸易经济学》，中国财政经济出版社1995年版，第29页。

不是个别的交换行为，不是指一次具体的买卖活动。[①] 它可指不同个人、组织，也可指不同部门、地区、国家间的交换活动。贸易是为卖而买，买而后卖的为交换，为追求价值的增值而进行生产或交换的经营行为。从这个意义上讲，贸易包含商业，但不是商业的全部，还包括商业活动以外的买卖活动。贸易可以公为狭义的贸易和广义贸易，狭义的贸易是指不同范围的物质供商品交换或商品货币相交换的总和。广义的贸易还包括其他商品的交换活动，如服务贸易、技术贸易等。随着经济的发展，非物质商品贸易的贸易量迅速增长，广义的贸易概念被运用得越来越多。

贸易经济学的范畴除了除了上述外，还有包括价格、商品供求、产权，这将在下面有关章节中作必要的阐述。

三、贸易经济学的研究内容

贸易经济学作为独立的应用经济学分支，研究的主要内容应按照以下的逻辑线路展开：

（1）界定贸易经济学的研究对象，明确研究目的和任务。明确贸易与流通、商业的区别，解决贸易经济学是否作为独立的学科的必要性及其定位问题，确定贸易经济学的基本范畴和研究范围。贸易经济学作为应用经济学的分支，以现代经济学为基础，体现贸易经济学内容的时代性。

（2）贸易主体及其交易行为。从不同的角度确定贸易主体的分类，研究贸易主体开展贸易活动的基本原理，分析贸易主体的交易行为及其影响因素。

（3）贸易客体及其贸易特性。从不同的角度确定贸易客体的分类，明确贸易客体的贸易特性，分析服务贸易内涵特征及其发展的影响因素。

（4）贸易活动的方式、空间范围等。研究贸易活动的主要方式、空间范围等，这是涉及贸易经济实务的内容，是从事贸易经济活动必须具备的基本理论和基本技能。

（5）贸易运行的机制及效率。阐述贸易运行的机制，研究如何科学地组织商品流通领域的交换，以提高贸易运行效率和经济效益。

（6）贸易发展问题。界定贸易发展的内涵，探讨贸易发展的评价标准，研究贸易发展模式转型的途径。

按照上述要求，本书内容共计十章。第一章为贸易经济学导论。本章介绍贸易产生与发展的历史必然性及过程，阐述贸易经济相关理论，概要介绍我国贸易经济学发展历史，明确贸易经济学的研究对象和若干基本范畴，确定贸易经济学的主要研究内容。

第二章为贸易主体与交易行为。本章阐述贸易活动主体的概念及分类，介绍贸易主体的组织形式，分析不同贸易主体的交易行为及主要影响因素。这部分内容，为贸易主体科学决策提供理论依据。

第三章为贸易客体与贸易行业。本章承接第二章确立贸易主体后，阐述贸易客体含义

---

① 林文益：《贸易经济学》，中国财政经济出版社1995年版，第29页。

及贸易行业分类，较为系统地讨论商品贸易、服务贸易的内涵、类型和基本特征，为贸易主体提供了贸易对象和载体。

第四章至第六章重点介绍贸易运行、批发贸易、零售贸易等贸易经济学基本理论和贸易实务的基本技能知识。只有掌握了这部分内容，才能科学地制定和熟练地操作贸易流程，选择合理的贸易方式，有效地开展贸易活动。

第七章为贸易制度与贸易管理。本章主要讨论贸易制度的特点及类型，研究贸易制度变迁的方式和贸易制度变迁对贸易发展的影响，阐述政府对贸易管理的特点和内容，介绍贸易行业管理的历史、特点和内容。

第八章为空间贸易。本章阐述农村市场的地位和特征、城乡贸易的作用及载体、区域市场的构成、区际贸易的类型，介绍商圈理论及应用，探讨区域市场的特征、区际贸易的原因和影响因素，概要介绍世界市场与国际贸易。

第九章为贸易效益。本章阐述贸易效益的内涵、评价贸易效益的指标体系，分析影响贸易效益的主要因素，探讨提高贸易效益的基本途径。贸易效益是贸易运行的中心目标，提高贸易效益对于贸易可持续发展具有重要意义。

第十章为贸易发展。本章阐述贸易增长、贸易发展内涵和评价指标，讨论贸易发展趋势，研究我国贸易发展战略，这对促进我国贸易发展方式转型，贸易产业的可持续发展都具有十分重要意义。

【本章案例】

欧洲商业中心的变迁

公元1500年前后的地理大发现，拉开了欧洲各国远洋贸易竞争的历史大幕，开始了耐人寻味的欧洲商业中心变迁的历史。回顾这段历史变迁，对于深刻理解世界贸易发展规律具有重要意义。

葡萄牙位于欧洲伊比利亚半岛西南部，只有不到10万平方公里的面积，但在15世纪已经是海洋技术和航海探险的领导者。1488年，受若昂二世国王的派遣，托罗缪·迪亚斯率船队沿大西洋南下，意外地绕过了非洲南端的好望角，为开辟海外贸易新航路奠定了基础。1497~1499年，瓦斯科·达·伽马率船队经好望角进入印度洋，开辟了通往东方的新航路。1500年葡萄牙人发现巴西，在获得西班牙承认后占有该地，开辟了通往美洲的新航线。葡萄牙人进入印度洋后，用武力拓展海外贸易，不仅凭借军事力量大肆占领和掠夺沿岸各重要港口城市，还袭击并掠夺商业对手的船只。在葡萄牙帝国处于鼎盛时期，其势力遍及美洲、欧洲、非洲和亚洲，里斯本成为世界贸易的中心，葡萄牙人成为"全世界最重要的商人"。不断拓展的海外贸易使源源不断的黄金、象牙以及非洲胡椒涌入葡萄牙的国库，成就了商业帝国的传奇。但是，随着欧陆国家和阿拉伯人找到了新的商路，葡萄牙开始走向衰落。

西班牙位于欧洲西南部,与葡萄牙同处于伊比利亚半岛。1492 年,西班牙结束了 8 个世纪的对穆斯林战争,进一步巩固了专制统治,为重商主义政策的推行奠定了君权基础。1492 年 4 月,伊莎贝拉资助了探险家哥伦布的大西洋长距离航海。哥伦布的大西洋长距离航海探险获得了成功,促使西班牙海外贸易扩张。西班牙一方面通过奴隶贸易掠取巨额的商业利润,另一方面通过对殖民地掠夺性的贸易垄断制度获取高额的垄断利润,各殖民地收缴的税收大部分被送回国内。据统计,1502~1660 年,西班牙从美洲得到 18 600 吨注册白银和 200 吨注册黄金,到 16 世纪末,世界金银总产量中有 83% 被西班牙占有。西班牙商业扩张是以其强大的海上武力作为保证的,为此连续进行了 140 年的战争,消耗了大量的财富。同时,王室将贸易所得到的利益消费在奢侈品上,从国外进口昂贵的商品,生产发展处于停滞状态。西班牙的强盛持续了一个世纪后迅速衰落了。

15 世纪末的地理大发现,同样使位于欧洲西北部的荷兰获得了成就商业帝国的历史性机遇。葡萄牙和西班牙的崛起带动了荷兰贸易的发展,荷兰人作为中间人、代理人、加工者和推销商,与葡萄牙和西班牙从事香料、丝绸、黄金、小麦、铁器、木材等贸易。荷兰人在海上贸易竞争优势的确立与造船业领先密切相关,在某一段时间,荷兰船队的数量比英格兰、法国和苏格兰海上商船的总和还要大,它们可以把货物运到欧洲的每一个角落。低廉的运费和良好的商誉使荷兰海上贸易迅速发展。荷兰在拓展远洋贸易航线时,也在推动贸易制度创新,这些制度创新对整个世界产生了深远的影响。1602 年成立荷兰联合东印度公司,1609 年成立世界历史上第一个股票交易所;同年成立阿姆斯特丹银行。到 17 世纪中叶,荷兰东印度公司已经拥有 15 000 个分支机构,贸易额占到全世界总贸易额的一半。17 世纪末期,荷兰发展的速度慢了下来,逐渐失去了左右世界的霸权。

英国位于欧洲大陆西北面,在新航路开辟后,利用大西洋航路中心的有利条件,积极发展海外贸易,成为商业帝国。1588 年,英国与西班牙进行了"英西大海战",由英国海军船舰、商船和渔船组成的海上力量击败了西班牙的"无敌舰队",确立了海上霸权。自此,英国开始冲击西班牙的海外市场,英商更多地参与到大西洋贸易中去。1591 年,英国商人开始探寻绕道好望角的航路。1599 年,商人兰开斯特在南洋爪哇建立了第一个英国商站,开通了与东印度间的贸易。在三次英荷战争后,北美丰富的原料、广阔的商品市场以及惨无人道的黑奴贩运构成的"三角贸易"大大推动了英国大西洋贸易的发展。英国在进行大西洋贸易之后,社会中出现了与王室特权无关的新商人阶层。这些新商人阶层对推动英国自由贸易发展发挥了重要作用。

参考文献

[1] 电视片《大国崛起》的解说词,"第一集海洋时代","第二集小国大业(荷兰)"

[2] 赵婧:《葡萄牙帝国与早期近代世界贸易》,载于《首都师范大学学报(社会科学版)》,2009 年第 2 期。

案例讨论题

1. 请运用适当的贸易理论分析欧洲商业中心变迁的原因是什么?
2. 你如何评价荷兰贸易制度的创新?
3. 以本章案例为基础搜集更多的资料,分析英国取代荷兰成为世界商业中心的原因是什么?

[复习思考题]

1. 关于贸易起源和演进的理论有哪些?怎样理解?
2. 用当代贸易理论解释现实生活中的贸易现象。
3. 当代贸易的特点有哪些?
4. 怎样理解贸易经济学的研究对象?

[推荐阅读]

[1] 马克思:《资本论》第3卷中关于"商业经营资本、商人资本的史的考察"等内容,上海三联书店2009年版。
[2] 林文益:《贸易经济学》,中国财政经济出版社1999年版,序言。
[3] 周肇先:《贸易经济学》,中国财政经济出版社2005年版,第二章。
[4] 蒋和祥:《贸易经济学》,电子科技大学出版社2005年版,第1章。
[4] 蒋自强等:《经济思想通史》,浙江大学出版社1999年版,第十章。
[5] 田文:《产品内贸易论》,经济科学出版社2006年版。

第二章　贸易主体与交易行为

【本章学习目的】正确理解贸易主体的基本概念和分类，了解我国贸易主体的发育及成长情况，熟悉我国贸易主体的组织形式，掌握消费者、企业和政府的交易行为及特点，熟悉贸易企业竞争行为，全面把握贸易主体对贸易运行规模、总量和效益的影响。

在市场经济条件下，贸易的运行是由以一定产权制度为基础的贸易主体推动的。贸易主体及其交易行为，对贸易运行的规模、质量和效益有决定性的影响。因此，研究贸易主体的类型及贸易主体的行为对掌握贸易经济学的基本规律具有重要意义。

第一节　贸易主体的概念和分类

一、贸易主体的概念及贸易主体的培育

贸易主体一般是指参加贸易活动的组织和个人。贸易主体是贸易关系的人格化代表，是贸易活动的重要组成部分。商品和劳务必须在贸易主体的筹划和运作下才能在市场上流通，实现从生产领域向消费领域的转移，满足消费者的需要。而贸易主体的筹划和运作是以一定的产权制度为基础的。

贸易主体的发育和成长既表现为自发的过程，也可表现为自觉的过程。前者是指随着市场经济的发展，贸易主体在贸易运行中自发成长的过程，后者是指政府通过产业政策培育贸易主体，促进贸易主体的发育和成长。我国贸易主体的发育比较晚，在漫长的封建社会中，贸易主体受到各种制约。改革开放之初，国内贸易主体主要是国有企业和合作社企业两个部分，国有商贸企业居于垄断地位。改革开放以后的经济体制改革，从两个方面促进了贸易主体的发育和成长。一方面，大力发展非国有经济，促进了非国有贸易主体的大发展。在国家提出"以公有制为主体，多种经济成分共同发展"方针的指导下，城市和农村非国有贸易主体迅速发育和成长，改变了贸易主体的所有制结构。由于进入壁垒相对较低，贸易领域成为许多非国有贸易主体首选进入的领域，曾一度出现"全民经商"的局面。经过多年的发展，有些个体经营业主已经成长为按照《公司法》组成的、在国内贸易中居于重要地位的贸易企业，成为贸易领域的骨干企业。另一方面，国有贸易企业的改革，增强了企业的活力，提高了贸易主体的整体实力。国有企业改革从放权让利、经营承包责任制、股份制试点到现代企业制度改革，特别是国有企业从竞争性领域退出的改革，

有力地推动了非国有贸易主体的发育和成长。随着国内开放程度的提高，国外贸易企业大量进入我国市场，对我国贸易企业产生了示范效应，促进了新零售业态的发展，同时也形成较大的竞争威胁。由于我国贸易企业的整体实力不强，在国外大型零售企业的竞争面前，明显处于劣势。

经过30多年的培育，我国贸易主体无论从数量上还是实力上都有很大的发展。统计资料显示[①]2009年，我国批发零售企业法人数已达95 468个。2010年全球零物业250强中有我国有八家企业入选。但我国贸易企业整体实力较弱，尚不能与国际零售业巨头相抗衡，在市场销售额、经营业态、门店数量上都与国际零售业巨头存在较大差距。2009年批发零售企业平均从业人员78人，平均销售额2.1亿元。其中，批发企业52 853个，平均从业人员59人，平均销售额3.0亿元；零售企业42 615个，平均从业人员102人，平均销售额1.0亿元。中国的消费总量是美国的1/3左右，目前我国最大的商业企业之一苏宁2010年的销售额是1 562亿元人民币，大体上相当于美国沃尔玛的1/20[②]。在2010年"全球零售企业250强"中，美国企业入榜84家，沃尔玛稳居全球第一，美国零售企业销售额达15 733.6亿美元，约占全球250强销售总额的42%。法国零售企业入榜13家销售总额达4 086.1亿美元，约占全球250强销售总额的11%。德国零售企业入榜19家，销售总额达4 544.4亿美元，约占全球250强销售总额的12%。英国、日本的入榜企业销售额分别约占全球250强销售总额的7%。相比之下，我国零售企业仅入榜5家，零售总额为350.7亿美元，仅占全球250强销售总额的2%。[③] 因此，我国贸易主体培育的重点是进一步优化竞争环境，推动本土企业的联合、兼并、股权置换等，培育具有国际竞争力的本土大型零售企业。

二、贸易主体的分类

可以从不同的角度将贸易主体划分为不同的类型，比较常见的分类有以下几种。

第一，贸易主体按其在贸易活动中的作用可以分为：商品生产者、商品消费者和商品经营者。商品消费者可分为生产消费者和生活消费者。贸易活动的进行需要三者共同完成，三者在贸易活动中发挥着不同的作用。商品生产者为贸易关系的建立提供物质基础。商品生产者参加贸易活动的目的在于出售商品实现剩余价值，继续进行生产或扩大再生产。商品生产者的行为必须以消费的需求为导向，才能将商品销售出去，实现资金的再循环。消费者是市场发生发展的第一推动力，它的扩展或收缩直接决定着贸易规模的扩大和缩小。生产消费者和生活消费者可以是企业和行政机关、公共团体、学校、文化卫生单位、军队等。

---

① 数据来源：2010年《中国统计年鉴》。本书各项统计数据均未包括香港特别行政区、澳门特别行政区和台湾省。

② 张志刚：《我国流通业与发达国家存在三大差距》，载于《证券时报》2011年5月9日。

③ 赵萍：《培育我国大型流通企业迫在眉睫》，载于《中国经贸导刊》2010年第20期。

第二，贸易主体按交易主体的组织结构可分为：消费者（个人）、企业和政府。消费者是最终商品的购买者，在交易过程中居主导地位，消费者需求是社会的主导需求、原始需求，决定了企业的派生需求。企业有较稳定的组织结构和科学的决策系统，既是商品提供给者也是商品需求者，在交易活动中具有很强的灵活性和拓展能力。消费者原始需求的实现程度取决于企业对市场的反应能力。企业作为交易主体，是最经常最大量的商品需求者和供给者。政府作为贸易活动的管理者，需要对贸易活动进行宏观调控，同时以消费者的身份采购商品和劳务，是重要的贸易主体。政府通过财政政策和货币政策对经济活动进行调控，影响市场发展的深度及方向。

第三，贸易主体按其法律地位可以分为自然人和企业法人，其中企业法人是基本主体。凡是有行为能力和权利能力，依法从事生产与经营活动的个人就是自然人，主要表现为个体工商业者。个体工商业者是指由劳动者个人出资，劳动者个人或家庭直接进行经营的贸易组织。个体工商户是贸易主体最初的形式，在贸易发展中发挥了不可替代的作用，企业法人是依照法律规定的程序和条件、由一定的人员和财产组成的、实施购销行为的生产企业与贸易企业。企业法人是贸易活动的主要承担者，它把劳动力、资本、技术等贸易要素组织起来，推动贸易活动的运行。

第二节 贸易主体的组织形式

一、个体工商户

个体工商户是指由劳动者个人出资，劳动者个人或家庭直接进行经营的贸易组织。个体工商户的特点是出资者个人亲自从事商品经营活动或提供劳务，所有权与经营权合一，建立变更和歇业的程序十分简单；资本规模小，偿债能力有限；新修订的《个体工商户条例》没有对从业人员进行限制，但总体看个体工商户经营规模小；经营方式灵活，营业时间长，反应灵活，满足消费个体性、分散性和多变性的需要。

个体工商户是最原始和最普遍的贸易经营组织。我国改革开放以来个体工商户的迅速发展，是商业资本积累的重要途径，对推动我国商贸发展起到了重要作用。截至 2010 年年底，我国个体工商户数已达 3 452.89 万户。由于个体工商户的优势和消费的特性，个体工商户将长期存在。

二、独资贸易企业

独资贸易企业是由一个财产主体单独出资建立并负无限清偿责任的贸易组织。独资贸易企业一般要拥有一定数量的从事贸易活动和提供服务的劳动力,有自己的名称和字号;拥有一定数量的专门用于贸易活动的货币资本,对经营成果有独立的支配权;拥有一定的劳动手段,并依照法定条件和程序成立,有自己的章程;独资贸易企业出资者本人是企业所有人,对企业承担无限责任,经营者和出资者是一种代理关系。独资贸易企业设置不易,难于筹集到大量的资金,风险较大,只能从事小规模经营,但决策迅速,能保守商业秘密。独资贸易企业主要是私人投资和外商投资的独资贸易企业。我国私营独资贸易企业发展较快,2009年限额以上批发企业中私营独资贸易企业1 808家,其从业人员占批发业从业人员总量的1.9%;限额以上零售企业私营独资贸易企业4 636家,其从业人员占零售业从业人员总量的4.0%。

三、合伙贸易企业

合伙贸易企业是指按照《合伙企业法》要求建立起来的从事贸易活动的服务性企业。我国《合伙企业法》将合伙企业分为普通合伙企业和有限合伙企业。普通合伙企业由普通合伙人组成,合伙人对合伙企业债务承担无限连带责任。有限合伙企业由普通合伙人和有限合伙人组成,普通合伙人对合伙企业债务承担无限连带责任。有限合伙人以其认缴的出资额为限对合伙企业债务承担责任。国有独资公司、国有企业、上市公司以及公益性的事业单位、社会团体不得成为普通合伙人。合伙企业设立时要求有两个以上合伙人,而有限合伙企业设立时要求由两个以上50个以下合伙人,有限合企业至少应当有一个普通合伙人。我国民法理论认为合伙企业不是法人。

合伙贸易企业设立简便,没有规定最低注册资本额。与独资企业相比,资本较雄厚,信用优异;合伙人拥有同样的权力,便于资才合作,取长补短等。但合伙企业合伙人责任重大,权益不易转让,合作不易协调,企业寿命延续不长。2009年,我国限额以上私营合伙批发贸易企业464家,其从业人员占私营贸易企业从业人员总量的0.5%;限额以上私营合伙零售企业734家,其从业人员占私营贸易企业总量的0.8%。

四、贸易公司

公司是市场经济发展的产物,有力地促进了贸易的发展。前资本主义贸易的经营主要采取个人或家族团体共同经营的组织形式。但随着经济发展与贸易规模的扩大,这种组织形式不能适应时代的要求。首先,市场竞争需要资本集中,才能在竞争中处于有利地位。其次,随着生产力的提高,企业经营规模不断扩大,开办新企业的最低资本额也在提高,个人难于承担全部资金。最后,经营风险越来越大,需要更多的人共同承担风险以达到分散风险的目的。公司制的出现有利于筹集资本,促使企业经营规模不断扩大;有利于企业经营和管理的社会化,提高资本经营的效益;有利于分散经营风险,企业的寿命不依赖于出资人的寿命而长期存在。

根据《公司法》，我国贸易公司的形式主要有有限责任公司和股份有限公司两种。

（1）有限责任公司。有限责任公司是由50个以下股东共同出资、每个股东以其出资额为限负有限责任、公司以其全部资产对公司的债务承担责任的企业法人。

有限责任公司的基本特征是其全部注册资本由全体股东共同出资并以股份的形式构成，企业作为经济法人独立享有民事权利和承担民事义务，核心是实行有限责任制度，即股东以其股金数额作为承担公司的债务责任，公司作为法人，对自己的债务承担责任。2009年，我国限额以上批发企业中有限责任公司有12 381家，其从业人员占批发业从业人员总量的23.7%；零售企业中有限责任公司有10 678家，其从业人员占零售企业从业总量的31.6%。数据表现，有限责任公司是我国贸易主体的重要形式，在贸易活动中发挥重要作用。

（2）股份有限公司。股份有限公司是指一定人数的股东发起设立的，公司全部资本分为等额股份，股东以其所认购的股份为限对公司负责，公司以其全部资产对外承担民事责任的公司。股份有限公司占公司的比重较小，却是现代企业最典型的形式。2009年，我国限额以上以上批发企业中股份有限公司有1 533家，其从业人员占批发业从业人员的11.0%；限额以零售企业中股份有限公司有1 702家，其从业人员占零售业从业人员总量的12.0%。

股份有限公司的特点是：①股东和注册资本有最低限制，但没有最高限制；②公司资本划分为等额股份；③股份可以自由转让，上市公司的股份可以在证券交易所上市流通；④上市公司必须依照法律，行政法规的规定，公开其财务状况和经营情况。

第三节 贸易主体的交易行为

一、贸易行为概念及其分类

贸易行为是贸易主体在贸易活动中人格化具体表现。不同国家商法中对"商业行为"有不同的称呼，如"商业活动"、"企业行为"等。贸易行为是指为社会伦理道德所约束、为法律所确认，以社会分工为基础，提供商品和劳务为手段的营利性经营活动。从以上定义可以看出，并不是任何买卖行为都可以称为贸易行为。对于贸易行为的概念应把握以下几点：（1）从事贸易活动的自然人和法人必须有行为能力，对于行为能力的获得不同国家法律有不同的要求。（2）以营利为目的。自然人和法人从事贸易活动的目的是获取利润，这是由贸易行为的本质特征决定的。但这里又有"双方商行为"和"单方商行为"之分。"双方商行为"指交易双方均以营利为目的的交易行为，如批发商与零售商的交易行为。"单方商行为"是指仅交易一方以营利为目的而另一方不以营利为目的的交易行为，如零售商与消费者的交易行为。（3）符合贸易规则。贸易行为双方当事人的交易行为不仅符合国家宪法、法律、法令等正式规则,还应符合贸易惯例、商业道德等非正式规则,双方均不能采取与法律和社会伦理道德相违背的手段强行交易。

可以根据不同的分类标准和方法对贸易行为进行分类,比较常见的分类有以下两种:

按贸易竞争的性质划分,贸易行为分为正当贸易行为和不正当贸易行为。正当贸易行为是指贸易主体的贸易行为符合商业道德、社会公共利益和法律规范的贸易行为。正当贸易行为符合市场经济的竞争原则,有利于经济发展和社会进步,受到法律的保护。不正当贸易行为是指违反国家政策、法律规范和商业道德,造成对社会公共利益损害的行为。不正当贸易行为破坏了市场竞争的秩序,是法律所不允许的贸易行为。与不正当贸易行为相联系的是"不正当竞争"的概念,与此概念相同或相近似的还有不公正交易、不公平交易、限制性商业做法、限制性商业行为、限制性商业惯例等。① 我国改革开放初期,不少贸易领域不正当竞争的现象比较普遍,如销售假冒伪劣商品、做虚假广告宣传等,严重扰乱了流通领域的市场秩序,损害了广大消费者的利益。为了规范贸易主体的贸易行为,我国相继出台了一系列法律法规和政策文件,如《反不正当竞争法》。《反不正当竞争法》规定了17种行为属于不正当竞争行为,包括损人的购销行为、欺骗性的推销行为、不正当招徕与不正当引诱行为等。

按贸易行为的内容划分,贸易行为分为直接媒介商品交易的贸易行为、直接为媒介商品交易服务的贸易行为、间接为媒介商品交易服务的贸易行为和具有服务性质的贸易行为。② 直接媒介商品交易的贸易行为,就是指直接媒介商品生产与消费的贸易行为,如批发商、零售商直接从事商品买卖的行为,国际上称"买卖商";直接为媒介商品交易服务的贸易行为,是指为保证商品交易活动正常进行所需的服务行为,如仓储、运输、装卸搬运等行为,国际上称"辅助商"。间接为媒介商品交易服务的贸易行为,是指为促进商品交易的发展所必需的金融、租赁等行为,国际上称"第三商";具有服务性质的贸易引为是指宾馆、饭店、咨询服务等,国际上称"第四商"。

我国一般指的贸易行为大致包括③:(1)以获得合法利益为目的的商品买卖行为;(2)商法人、商自然人和生产企业所属的贸易机构进行推销商品的行为;(3)利用自己的场地、设备、技术和服务性劳动,为消费者提供服务、劳务的营利性行为;(4)为消费者加工、复制、提供食品的售卖行为;(5)为商品使用价值的维护、延长和再生而进行的维修、加工、改制行为;(6)承担和承揽商品储存,保管以及货物运输的行为;(7)提供技术、劳务、承担加工订货、来料定做,售卖的行为;(8)代购代销和信托寄售行为;(9)租赁行为;(10)提供商品信息进行企业诊断、参与企业决策的咨询行为;(11)从事贸易性居间行为;(12)集市贸易行为;等等。

---

① 周肇先:《贸易经济学》,中国财政经济出版社1999年版,第129页。
② 同上,第133页。
③ 共国雄、曹厚昌:《现代商学通论》,人民日报出版社1994年版,第53页。

二、贸易主体交易行为

不同的贸易主体有不同的行为目标,居民户(消费者)的购买行为目标是为了实现效用最大化,企业贸易行为目标是为了实现利润最大化或销售额最大化、市场占有率最大化等,而政府的采购目标往往具有多目标性。

(一) 消费者购买行为

消费者的购买行为是在需求的基础上产生的购买商品的活动。消费者购买实物商品和服务商品的目的是满足自身或家庭消费需要,是为了实现效用最大化目标。消费者的购买行为原则,既受到边际效用递减规律的影响,同时又受收入水平的制约,遵循消费者均衡的原则。

1. 消费者购买行为特点

(1) 经常和重复购买。

对于日常的消费品,消费者的消费频率较高。但由于考虑到经济条件、商品自身特点等条件的限制,消费者每次的购买量,以满足一定时间内消费者个人及家庭成员的消费需求为限。由于消费者每次购买的数量有限,而其消费频率又较高,消费者需要重复购买。

(2) 个体差异性大。

由于年龄、性别、职业、受教育程度、性格等方面存在着不同程度的差异,消费者间的个体差异较大。这些差异造成消费者偏好的差异,影响消费者均衡,造成消费者购买决策的差异。

(3) 非专业性购买。

大多数消费者对所购买的商品既缺乏足够的专业知识,又缺乏专业的检测仪器和手段,对商品的性能、特点缺乏足够的了解。消费者的购买决策易受广告、包装、品牌、商店营业气氛等外在因素的影响,易产生随机性购买。

(4) 购买需求计划性不强。

与生产者购买相比,消费者购买商品的计划性相对较差,易受政治、经济、社会、心理因素和企业营销活动的影响,其消费需求在上述因素的影响下在某一时期会发生变化。对于不同类型的产品,消费者的购买需求计划也不相同。

2. 消费者购买决策

消费者购买决策受制于其效用最大化目标。按照微观经济学的假设条件,个体消费者效用最大化的均衡条件是:

$$P_1 X_1 + P_2 X_2 + \cdots + P_n X_n = I$$

$$\frac{MU_1}{P_1} = \frac{MU_2}{P_2} = \cdots = \frac{MU_u}{P_u} = \lambda$$

式中,P_1,P_2,$\cdots$,P_n 表示商品的价格;X_1,X_2,$\cdots$,X_n 表示商品购买数量;MU_1,

MU_2, ..., MU_n 表示商品的边际效用；I 表示消费者收入水平；λ 表示货币的边际效用。

从消费者均衡条件可以看出，影响消费者行为的经济因素主要有消费者收入水平、商品自身的价格、商品边际效用、消费组合中其他商品的价格和效用等。

消费者购买决策一般包括需求确认、信息搜寻、选择方案评估、谈判与购买决策、购买后行为。传统微观经济学的消费决策模型中没有将信息成本考虑进去，而是假设信息是完全的、免费的，比如说，消费者清楚地知道市场各个角落商品的价格分布和商品的质量情况等。但实际生活中信息是不完全的，消费者不可能知道每个角落商品的价格分布和质量情况，他不知道哪家商店要哪个价格。为获取这些信息，消费者要进行信息搜寻，而信息搜寻需要花费时间、交通费等成本。

在信息不完全情况下，一个消费者面临随机购买和搜寻两种选择。他可以通过在市场上的"搜寻"活动了解市场上商品的价格分布，最终找到最低的价格；他也可以只是"随机购买"，到市场上遇到的第一家商店就购买。如果他选择"搜寻"，那他要花费一定的时间和交通费等，这构成他的"搜寻成本"。用 C_i 来表示第 i 个消费者的搜寻成本，$P_{最低}$ 表示市场的最低价格，$P_{平均}$ 表示消费者预期的平均价格。消费者的购买决策取决于不同情况下的成本比较。在信息不完全的情况下，消费者是选择随机购买还是搜寻，取决于两者的成本比较[1]：

若　　　$P_{最低} + C_i < P_{平均}$　　　搜寻

若　　　$P_{最低} + C_i > P_{平均}$　　　随机购买

由于获得完全信息需要付出成本，消费者不一定要求完全信息而选择随机购买。搜寻成本受多种因素的影响，如消费者与商业中心距离的远近、消费者机会成本的大小等。影响消费者个人偏好的因素除了个人因素外还有社会文化等因素。人类在长期生活实践中形成的价值观念、道德观念以及其他行为准则和生活习俗等影响着消费者的个人偏好。不同的民族、宗教信仰和地域等都会对消费者的偏好产生影响，不同的民族在饮食、服饰、娱乐等方面有着不同的情趣和喜好；不同的宗教信仰有不同的消费习惯和禁忌；不同地域有不同的生存环境，对商品的需求也有其特殊性。不同社会阶层的消费者其消费习惯、消费方式也存在差异。家庭、朋友、同事、民间社团和有共同爱好的团体对商品的评价等影响着消费者的偏好，特别是家庭成员对消费者的偏好影响最大，甚至参与消费者的购买决策。

（二）企业贸易行为

作为贸易主体的企业可以分为生产企业、批发商、零售商等。企业的贸易活动包括采购、运输、储存、销售等，其中购销活动是贸易行为的主体。企业的贸易行为受利润最大化或销售规模最大化、市场占有率最大化等目标的影响。生产企业购买产品和服务的目的不是因为对产品和服务的特殊偏好，而是作为生产要素投入，从事生产经营活动，其销售产品和劳务的目的是为了实现产品价值，追求其利润目标。市场经济条件，企业在从事贸

---

[1] 樊纲：《市场机制与经济效率》，上海三联书店、上海人民出版社1995年版，第94页。

易活动时需选择一定的竞争行为。企业的竞争行为包括价格竞争、数量竞争、产品差异化、纵向限制等，国外学者一般应用产业组织理论和博弈论进行分析。本书重点分析贸易企业的竞争行为。

1. 企业贸易行为的特点

（1）派生需求。

派生需求或者叫引致需求，即生产企业或中间商对产品和劳务的需求从根本上讲是由消费者对最终产品的需求引发而来的。生产企业在采购活动中，购买什么样的中间产品、购买多少、如何购买等，取决于企业生产什么、生产多少、如何生产等选择，这又取决于消费者对最终产品的需求。贸易企业在采购活动中，遵循"以销定购"的原则，即根据销售量的需要来决定采购量，所购商品的品种、规格、数量、价格、交货日期等受到采购商或消费者需求的制约和影响，进货时注重各类商品的组合配置，强调品种齐全、花色丰富，以满足采购商或消费者的多样化需求，提高其采购的效益。

（2）专业性较强。

企业所购销的产品在质量、规格、性能等各方面都有严格的技术要求，对技术咨询、安装维修、零配件供应、交货期和信贷条件等要求较高。由于专业性较强，企业的采购行为不易受广告宣传及其他促销措施的影响，购买决策需要在一定的规章制度下进行，因此采购决策是理性决策。企业购销人员需具备相应的专业知识，对商品的性能、技术参数等技术问题有较深的专业知识。从这个角度看，生产资料市场的竞争比生活资料市场的竞争者更少采用广告宣传等营销手段。

（3）买卖关系相对稳定。

一般来说，企业间的买卖关系相对比较稳定，双方倾向于建立长期的业务联系。这主要是由于：生产资料的专业性比较强，在使用过程中需要供应商不断地提供技术服务、供应零部件等；生产资料消耗的计划性比较强，需要源源不断地提供稳定的货源；需要提供专门的服务。批发商和零售商大都有固定的进货渠道，一次性购买的数量较大，且有较为规律的进货时间。

（4）主体间差异性较大。

不同类型的企业其购买行为存在着较大的差异，如贸易企业购买商品是为了再转售，在购销行为上与生产企业有明显的不同。从采购的角度看，贸易企业以销售量决定采购量，能销售多少决定采购多少；由于贸易利润来自商品的进销差价，贸易企业对采购价格比较敏感，其需求量的价格弹性比较大；购销量大，在购销差价一定的情况下，扩大购销量有利于获得规模经济，获得更可观的利润，因此贸易企业购销量大，批发企业尤为如此。从销售的角度看，贸易企业强调服务，这是由贸易企业的服务性质所决定的，贸易企业强调售前、售中、售后服务；销售方式灵活多样，贸易企业以经销和代销为基本销售方式，在实际业务中还可采用其他多种销售方式；广告方式特别，贸易企业的广告主要不是强调某个商品，而是强调商品价格，售后服务，地理位置、品种丰富程度等。

2. 贸易企业竞争行为

贸易企业竞争行为是指为了获取利润最大化或销售最大化、市场占有率最大化，贸易企业彼此之间展开比较、较量所采取的市场行为。按照竞争方式划分，可以分为价格竞争行为和非价格竞争行为。

（1）价格竞争行为。

价格竞争是贸易主体对于质量相同或相近的商品，以较其他竞争对手为低的价格出售，与竞争者争夺市场份额的竞争行为。贸易企业的流通职能、活动特点决定了贸易企业在定价方面与制造企业相比有不同的特点：①贸易企业定价行为更复杂。贸易企业定价的影响因素比较复杂，受到定价目标、企业自身的综合条件、商圈内消费群体的特征、竞争对手的价格策略、商品成本等多种因素的影响，其中定价目标是影响定价行为的关键性因素。贸易企业需要根据复杂多变的情况制定不同的价格策略。②贸易企业间价格竞争更加激烈。贸易企业从事商品的转卖活动，由于可以向供应商转嫁市场风险，所以贸易企业比制造企业更倾向于采取价格战。由于流通领域的进入壁垒相对较低，且缺乏市场细分，很多企业集中在同一层面竞争，价格竞争难于避免。③定价方法多样。贸易企业为了吸引消费者往往采用多种多样的定价方法，如折扣定价法、促销商品定价法等。折扣定价法又包括一次性折扣定价法、累计折扣定价法、会员卡折扣定价法、季节折扣定价法等。促销商品定价法又包括特卖商品定价法、销售赠品特价法等。随着消费水平的不断提高，消费需求的多样化特征越来越明显，贸易企业可根据消费者消费心理的变化灵活运用恰当的定价方法，摄取消费者剩余，以获取更多的利润。价格竞争是贸易企业间竞争的重要手段，有利于促进企业降低成本，推动企业创新，但一味地追求价格竞争也会造成不利的影响。

贸易企业的竞争行为不仅表现为同类企业间的横向竞争，还表现为与生产企业间的纵向竞争。贸易企业与生产企业的竞争集中在贸易渠道主导权的争夺上。自20世纪70年代以来，随着零售商规模的扩张和零售业市场集中度的显著提高，零售商在市场中的竞争行为发生了重要变化，生产者在商品销售上的主导权日益薄弱，零售商逐渐获得市场势力，如国际大买家在日用品零售市场的高度区域性垄断尤为突出。目前有关零售商相对于制造商的买方势力尚没有统一的定义。一般认为，买方势力是指零售商具有能够从制造商获得比其他竞争者更为优惠的价格和交易条件的能力。买方势力主要产生于零售商的规模优势、贴近消费者和制造商对零售商的销售依赖。实践中，零售商对生产商的控制可以表现出以下多种形式：对购买的控制，表现为通过大量商品不仅可以节约购买活动从而降低成本，而且在价格与交易条件的谈判中占有优势，实现低价购买，还与制造商签订排他性的协议，限制制造商向其他零售商销售产品；对终端市场的控制，通过对店址或商圈的垄断、采用新的技术、良好的商誉等限制其他竞争者的进入，实现对市场的垄断和控制，如果生产商要进入大型超市，需要交一笔通道费；增拖欠制造商的货款，将一些开支从制造商的货款中扣除等。零售商对供应商的控制行为使得价格低于供应商正常的销售价格，获得比其他中小零售商更为优惠的交易条件。为规制大型零售商滥用交易中优势行为，日本政府在1937年制定了《百货店法》，1956年制定了第二次百货店法，1974年实施了《大店法》。美国于 1914 年和 1936 年先后实施了保护中小型制造商和中小型零售商的《克莱顿法》、《罗宾逊—帕特曼法》，以禁止针对大型零售商的价格优惠、数量折扣和广告折让等条款。2006 年我国实施了《零售商供应商公平交易管理办法》，对零售商滥用市场势力从事妨碍公平竞争的行为进行了原则性的规定。

（2）非价格竞争行为。

非价格竞争是指贸易主体采用价格竞争手段以外的各种手段或形式展开的竞争。非价格竞争的策略包括差异化竞争、战略联盟等。贸易企业差异化竞争主要表现在业态差异化、店铺选址差异化、供应链管理差异化、商品组合差异化、信息技术差异化和营销策略差异化六个方面。[①] 贸易企业非价格竞争更多地从以下四个方面展开：

①业态选择。选择与竞争对手不同的经营业态是贸易企业差异化竞争的首选策略。贸易企业对业态的选择也是对目标顾客的选择，是市场细分的需要。一个国家或一个城市的消费者具有不同的特征，不同时期的消费者也有不同的消费特征，贸易企业需要根据自身条件和消费者的动态变化来选择正确的业态，或创造新的经营业态。我国的家电市场是业态差异化竞争的典型案例，形成了多种零售业态共存的竞争格局。

②店铺选址。与制造企业和批发企业不同，零售商直接面对消费者，零售企业所处的地理位置不同，决定了其目标顾客的数量、构成、购买力、购买方式的差别。处于人流量较高地段的零售商，其潜在消费者数量多，市场规模相对较大，但往往租金成本也相对较高；而处于人流量较少地段的零售商，其潜在消费者数量少，市场规模相对较小，但往往租金成本也相对较低。零售企业应根据自身的条件，综合考虑多方面的因素选择合理的经营地址。因此，店铺选址对零售商至关重要，店铺地址选择是零售商重要的差异化竞争策略。

③经营特色。经营特色包括商品经营特色和服务特色等。商品经营特色是贸易企业吸引消费者的重要策略，贸易企业可以通过对所经营商品组合的变化或开发自有品牌等确立其竞争优势。贸易企业可以选择宽商品组合的经营方式，让消费者有更多的品种选择余地；也可选择窄商品组合的经营方式，让消费者在同类商品中对品牌或型号有更多的选择余地；还可开发自有品牌形成企业特有的商品或商品组合吸引消费者。服务特色也是贸易企业形成核心竞争力的关键所在，是贸易企业差异化竞争的重要策略。贸易企业可以为顾客提供个性化服务、特色服务等吸引消费者，让消费在购物的同时享受良好的服务。

④技术创新。过去，生产企业更重视技术创新，贸易企业更少关注技术创新。随着市场竞争不断深入，技术创新是贸易企业差异化竞争中越来越重要的竞争策略。贸易企业需要通过技术创新增强对市场的反应能力、提高管理水平、降低经营成本。随着贸易企业规模的扩张，管理的难度增大，各种成本也不断增加。贸易企业的发展越来越依赖于技术创新，越来越多的企业已经意识到这一问题，更加重视科技投入，提高贸易科技创新能力，实现从粗放型发展向集约型发展的转变。

除以上几个方面以外，贸易企业可以运用店铺形象设计、商誉培育、消费者体验等营

---

① 马龙龙：《流通产业组织》，清华大学出版社 2006 年版，第 109～120 页。

销策略实现差异化竞争。

3. 企业贸易行为的影响因素

(1) 外部环境因素。

外部环境因素指影响企业开展购销活动的一切外部因素，主要包括政治、经济、法律、市场、技术、文化等。生产资料市场的购买者受当时和预期经济环境因素影响极大，如经济前景、市场需求、技术发展变化、市场竞争和政治法律等。市场结构决定贸易企业定价策略的选择。市场按竞争程度不同可以分为完全竞争市场、完全垄断市场、垄断竞争市场、寡头垄断市场。完全竞争市场条件下单个企业是价格的接受者，完全垄断市场条件下企业是价格的制定者，垄断竞争市场条件下企业是价格的影响者，寡头垄断市场条件下企业是价格的寻求者。为了克服信息不对称、机会主义等因素的影响，企业在贸易活动中可以选择多种治理形式，如市场化治理、关系治理和双边治理等。

(2) 企业自身因素。

企业自身因素包括企业组织、管理、人员素质、资金、技术等因素。组织因素指企业内部的各种因素，主要包括企业的组织结构、战略目标、政策制度等。这些因素从组织内部的利益、战略、营运等方面影响着生产者的购销决策。企业购销活动具体由供应、销售部门完成，其决策的制度、机制影响着采购行为，如企业采用集中采购还是分散采购制度决定了企业的采购量、采购时间等。企业的每项购销决策是由购销人员来实现的，购销人员的年龄、受教育程度、性格、职业认同感及对风险的态度等影响着购销决策。企业的资金、技术等要素资源也决定了采购、销售的决策，影响企业的交易行为。

(三) 政府采购行为

政府采购，又称"公共采购"或"集中采购"。按照世界贸易组织的《政府采购协议》规定政府采购的主体是"由直接或基本上受政府控制的实体或其他由政府指定的实体"，不仅包括政府机构本身，而且还包括其他实体。我国政府采购法将政府采购界定为：各级国家机关、事业单位和团体组织，使用财政性资金采购依法制定的集中采购目录以内的或者采购限额标准以上的货物、工程和服务的行为。货物是指各种形态和种类的物品，包括原材料、燃料、设备、产品等。工程是指包括建筑物和构筑物的新建、改建、扩建、装修、拆除、修缮等建筑工程。服务是指除货物和工程以外的其他政府采购对象。

1. 政府采购的特点

政府通过税收、财政预算，掌握了相当大一部分国民收入，其采购行为对整个社会贸易活动有重要影响。政府是一个非营利性组织，其目标是多元的，它要追求的目标不仅包括经济目标，还包括政治、社会、军事等目标。因此，政府在采购商品和劳务时除了考虑经济因素外，还要考虑政治、军事、社会等多种因素。除此之外，政府采购还具有以下特点：

(1) 采购计划性较强。

政府采购预算是财政支出预算的重要组成部分，政府财政收支的预算管理比较严格，政府采购需求有较严格的计划性，各级政府部门需要制订采购计划，并经过预算、审批等过程。

(2) 受到较强的政策制约。

政府采购受到一国财政支出政策等政策因素的制约,当政府采取扩张性财政支出时,政府将增加对商品和服务的采购,当政府采取紧缩性财政政策时,政府将减少对商品和服务的采购。政府采购通常作为产业政策的重要内容被广泛用于扶持产业的发展,促进产业结构调整。

(3) 采购方式多种多样。

政府采购的购买力非常巨大,涉及货物、工程和服务各个领域,其市场购买方式较为复杂。对日用办公品购买,往往先选定供应商,然后采取连续再购买的形式定期购买;对价格昂贵的大宗商品,如飞机、汽车等,采用公开招标的方式竞购。不管采用何种购买方式,政府采购在最大范围内实行竞争来获得竞争价格的优势,以实现政府采购的经济效益目标。我国政府采购的方式有:公开招标、邀请招标、竞争性谈判、单一来源采购、询价、国务院政府采购监督管理部门认定的其他采购方式。公开招标是政府采购的主要采购方式。

(4) 采购部门具有较强的市场势力。

政府采购由专门化的采购机构和专业化采购人员实施采购过程,有利于选择合理的供货渠道和供应商。政府采购过程涉及政府采购中心、供应商、需求方、政府采购评审专家等多方参与人,政府采购中心能够决定采购的方案、技术要求、评分标准等关键环节和有权确定中标供应商,决定了政府采购中心具有强大的与供应商讨价还价的势力。政府采购将由各预算单位分散采购其所需的商品和服务,转变为由政府采购中心代理他们集中采购,可以获得规模经济带来的好处,降低单位产品的交易费用。

(5) 采购过程受到严格的监督。

由于存在信息不对称、激励不相容、道德风险等问题,很容易导致政府采购中寻租行为的发生。政府采购所使用的资金大多属于财政性资金,财政拨款来自于社会公众的税收,社会公众有权以各种形式对政府机构的购买活动加以监督,要求政府富有效率、公正、廉洁,能以最低标准的购物数量实现政府的各项职能。所以,在政府采购过程中,一定要按照采购法律制度和管理限制进行,而且要伴随着严格的监督程序。

2. 政府采购的类型

可以根据政府采购的目的不同,将政府采购分为以下几种类型:

(1) 消费型采购。

它是指各级政府及其所属机构,为了开展日常政务活动或为公众提供公共服务的需要,从国内外市场采购商品和服务的行为。比如政府、党派、团体日常办公办公设施的采购、国防采购等。

(2) 投资型采购。

它是指各级政府及其所属机构为公共工程、公益性事业实物投资需要而进行的货物和服务的采购。是指在政府采购活动中,政府承担着为社会提供公共产品和公共服务的角色。科教文卫、体育、广播电视等服务项目的采购;环境保护设施的采购等。

(3) 调控型采购。

它是指政府为了宏观调控的需要，通过政府采购支出的增减直接影响社会总需求，进而影响宏观经济总量，以实现预定的经济目标。当经济发展出现呈现过热现象时，通过减少或推迟政府的采购降低社会总需求，降低经济增长速度；而当经济发展出现萧条现象时，通过增加或提前政府的采购增加社会总需求。除此之外，政府还可以通过政府采购品种的选择引导产业的发展，还可以通过采购量的变动来调节物价。利用政府采购引导产业结构调整是发达国家普遍的做法。美国最早通过政府采购引导高新技术产业的发展。欧盟也成功运用了政府采购促进新兴产业的发展。

3. 我国政府采购发展历程

政府采购制度在西方国家已经有200多年的历史，它最早起源于18世纪末的英国。20世纪30年代的经济危机，促进了世界各国政府采购的发展。美国联邦政府加上各个州和地方政府的购买超过1万亿美元，大约占GDP的20%；俄罗斯2004年联邦采购占国家预算的40%左右；发展中国家的政府采购占GDP的比例大约在15%。① 世界各国采购制度都注重对本国采购市场的保护。美国1933年通过《购买美国产品法》，对国内采购市场进行保护，规定政府采购时必须承担购买美国制造的产品的义务，购买非国货的例外有：为了公众利益、国内供应短缺、国内产品成本不合理、用于再销售。德国采购法规定，政府采购合同金额在20万欧元以上的项目，必须在欧盟范围内招标；20万欧元以下的在德国国内招标。日本、韩国的政府采购为其汽车、电子等支柱产业的发展作出了重要的贡献。为了规范各国政府采购行为、促进政府采购市场开放和推动国际贸易，国际上已形成了比较完善的政府采购制度和规则，如联合国国际贸易法委员会制定的《货物、工程和服务采购示范法》、世界贸易组织制定的《政府采购协议》、欧盟制定的六个公共采购指令和世界银行制定的《国际复兴开发银行贷款和国际开发协会信贷采购指南》等。

我国已经先后出台了《招标投标法》、《政府采购法》等，不断规范政府采购行为。我国的政府采购规模也日益扩大，从1998年的31亿元人民币增长到2008年的5 900多亿元人民币，年均增长率达到11%，资金节约率约为11.3%。② 2003年1月1日，我国颁布实施了《政府采购法》，标志着我国政府采购制度改革全面启动。2007年12月28日，我国签署了中国加入WTO《政府采购协议》（GPA）申请书，正式启动加入GPA的谈判。标志着我国政府采购相关制度向国际化发展的重要一步。2008年2月，我国派出代表赴日内瓦与GPA成员开展了首轮谈判，协商我国开放政府采购市场的具体要价。开放后的我国政府采购将会更有效率，信息更为透明，对企业的发展也将会有很大的激励作用，而政府采购的功能作用将会受到制约。

---

① 杜德斌、王以：《政府采购中的目标多维与下一步改进》，载于《改革》2010年第6期。
② 刘柯：《关于完善我国政府采购领域的思考》，载于《华中师范大学学报（人文社会科学版）》2010年第1期。

【本章案例】

家电行业贸易渠道成员间的竞争与合作

市场经济条件下，我国家电行业得到了前所未有的发展，市场竞争也越来越激烈，这不仅表现在制造商间、零售商间的竞争，也体现在制造商与零售商家之间的竞争。近年来，家电制造商与零售商围绕贸易渠道控制权开展了空前激烈的争夺战，许多家电企业纷纷自建销售渠道，零售商通过连锁经营不断扩大门店数量。经过一段时间的争斗，双方又出现了合作的趋势。

格力电器与国美电器的争斗与合作。国美电器成立于1987年，以经营电器及消费电子产品零售为主，是全国连锁型企业，2010年在全国240多个城市拥有直营门店800多家。格力电器成立于1991年，是集研发、生产、销售、服务于一体的专业化空调制造商，在全国拥有众多的专卖店。由于格力的代理销售模式和价格不能满足国美的要求，造成两家一直纷争不断。从2004年2月17日起，国美实施"空调大战计划"，成都国美对几乎所有品牌空调进行大幅度促销，其中有一款格力空调降幅高达40%。国美擅自大幅降价的行为打乱了格力的整体价格策略，引发了双方的斗争。3月11日，国美总部向全国分公司发出通知，要求各门店清理格力空调库存。3月中旬格力与大中在北京联合销售空调，并同时加强与苏宁等大型家电零售连锁企业的合作。格力则通过"股份制区域性销售公司模式"加强自身渠道建设。国美通过收购深圳易好家、武汉中商，继续推进连锁经营。格力电器与国美电器之争一致延续至2007年4月才宣告结束，国美电器广州分公司与格力广州公司同时宣布，即日起格力空调全面进入广州国美旗下33个门店销售。

海尔与国美不断深化产销战略合作。随着家电行业贸易渠道竞争的加剧，家电制造商与零售商间寻求战略联盟的愿望越来越强烈。2007年海尔与国美签订战略合作协议，双方从单纯的供销关系延伸至市场调研、产品研制和物流管理等多个领域。2010年7月，海尔进一步深化与国美的产销合作，双方签署了一份3年500亿销售规模的合作协议，实行从需求预测、研发、生产、销售到售后服务的全方位供需链商业战略合作。该合作计划的重点是共同研发个性化商品，海尔提供制造平台，为国美提供系列商品，而国美集团负责进行销售服务方面的需求管理。

伊莱克斯深化与国美、苏宁的战略合作。在经过一段时间的合作后，2010年伊莱克斯也与苏宁、国美达成新的战略合作协议。根据协议，在KA渠道中，国美独家销售伊莱克斯3个品类的热电产品并获得电热水器的包销权。KA（Key Account），意为"重要客户"。伊莱克斯与苏宁合作推出扎努西—伊莱克斯子品牌，苏宁获得此品牌的冰箱和洗衣机包销权。伊莱克斯产品将在目标市场中分别进驻国美和苏宁80%的门店。

参考文献

[1] 马瑞光：《渠道革命下的格力国美之争》，载于《赢周刊》，http：//it.sohu.com/

20060220/n241918435.shtml。

[2] 申薇:《论品牌定位与渠道冲突——以格力-国美事件为例》,载于《现代商贸工业》2008年第5期。

案例讨论题

1. 结合案例分析格力和国美竞争双赢的原因是什么?
2. 结合案例分析家电行业零售商和制造商竞争的特点。
3. 搜集更多资料,分析家电行业零售商和制造业的竞争发展趋势。

[复习思考题]

1. 贸易主体有哪几种组织形式?每一种组织形式的主要特点是什么?
2. 贸易行为的概念及分类。
3. 消费者怎样进行购买决策?影响其决策的因素有哪些?
4. 零售商如何在与制造商竞争中获得价格主导权?
5. 政府采购有哪些特点?

[推荐阅读]

[1] 樊纲:《市场机制与经济效率》,上海三联书店、上海人民出版社1999年版。
[2] 周肇先:《贸易经济学》第四章,第八章,中国财政经济出版社,2005年版。
[3] 蒋和祥:《贸易经济学》第二章,电子科技大学出版社2005年版。
[4] 张绪昌、丁俊发:《流通经济学》第四章,人民出版社1995年版。
[5] 田村正纪著、吴小丁、王丽译:《流通原理》,机械工业出版社2007年版。
[6] 马龙龙:《流通产业组织》第三章,清华大学出版社2006年版。

第三章 贸易客体与贸易行业

【本章学习目的】熟悉贸易客体的含义和贸易行业的分类，明确商品及商品贸易的类型，了解商品贸易的地位、特征及我国商品贸易的发展，掌握服务贸易的内涵与特征，理解服务贸易迅速发展的原因，了解我国服务贸易发展情况。

贸易客体是贸易活动的基本要素，是贸易活动承载物或受体。随着经济发展和社会分工的深化，贸易客体的范围和种类不断扩展，不断产生新的贸易行业。贸易客体不仅包括实物商品，还包括技术、信息等服务产品。商品贸易是最基本、最原始的贸易形态，在市场经济中居于基础性地位。随着经济的发展，服务贸易特别是现代服务业比重不断提高，改变了社会贸易结构。

第一节 贸易客体含义及贸易行业

一、贸易客体的含义

客体是相对于主体而言的，哲学上指主体以外的客观事物，是主体认识和实践的对象；法律上指主体的权利和义务所指向的对象，包括物品、行为等。贸易客体是贸易活动的一个基本要素，是贸易主体在贸易活动中所指向的对象即贸易活动的承载物。

贸易客体是不断变化的，其发展状况反映了社会生产力发展水平和市场化程度。贸易作为不同范围买卖关系的总和，按交易的对象可以分为商品贸易和服务贸易。实物商品是最古老的贸易客体，在人类社会发展的相当的时间内是贸易活动的基本承载物。在人类贸易活动的初期，由于生产力水平十分低下，人们进行贸易活动的客体只能是以自然资源为基础的实物商品。当时人们对物品的需求很少，基本都是用来满足生存的基本需要。随着生产力水平和市场化程度的提高，人类的消费需求从物质向精神文化方面扩展，生产要素和服务也成为贸易客体，如金融保险、邮电通信、文化艺术、宾馆旅游等。因此，现代商品不仅包括实物商品，也包括服务商品，同时也包括一系列的商业活动。具体到一个商店就是不仅销售实物商品，还提供配套服务指导消费，倡导新的消费方式等，对于一个商品交易市场而言，不仅仅交易实物商品，也交易服务商品，同时还应具有信息发布、价格形成、物流配送、融资服务等多种功能。

二、贸易行业分类

（一）贸易行业含义及分类

贸易行业是指主营商品品种范围基本相同的商品经营者集合体。贸易行业的形成促使商品经营专业化，在贸易流通领域形成了独立的、稳定的行业分工。贸易行业的出现是贸易领域社会分工不断深化的结果，是生产分工和消费细分化的反映。

古典经济学家根据不同产业的收入情况，以及劳动力在各产业之间的分布状况，将社会经济活动划分为第一产业、第二产业和第三产业。第三产业包括的行业多、范围广，根据我国的实际情况，第三产业可分为两大部门：一是流通部门，二是服务部门。我国统计制度将第三产业具体分为四个层次：第一层次是流通部门，包括交通运输、仓储及邮电通信业，批发和零售贸易、餐饮业。第二层次是为生产和生活服务的部门，包括金融、保险业，地质勘查业，水利管理业，房地产业，社会服务业，农、林、牧、渔服务业，交通运输辅助业，综合技术服务业等。第三层次是为提高科学文化水平和居民素质服务的部门，包括教育、文化艺术及广播电影电视业，卫生、体育和社会福利业，科学研究业等。第四层次是为社会公共需要服务的部门，包括国家机关、政党机关和社会团体以及军队、警察等。

贸易行业分类是生产分工和消费分类在流通中的反映，是生产专业化和消费细分化的必然结果。生产分工和消费分类都对贸易行业分类产生影响。根据三次产业的划分，可以将贸易行业分为农产品贸易行业、工业品贸易行业和服务贸易行业。工业品贸易可以进一步划分为更细的贸易行业，如我国统计部门将批发贸易分为农畜产品批发，食品、饮料及烟草制品批发，纺织、服装及日用品批发，文化、体育用品及器材批发，医药及医疗器材批发，矿产品、建材及化工产品批发，机械设备、五金交电及电子产品批发，贸易经纪与代理其他批发。根据贸易环节的功能，可将贸易行业划分为批发行业和零售行业等。批发集合体行业是指从事购买商品，然后转售给其他工商企业的贸易企业集合体。批发业可进一步细分为综合批发业、专业批发业、经纪业、代理业等。零售行业又进一步细分为有店铺零售业和无店铺零售业。根据贸易的范围可以将贸易行业划分为内贸行业和外贸行业。内贸行业是指从事国内贸易活动的贸易企业集合体。外贸行业是从事外贸活动的企业集合体。对外贸易行业有许多细分的标准，如按贸易的方向可以分为进口贸易业和出口贸易业，按对外贸易的方式可以分为一般贸易业、加工贸易业等。

（二）贸易行业的影响因素

贸易行业的形成与消费细分化和高级化、生产的专业化和迂回生产、贸易企业竞争需要等因素密切相关。主要表现在：（1）消费的细分化和高级化。随着经济的发展，消费者对产品从功能的追求逐渐向个性、健康、环保、智能化发展。为了适应消费细分化发展的需要,贸易企业需要集中精力经营少数品种,以获得竞争优势。这时,贸易企业往往运用非价格竞争,通过更好的服务吸引消费者。当某类商品的专业化经营一经开展,并形成经营同类商品的企业群体,就会形成新的贸易行业。随着收入水平和消费水平的提高,消费升级是必然趋势。消费者从彩电、冰箱、洗衣机等千元级消费品向汽车、住房等十万元级消费品升级,将带动钢铁、机械、电子等行业发展。这一方面会使生产资料贸易加快发展,使一些原来综合经营的中间产品被独立出来,形成新的行业,另一方面会衍生出围绕高档商品服务的新贸易行业,如随着房地产行业的发展,房地产中介服务企业会迅速增加。(2) 生产的专业化和迂回生产。随着生产分工的不断深化,中间产品结构越来越丰富,商品品种更加复杂,技术要求和售后服务要求更加专业化,促进贸易企业专业化经营,形成新的贸易行业。目前,国际分工中出现的产品内分工现象使产品生产中不同工序、不同区段、不同零部件分散到不同的国家和地区,促使中间产品的国际贸易迅速增长,促进新贸易行业的产生。迂回生产程度的提高促使新的生产资料行业的产生,形成新的贸易行业。(3) 贸易企业竞争的需要。在市场经济条件下,贸易企业需要不断地调整商品经营范围,以适应市场竞争的需要。市场竞争迫使贸易企业专注于某些产品的经营,提高专业化水平。一旦形成了专业经营的群体,就会产生新的贸易行业。但贸易企业通常通过综合经营来降低市场竞争风险,这就阻碍了专业化经营程度的提高,影响了新贸易行业的形成。贸易行业的形成既要有利于贸易企业之间建立横向的相对稳定的商品分工关系,又要有利于各类企业间业务的衔接,形成通畅的贸易渠道。贸易行业的形成还与商品的特性有关,有些商品具有特殊的物理化学性质,其仓储、运输有特殊技术要求,不适合与其他商品一起综合经营,有些商品的经营还需要特殊的流通渠道,这就要求上述商品实行专业化经营,形成独立的贸易行业。

第二节 商品贸易

商品贸易是最基本、最原始的贸易形态,在贸易活动中居于基础性地位。首先,商品贸易是社会再生产的物质基础。生产资料贸易是社会再生产活动的先决条件,生活资料贸易是满足人们消费需求、实现生产目的的基础。其次,商品贸易是贸易运行的基础。从贸易发展历史上看,商品贸易关于服务贸易,服务贸易的发展是建立在商品贸易的基础上的。在商品贸易发展到一定程度以后,对物流、金融等需求增加,促进服务行业的发展。因此,商品贸易的发展情况影响服务贸易的发展。

一、商品的类型

随着经济的发展,商品的数量、品种的不断增多。不同的商品具有不同的贸易特点,但有些商品之间的连带综合经营也有着特定的规律性。因此,科学地进行商品分类,有利于了解不同商品的贸易特点,妥善解决商品购、销、储、运和综合经营等问题,降低流通费用,提高贸易效益。

1. 按商品用途分类,商品可以分为生产资料和生活资料

生产资料可以分为广义的和狭义的概念。广义的生产资料是生产劳动过程中所消耗的物质资料的总称,包括原料、材料、燃料、生产运输工具、机电设备等劳动资料和劳动对象。在我国经济理论与实践中,形成了狭义的生产资料概念,它是指用于生产消费的工业制成品,被广泛地称作"物资"[①]。生产资料又可进一步分为农业生产资料和工业生产资料。农业生产资料是农业部门使用的各种劳动资料和劳动对象,工业生产资料是工业部门使用的各种劳动资料和劳动对象。生活资料是用来满足人们物质和文化需要的产品。生活资料按不同的标准可以进一步细分,生活资料按其实际用途可以分为食品、服装、日用品、交通、通信、医疗保健、娱乐、教育、文化等。根据满足人们需要层次的不同,生活资料还可以分为生存资料、发展资料和享受资料等。

2. 按商品价值不同,商品可以分为高档商品、中档商品和低档商品

高档商品偏重外形豪华、做工考究、材料名贵、价格昂贵,适用于高收入消费者群体,是消费者身份与地位的象征,如名烟、名表等。中档商品一般质量稳定、价格适用,是消费者普遍需要的商品,如普通的家用电器、家具等。低档商品一般为人们日常生活所必需的消费品,价格便宜、购买次数多,如日用百货、食品、调味品等。随着收入水平的不断提高,人们的消费不断升级,高档商品的需求量将不断提高。因此,贸易企业应根据消费需求的变化,及时调整经营商品结构,提高中高档商品的比重,更好地满足消费者的需求。

3. 按购买行为不同,商品可分为便利品、选购品、特殊品和专业品[②]

便利品是购买风险比较小的商品,即购买单价低、消费时间短、消费者考虑得少的商品。对这样的商品,消费者一般采用随机购买的方式,不会花费精力去搜寻,如食盐、洗涤剂、牙膏等日用品等。这些商品的需求弹性较小,需求量相对比较稳定。选购品就是消费者能够通过自身的比较行为降低商品购买风险的商品,消费者需要通过搜寻后进行购买决策,如女士时装、家具、组合音响等。这些商品的需求弹性较大,价格较高,购买频率较低。特殊品是消费者会在购买前进行品牌选择的商品,如特殊品牌和特殊式样的花色商品、小汽车、立体声音响、男式西服等。专业品是消费者在购买时需要依靠零售商推荐的商品。由于市场上商品的价格及品牌的变化太快,消费者不得不依赖零售商以降低购买的风险。

二、商品贸易的类型

按商品用途分类,商品可以分为生产资料贸易和生活资料贸易。

生产资料贸易具有以下几个特点:(1)生产资料需求属于派生需求。厂商购买生产资

---

① 张绪昌、丁俊发:《流通经济学》,人民出版社1995年版,第114页。
② 吴小丁、[日]矢作敏行等编译:《商品流通论》,科学出版社2009年版,第23页。

料的目的不是为了自己的直接需要,而是为了生产和出售产品以获得收益。因此,生产者对生产资料的需求取决于消费者对所生产产品的需求,属于派生需求。(2) 需求价格弹性较小。这主要由制度和技术因素造成。主要表现在:一方面,在生产资料购买中,由于通过节约采购资金给企业带来的收益不能全部或部分直接转化为个人或团队的收入,使采购者对价格的敏感程度没有生活资料那样强,这在国有企业表现得尤为突出。另一方面,由于专用性、配套性、技术性的特点,生产资料的替代性相对较小,对价格变动不能快速作出反应。(3) 批量交易为主,流通环节少。工业生产具有批量生产的特征,在购买生产资料时往往具有批量和连续的特征。生产企业相对集中,大部分生产资料的购销关系比较固定,往往采用产销直接见面的交易形式,流通环节少。(4) 理性购买,以契约交易为主。生产资料的品种、规格、数量、质量、时间等有严格的要求,购买决策是建立在生产计划基础上的理性决策。同时,生产资料交易大多需要签订购货合同,在约定的时间完成交易活动。

生活资料贸易具有以下几个特点:(1) 交易广泛且分散。生活资料消费者众多,遍布城乡,其品种、规格、花色又异常复杂,交易主体和客体十分广泛。生活资料生产者相对集中,消费者非常分散,交易分散。(2) 交易呈多层次性。生活资料受与人们生活的相关程度和价值高低等因素的影响,需求弹性变化较大。粮食、副食、日用品等基本生活用品,商品选择性小,需求弹性小。但是,这些基本生活用品对老百姓生活影响大,国家对这类商品的价格和质量比较关注。小汽车、珠宝等高档消费品需求弹性较大。(3) 购买频率高,流通环节多。消费者对生活资料的购买量较少、购买次数多、成交金额小。除鲜活产品和大型耐用消费品外,生活资料的流通往往要经过批发、零售环节,流通环节较多。

三、商品贸易的地位及特征

商品贸易在市场经济中处于基础性地位,对其他贸易活动产生决定性的影响。首先,商品贸易是贸易发展的基础。从贸易发展的历史看,商品贸易先于服务贸易,只有当商品贸易发展到一定程度后,才会产生服务贸易。商品贸易的规模、结构影响服务贸易的规模和结构。其次,商品贸易是经济发展的物质基础。支撑经济发展的资本、劳动力要素的投入需要以商品贸易为基础条件。生产资料贸易和生活资料贸易的发达与否直接影响到生产的发展和生产目的的实现。我国商品贸易发展过程中呈现出以下基本特征。

(1) 商品贸易的规模不断扩大。随着经济不断发展,商品贸易总量保持较快增长,商品贸易的范围不断扩大。主要原因是随着经济增长水平的提高,商品的总供给量和总需求量增加,贸易总量增加;随着社会分工的深化和专业化程度的提高,原来自用或本企业生产的产品被纳入商品贸易范围;随着科学技术的发展,原来没有利用价值的自然资源成为具有使用价值的商品,使商品贸易的范围和规模不断扩大;随着消费结构的不断升级,生产商品所需要的原材料和中间产品的种类不断增加,贸易的规模和范围不断扩大。改革开放以来,我国商品贸易规模迅速扩大,社会消费品零售总额从1978年的1 558.6亿元增加到2010年的15.7万亿元。

(2) 商品贸易的结构不断优化。20 世纪 80 年代，我国抓住国际上以轻纺产品为代表的劳动力密集型产业向发展中国家转移的机遇，培育了纺织、服装、鞋帽、玩具、箱包等一大批外向型出口企业，以纺织品为代表的出口贸易迅速增长。90 年代，我国利用世界机电产业结构调整的机遇，加快机电产业的发展，促进了家电、手机、微型计算机、集成电路等产品的出口。近年来，我国高新技术产业也正不断发展壮大，高新技术产品出口也逐年增长。总体上看，我国商品贸易结构不断优化，体现在以下几个方面：基本生活必需品的比重不断下降，而住宅、汽车、高档家具等高档消费品的比重不断提高；高能耗、高污染、高消耗产品的贸易比重下降，低消耗、节能环保产品的贸易比重上升；传统原材料产品的贸易比重上升，中间产品贸易比重增加，对外贸易呈现出产业间贸易、产业内贸易和产品内贸易的三元结构；粗加工、低附加值工业制成品贸易的比重下降，精加工、高附加值工业制成品贸易的比重上升。

(3) 商品贸易流向的复杂性。随着社会分工的不断深入，商品贸易流向不断发生变化。工业品和农副产品的生产和消费特点决定了农副产品主要从农村到城市，从分散到集中，而工业品贸易是从集中到分散。改革开放后，我国农村工业的发展改变了计划体制下工业品贸易从城市到农村的单一流向，出现城市与农村间工业品贸易的双向流动。随着我国区域开发战略的推进，区域间工业品贸易流向也发生了变化，中西部地区与东部沿海地区工业品贸易流向也发生了较大的变化。

第三节　服务贸易

一、服务贸易的内涵与特征

西方学者较早对服务业概念进行探讨。亚当·斯密认为，所有经济活动可以分为生产性的和非生产性的。1935 年，费希尔首先提出了第三产业的概念。1957 年，克拉克丰富了费希尔第三产业概念的内涵，把人类经济活动明确地分为三大部门。1977 年，霍尔（T. P. Hill）提出了为理论界所公认的服务概念。巴格瓦蒂（J. N. Bhagwatti）等人在此基础上又拓展了服务的概念。以此为基础，巴格瓦蒂将服务贸易的方式分为四种：[①]（1）消费和生产者都不移动的服务贸易；（2）消费者移动到生产者所在国进行的服务贸易；（3）生产者移动到消费者所在国进行的服务贸易；（4）消费者和生产者移动到第三国进行的服务贸易。

服务贸易的概念不仅仅要在理论上进行探讨，而且需要在实践中进行明确的界定。世界贸易组织统计和信息局 1995 年公布的服务贸易统计，涉及 11 个部门近 150 个行业。世

---

①　杨圣明、刘力：《服务贸易理论的兴起与发展》，载于《经济学动态》1999 年第 5 期。

贸组织的服务业分类标准界定了服务业以下分类，即：商业服务，电讯服务，建筑及有关工程服务，销售服务，教育服务，环境服务，金融服务，健康与社会服务，与旅游有关的服务，娱乐、文化与体育服务，运输服务。为完善我国的服务贸易统计体系，促进服务贸易的健康发展，商务部、国家统计局遵循国际服务贸易统计的最新标准，借鉴世界发达国家的服务贸易统计方法，并结合近年来我国服务贸易发展的实际情况和特点，修订了《国际服务贸易统计制度》并于自2010年8月1日起正式施行。该统计制度将服务贸易分为：(1) 运输。指一个经济体的居民为另一个经济体的居民提供的海运服务、空运服务、铁路运输服务、公路运输服务、内陆水道运输、空间运输、管道运输服务、运输辅助服务以及其他运输服务等。(2) 旅游。包括旅行者在其访问的经济体逗留不满一年的期间从该经济体购买的货物和服务。(3) 通信服务。包括邮政和信使服务、电信服务两个子目。(4) 建筑及相关工程服务，包括建筑服务、建筑工程和其他技术服务以及其他服务。(5) 金融服务。包括金融中介和辅助服务。人寿保险企业和养恤基金的金融服务、居民和非居民之间进行的其他保险服务不包括在内。(6) 保险服务。包括居民保险企业向非居民提供各种保险和非居民保险企业向居民提供各种保险。(7) 计算机和信息服务。包括硬件和软件的相关服务和数据处理服务。(8) 教育服务。包括初等教育、中等教育、高等教育、成人教育和其他教育。(9) 环境服务。环境服务是环境保护的一个整体概念，涉及由废物、废气和废水以及三废处理、噪音和生态系统引发的环境污染，对环境进行监测、污染预防、环境改善以及污染限制的相关服务，分为污水服务、废料处理服务、卫生和类似服务以及其他四个类别。(10) 医疗、保健和社会服务。包含医疗、医院服务，其他人类健康服务和社会服务。(11) 娱乐、文化与体育服务。包括影视、音像及相关服务，娱乐服务，通讯社服务，图书馆、档案馆、博物馆和其他文化服务，体育和其他娱乐服务，以及其他相关服务。(12) 特许使用费和许可费服务。包括特许专营费和为使用注册商标支付的特许使用费，以及由于核准使用无形的、非生产的和非金融的资产与所有人权利以及由于根据许可协议使用创作的原作或原型。(13) 分销服务。指一经济体成员通过跨境提供为另一经济体成员提供的佣金代理服务、批发销售服务、零售服务、特许经营服务以及其他服务等。(14) 其他商业服务。包括营业租赁服务，法律、会计、管理咨询和公共关系服务，广告、市场调研和民意调查，研究和发展服务，农业、采矿和其他就地处理服务等。

与商品贸易相比，服务贸易具有以下特点：

第一，客体内容不同。商品贸易交易的是有形实体，可以通过对比或借用检测手段进行鉴别。而服务贸易包括一些有形行为，但多数时候是无形的。由于没有独立的技术形态，不像商品那样容易鉴别。

第二，所有权转移不同。商品贸易涉及所有权转移，交易完成后商品使用权和所有权同时转移。而服务贸易的所有权则比较复杂，有些服务缺乏所有权，有些服务所有权与使用权分离，有些无法用使用权和所有权概念界定。如技术贸易一般只是使用权的转让，技术所有者可以向多家买主转让使用权。

第三，可贸性不同。商品的生产者和消费者可以在不同的空间内进行交易活动，消费者只要支付一定的运费，生产者可以借助交通运输工具将货物交到消费者受中。而大多服务的提供和消费通常是同时发生的，服务贸易一般很少集中经营，要求服务网点多而散，要求服务的提供者和消费者在空间上接近。但是，随着科学技术的发展，服务贸易的可贸性也在发生变化，例如不少服务产业可以直接通过互联网这种新的载体从生产领域进入消费者终端。例如，网上银行作为正在迅速发展的现代服务形式，突破了传统银行业务中面对面的柜台交易模式，可以为不同国家和地区的客户提供任何时间、任何地点、任何方式的服务。这大大提高了服务贸易的可贸性，扩大了服务贸易交易范围，促进了银行业务的增长。

第四，储存性不同。除特殊的鲜活商品外，大部分商品可以通过一定的仓储设施将商品储存起来，可贸性较好；而大多服务提供和消费同时发生，生产时间由需求决定，如果没有及时销售或消费，不能把服务产品储存起来。但是，随着现代计算机、通信等为基础的现代服务业的出现，服务产品不可存储特性也将发生改变。

随着知识经济的到来，现代服务业发挥着越来越重要的作用，在服务贸易中的比重不断提高。现代服务业不是源于西方的经济学文献，而是最早出现在1997年9月党的"十五大"报告中。关于现代服务业，使用较多的一种定义是："现代服务业是伴随着信息技术和知识经济的发展产生，用现代化的新技术、新业态和新服务方式改造传统服务业，创造需求，引导消费，向社会提供高附加值、高层次、知识型的生产服务和生活服务的服务业。"

现代服务业具有以下特点：

（1）高科技含量和高附加值。现代服务业是工业化较发达阶段产生的，依托现代科学技术发展起来的服务业。现代服务业的核心是现代生产者服务，如设计研发服务、金融服务、商务服务、物流服务等。现代服务业以人力资本、技术资本、知识资本为主要投入，为客户提供高度专业的知识和附加值的服务。

（2）新的经营业态。现代服务业通过服务咨询的方式向客户转移高度专业化的知识，向客户提供的是问题的解决方案。因此，现代服务业的经营业态与传统服务业不同，服务的提供者需要很强的资源整合能力，能将社会资源有机地整合到服务链条中去，如设计研发服务、电子商务、现代物流等。服务外包是现代服务业的重要经营形式，其形式一般分为信息技术外包（ITO）和业务流程外包（BPO）。现代服务业具有高度的空间集聚特点，一般集中于城市的中心商务区。

（3）新的服务方式。现代服务业通过"量体裁衣"式的定制化服务方式为客户提供个性化的服务。由于不仅要提供显性知识，还要提供隐性知识，服务提供者需要与客户进行大量的互动。因此，现代服务业区别于传统服务业的标志之一是高度的专业化。高度专业化的服务使现代服务业具有更强的市场垄断性质。

（4）既包括新兴服务业，也包括经技术改造和升级的传统服务业。现代服务业包括以现代学技术发展起来的研发设计服务、网络服务、信息服务、现代物流等新兴服务业，也包括用现代化的新技术、新业态和新服务方式改造的传统服务业，如超市通过植入信息技术也成为现代服务业。

二、服务贸易迅速发展的原因

1. 服务贸易的需求迅速增长

随着经济的发展,人民生活水平的普遍提高,消费者的需求结构和需求偏好将发生较大的变化,人们对生活方式和生活质量有了更多和更好的追求。国际经验表明,人均 GDP 5 000~10 000 美元正是需求结构和偏好发生重要转变的一个节点,超过这一点,物质产品的边际效用将逐步递减,而对享受型服务消费的偏好将逐步增加,由此产生了对各种个人服务直接的巨大需求。20 世纪 60 年代初,世界主要发达国家的经济重心开始转向服务业,产业结构呈现出"工业型经济"向"服务型经济"转型的总趋势。随着我国城乡居民收入水平的提高和社会保证制度的逐渐完善,城乡居民的消费将逐步从过去的物质商品为主向服务商品为主或两者并重转变,对服务贸易的需求将迅速增长。

2. 社会分工的不断深化

服务是社会生产和销售中不可或缺的一部分,在社会分工不发达的情况下,许多服务环节由生产企业独立承担。随着竞争的不断深入,生产企业将一些非核心环节分离出去,专注于核心业务。这就推进了商品生产社会化、专业化发展,带动生产性服务业的发展。同时,服务业的社会化和专业化发展,提高了服务业的总量和水平,为生产企业提供更好的服务。分工的进化与服务业的支撑作用见表 3-1。从表中可以看出,随着分工的深化,制造业将一些非核心业务外包出去,一些为制造业服务的知识扩展、设计、供应链管理、研究与开发等生产性服务业得到发展,服务业对分工深化的作用越来越大。

表 3-1　　　　　　　　　　分工的进化与服务业的支撑作用

分工类型	传统分工		新型分工	
	部门间分工	部门内分工	产品内分工	价值链分工
分工特点	不同产业之间	同一产业不同产品之间	同一产品不同模块之间	产业链的不同环节、工序、模块
支撑分工的主要服务部门	商业与运输系统	商业与运输系统、金融	商业、运输、知识扩展、设计	商业、运输、专业服务、供应链管理、研究与开发、金融
服务业发展对分工深化的作用	一般	较重要	重要	非常重要

资料来源:荆林波等:《中国服务业发展报告——面向"十二五"的中国服务业》,社会科学文献出版社 2011 年版,第 17 页,有删减。

3. 科学技术的进步

科学技术水平的提高促进服务贸易的发展，主要表现在：科技进步增强了服务贸易的可贸性，如电子信息技术的发展拓展了服务贸易的领域，原来必须在同一空间内才能实现的服务贸易可以在不同的空间内实现，如原来不可贸易的知识、教育服务现在可以存储在光盘中，以服务产品的形式交易，通过卫星电视、互联网等实现医疗服务；科技技术进步增加了服务贸易的内容，科学技术本身是服务贸易的重要内容。

4. 政府产业政策的支持

服务业是国民经济的重要组成部分，其发展水平是反映一个国家或地区经济发展水平、经济潜力、竞争力以及现代化程度的重要标志，各国都比较重视服务贸易发展。我国无论是中央政府，还是地方政府都很重视服务业的发展，2007年出台了《国务院关于加快发展服务业的若干意见》，2008年出台了《国务院办公厅关于加快服务业发展若干政策措施的实施意见》，还出台了关于软件、动漫、现代物流等部分服务行业发展的指导意见，各省市开展了服务业综合改革试点，一些地区实行了鼓励第二、第三产业分离的政策。这一系列政策措施的推行，有力地促进了我国服务业的发展。

三、我国服务贸易的发展

改革开放以来，我国服务贸易发展很快，成为经济发展的重要动力和吸纳就业的重要领域。但与发达国家相比，我国服务贸易不论是总量上还是结构上都处于相对落后状态，因此，正确认识我国服务贸易的现状，科学分析我国服务贸易存在的问题，加快服务贸易的发展具有重要意义。

（一）我国服务贸易发展概况

1. 服务业增长较快，对经济的贡献不断提高

随着我国改革开放和社会主义市场经济的不断完善和发展，我国的服务业增长较快，对国民经济的贡献不断提高，主要表现在：一方面，服务业占GDP比重不断提高。1978年，我国服务业的增加值为872.5亿元，占同期GDP的比重仅为23.9%；2010年我国实现服务业增加值17.1万亿元，占同期GDP的比重也达到了43.0%[①]。另一方面，服务业就业人数大幅增长，占就业总人口比重不断提高。1978年，我国服务业就业人数只有4 890万人，占当年就业人口的比重仅为12.2%，而2009年服务业就业人数占全社会就业人数比重为34.8%。

2. 新兴服务业发展较快，占服务业的比重不断提高

近年来，经济的高速发展和居民收入水平的不断提高，促进了新兴服务业的发展，主

---

① 数据来源：2010年《中国统计年鉴》、《中华人民共和国2010年国民经济和社会发展统计公报》。

要表现在：居民对服务需求增加较快，带动了文化、旅游等产业的高速增长；信息等高新技术和现代管理理念的广泛应用，推动了电信增值、动漫网游、电子商务等一批新兴服务业态快速发展；社会分工不断深化，企业对生产性服务服务业需求增加，促进了检验检测、合同能源管理、环境服务、地理信息服务等新兴服务产业蓬勃发展。1978年，交通运输、仓储和邮政业、批发和零售业、住宿和餐饮业占服务业比重为53.8%，2009年这一比重下降至36.0%；新兴服务业占比上升，高附加值服务贸易出口增势强劲，2010年计算机和信息服务、专有权利使用费和特许费、咨询和广告宣传出口占服务出口总额的比重为21%，比2005年上升了10个百分点。"十一五"期间，计算机和信息服务、咨询出口额分别增长了4倍和3.3倍，年均分别增长38%和34%。

3. 国际服务贸易发展较快，占国际贸易的比重不断提高

改革开放以来，特别是进入21世纪以来，我国国际服务贸易发展较快。我国服务贸易总额从1985年的51.9亿美元增长到2009年的2 868亿美元。我国服务贸易在世界服务贸易总规模从1982年的0.6%增加到2009年的4.5%。2009年，我国服务贸易进出口额2 867亿美元，占当年货物贸易进出口总额的13%，其中出口1 286亿美元，服务贸易出口和进口分别居世界第五和第四。2010年，我国服务贸易进出口总额3 624.2亿美元，其中出口1 702.5亿美元，进口1 921.7亿美元，进出口年均增长18.2%，为全球年均增速8.2%的2倍多。

（二）我国服务贸易发展存在的主要问题

1. 我国服务业发展水平与世界水平有较大差距

我国服务业发展水平低于世界平均水平，主要表现在：一方面我国服务业增加值的比重与国际水平相比存在较大差距。2009年我国服务业增加值占GDP比重为43.4%，低于2007年世界平均水平（69.4%）以上；另一方面，我国服务业的就业人口比重与国际水平相比存在较大差距，2009年服务业吸纳就业的比重为34.1%，不仅低于发达国家，甚至还低于某些发展中国家。2009年我国出口贸易中，服务贸易占比为11.5%，比世界平均水平低8.9%。这表明，我国服务贸易尽管自改革开放以来发展速度很快，但与世界平均水平相比，发展水平仍有较大的差距，还有较大的上升空间，仍将保持较快的发展速度。

2. 我国服务业结构有待优化

我国服务业内部结构尚不合理，表现在商业、饮食业、运输业、仓储业和邮电通信业等传统服务业比重偏大，信息服务业、技术服务业、咨询业、广告业、现代信业、旅游业、金融保险业、房地产业等新兴服务业比重偏小。我国服务贸易出口仍主要集中在运输、旅游、建筑等传统服务业，2009年我国旅游和运输服务分别占服务贸易出品的30.9%、18.3%，而在全球服务贸易量最大的金融、保险、通信、计算机与信息服务、专利服务、咨询等技术密集和知识密集的行业，仍处于较低的发展阶段，国际竞争力较弱。

3. 我国服务业发展存在较大的区域差异

我国经济发展区域性差异比较明显,在服务业发展方面的差异也比较突出。根据服务业占GDP比重及对工业、对民生的支持与配套体系的完善情况综合分析,可以把我国服务业发展水平或发达程度分为四个层次:第一层次是北京和上海,第二层次是天津、广东、浙江、江苏、辽宁等经济相对发达地区,第三层次是山东、四川、安徽、黑龙江、吉林、湖北、湖南、陕西、重庆、山西、河北、广西,第四层次是江西、内蒙古、新疆、宁夏、甘肃、青海、西藏等地[①]。北京、上海第三产业占GDP的比重最高、分别为75.5%、59.4%,是我国服务业发展水平最高的地区。长三角地区第三产业增加值占全国22.8%,是我国服务业发展第一增长极。

(三) 我国服务贸易业发展的对策

我国"十二五"规划把推动服务业大发展作为产业结构优化升级的战略重点,推动特大城市形成以服务经济为主的产业结构。我国服务业发展应突出以下几个重点。

1. 加快服务业市场化改革

我国服务业发展水平不高的主要原因是基础较差,政府职能转型滞后,存在行业垄断和市场准入限制等。长期以来,一些应当市场化的服务领域被当做公益型、福利型的事业,"大而全"、"小而全"的自我服务现象比较普遍,服务业缺乏发展动力。因此,需要推进市场化改革:加快政府转型和事业单位改制,打破国有企业在新兴服务业的垄断地位,放开民营企业的市场准入,培育符合市场经济体制和国际竞争需要的微观主体;探索适合新型服务业态发展的市场管理办法,调整税费和土地、水、电等要素价格政策,营造有利于服务业发展的政策和体制环境;通过体制机制创新,鼓励企业将服务业务外包,激发服务业发展的内在动力。

2. 推进服务业结构调整

积极推进服务业结构调整,提高现代服务业和高端服务业比重,提高生活性服务业质量。生产性服务业包括交通运输、仓储和邮政业,信息传输、计算机服务和软件业,金融业,租赁和商务服务业,科学研究、技术服务和地质勘探业,水利、环境和公共设施管理业等行业。扩大对外开放,大力引进金融、保险、邮电通信、物流、信息、科技服务等资本密集和技术密集行业的外商直接投资,积极承接国际服务外包业务,加快现代服务业的发展。同时,鼓励国内服务企业积极向国外先进服务企业学习先进的技术、管理和经营业态,全面提高服务业质量,提升服务业国际竞争力。鼓励有实力的服务企业走高端化的发展道路,向服务业价值链的产品设计和营销环节攀升,打造具有中国特色的知名品牌,带动我国服务业整体发展水平。

---

① 荆林波等:《中国服务业发展报告——面向"十二五"的中国服务业》,社会科学文献出版社2011年版,第5~6页。

3. 提升服务业技术水平

20世纪90年代以来,伴随服务技术的进步,服务贸易技术化、知识化趋势十分明显。因此,应鼓励服务企业加大科技投入,加强服务科技研发和先进技术装备引进,提升服务业尤其是现代服务业的技术装备水平。运用计算机及其运用技术、机电仪一体化技术、信息通讯技术、自动控制技术、条形码技术等技术改造传统服务业,提高传统服务业的科技含量和服务质量,促进贸易现代化。大力培养智力型服务人才,加强对服务从业人员的培训,提升服务业劳动力整体素质。

【本章案例】

不同国家服务业发展比较

美国作为最大的发达国家,在发展服务贸易上有很多经验值得借鉴。长期以来,美国服务贸易基本居世界首位,2010年,美国服务贸易出口5 183亿美元,进口3 581亿美元,贸易顺差1 602亿美元。美国的服务贸易出口额约为中国的3.6倍,英国的2.3倍,德国的2.2倍,法国的3.6倍,占世界服务贸易出口总值的14%;进口也远超过其他国家,占世界服务贸易进口总额的10.2%。美国服务贸易的前三大领域分别为"运输"、"旅游"和"其他商业服务"。一直以来,美国政府积极推动服务贸易的发展,一方面建立了比较完善的服务贸易法律法规体系和管理机制,促进服务业的充分竞争,为服务业发展营造良好的国内环境;另一方面主导GATS的签订和实施,推动国际服务贸易自由化,为其服务业发展赢得了发展空间,政府部门及民间团体还通过专门的咨询机构,为本国企业提供多种服务。同时,美国还利用各种灰色条款保护本国不具有竞争优势的服务行业和敏感性服务行业。

日本作为后起的发达国家,是通过实施外向型发展战略实现经济起飞的范例。出口导向的发展战略使日本一跃成为世界上最大的商品贸易顺差国和最大的债权国。与商品贸易相比,日本的服务贸易发展相对滞后。从表3-2可以看出,日本的服务贸易竞争力相对较低,这与其制造业在国际市场上所达到的水平极不相称,大大落后于世界其他一些发达国家。这种现象被一些日本学者称为"日本病"。日本服务业的三大领域是运输、旅游和其他商业服务。2010年日本服务贸易出口占世界服务贸易出口总值的3.8%。较低的开放度是影响日本服务服务贸易竞争力的重要原因。

表3-2　　　　2000~2010年日本服务贸易进出口额　　　　单位:亿美元

年份	2000	2001	2002	2003	2004	2005	2006	2007	2008	2009	2010
出口	694	648	661	718	897	1 021	1 151	1 271	1 464	1 259	1 389
进口	1 052	988	979	999	1 199	1 224	1 339	1 487	1 674	1 470	1 558

资料来源:http://www.wto.org/english/res_e/statis_e/its_e.htm

近年来，印度服务业发展较快，国际服务贸易竞争力不断提升，许多做法值得发展中国家学习和借鉴。从表3-3可以看出，近年来印度服务贸易呈现出较快增长，2004年以后出现贸易顺差，2007年贸易顺差达162亿美元。2007年印度的计算机和信息服务业具有比较明显的比较优势，是第一大出口部门。印度积极发展服务外包，其他商务服务业发展很快，成为第二大出口部门。1991年印度政府就出台了发展软件产业的鼓励政策。印度大力鼓励本土企业承接外包业务。从20世纪90年代开始，印度在金融、保险、电信等部门向私人投资和外资开放，激发了私人和外商的投资热情。2009年印度出口贸易中服务贸易占28.7%，高于世界平均水平的8.3%。

表3-3　　　　　　2000~2010年印度服务贸易进出口额　　　　　　单位：亿美元

年份	2000	2001	2002	2003	2004	2005	2006	2007	2008	2009	2010
出口	160	168	191	236	379	522	695	866	1 067	926	1 233
进口	189	198	208	247	353	468	582	704	878	803	1 161

资料来源：http://www.wto.org/english/res_e/statis_e/its_e.htm

参考文献

[1] 张莉：《发达国家服务贸易经验及启示》，载于《中国经贸》2011年第2期。
[2] 杨广：《中印服务贸易发展比较之研究》，载于《国际贸易问题》2010年第2期。

案例讨论题

1. 分析日本和印度服务贸易国际竞争力，探讨美国、日本、印度服务贸易发展的影响因素。
2. 美国、日本、印度发展服务贸易的做法对中国的启示是什么？
3. 搜集更多的资料，将我国服务业发展情况与美国、日本、印度作一比较分析。

[复习思考题]

1. 商品贸易有哪几种类型？各有什么特征？
2. 简述商品贸易与服务贸易的关系。
3. 服务贸易有什么特点？服务贸易迅速发展的原因是什么？
4. 我国服务贸易发展的制约因素有哪些？

[推荐阅读]

[1] 周肇先：《贸易经济学》第九章，中国财政经济出版社1999年版。
[2] 蒋和祥：《贸易经济学》第3章，电子科技大学出版社，2005年版。
[3] 张绪昌、丁俊发：《流通经济学》，第五章、第六章，人民出版社1995年版。

［4］田村正纪著，吴小丁、王丽翻译：《流通原理》，机械工业出版社 2007 年版。

［5］柳思维：《贸易经济学》第七章，高等教育出版社 2007 年版。

［6］荆林波等：《中国服务业发展报告——面向"十二五"的中国服务业》，社会科学文献出版社 2011 年版。

第四章 贸易运行

【本章学习目的】明确贸易运行要素的基本概念及其相互间关系，掌握贸易渠道的含义及构成要素，理解贸易渠道的分类及选择贸易渠道的影响因素，结合贸易运行的实践案例，分析理解企业如何选择合理的贸易渠道。

贸易运行是指商品从生产领域向消费领域流动过程中，通过买卖活动，产生的商品所有权让渡、商品价值运动、商品实体运动、商务信息的流动和传递等。贸易渠道作为商品从生产领域到消费领域转移的通道，是贸易运行的载体。掌握贸易运行规律，对于高效、快捷地组织贸易活动具有重要意义。

第一节 贸易运行形式

商品从生产领域向消费领域运动过程，既要完成由商品到货币（W—G）和由货币到商品（G—W）的价值形态变化和所有权的转移，又要完成商品实体在空间位置上的移动以及商品信息的流动等。根据不同的流动要素，贸易运行可以归纳为商流、物流和贸易信息流三方面的要素流。贸易运行过程是商流、物流和信息流的统一运动过程。

一、商流

商流，是商品从生产领域向消费领域运行过程中一系列价值形态变化和所有权转移的过程。贸易运行过程是贸易主体组织和实施的，贸易主体间的商品交易行为，必然产生商品价值运动，即商流活动。在贸易活动中，与商品价值运动有关的商流活动主要包括：

（1）价值形态变化和所有权转移前的商务活动，包括市场调研、广告、公关、洽谈、看货等。

（2）贸易主体在价值形态变化和所有权转移过程中的商务活动，包括订货、签约、成交、结算、收款等。

（3）价值形态变化和所有权转移后的商务性服务活动，包括售后服务等。

商流过程也就是相对独立的个人或组织之间的交换过程。传统经济学的分析框架里把交换过程或流通过程抽象掉，认为市场交易是通过价格机制自动实现的。但交易费用经济学认为，市场交易是需要费用的，组织（企业）内部交易可以节约交易费用，具有替代市场的功能，但企业规模的扩张也受到组织内部交易费用的限制，企业与市场是可以相互替代的。在市场交易与组织交易的两极之间存在许多中间形态的交易关系，即存在多种商流的形式。按照威廉姆森的观点，任何交易都是通过合同关系交易完成的。合同关系可以是书面的，或口头的、默契的。合同可以为古典合同、新古典合同和关系合同。不同的合同关系需要用不同的治理形式。交易成本经济学认为资产专用性，交易的不确定性和交易频率是影响交易成本的主要因素。不同的交易关系具有不同的物流形式：

（1）个别交易的商流活动。这种交易形式与新古典经济学的假设一致，交易价格建立在竞争性市场上。在市场交易中卖者想以尽可能高的价格销售产品，而买者却想以尽可能低的价格购入商品，"一手交钱一手交货"钱货两清。一次性当场交易很容易引起机会主义行为，市场交易不可避免地发生交易费用。个别交易时需要进行市场调研、广告、洽谈等商流活动，但商流成本不能在以后的交易中平摊。这种交易方式改变交易对象比较方便。

（2）重复交易的商流活动。重复交易是建立在一次性交易基础上的多次交易。在多次交易基础上，由于对交易对象更加熟悉，增加了相互的了解，交易时可以凭经验行事，有些商流活动趋向简单化。交易初期投入的有关市场调研、广告、洽谈等商流成本可以在以后的交易中平摊。随着交易的持续，交易双方都逐渐积累起有关交易对象的专用资产，转换交易对象的成本提高。

（3）长期交易的商流活动。长期交易是交易的持续化，具有明显的契约关系倾向。交易的持续化，使交易主体间建立起比较稳定的交易关系，与交易有关的人力资本和实物资产的专用化程度提高，转换交易对象的成本进一步提高。在生产资料市场，使用稀缺物资、专用物资或需求量大的原材料的制造商和供应商间往往采用长期交易的形式。在生活消费品市场，大型零售商与制造商之间一般也采用重复交易的形式。长期交易的商流活动比较稳定，商流成本可以在每次交易活动中平摊，每次交易的商流成本较低。

（4）关系交易的商流活动。关系交易是长期交易的进一步深化，形成紧密型的互惠合作关系。随着合作的深化，交易双方不仅限于商品交易关系，也向合作开发新市场、研发新产品等方向发展，如投资建设专用的配送中心等。随着关系交易形式的建立，与交易有关的人力资本和专用性资产进一步增加，如特许经销商被要求进行专用性资产的投资。这种交易关系转换交易对象的难度比较大，转换成本比较高。由于合作的深化，关系交易的商流活动相对比较复杂，需要对交易内容进行比较深入的调研、论证、谈判、签约等商流活动，商流成本会增加。

（5）一体化交易形式。组织交易是指通过管理机制替代市场机制来完成内部交易。当交易性质越特殊，与交易有关的人力资本和实物资产的专用性程度越高，交易主体越倾向于一体化交易方式。由于没有通过市场交易来实现价值形态的变化和所有权的转移，这不是真正意义上的商品交换关系，也不是上面讨论的商流形式。

从以上分析可以看出，随着买者和卖者关系程度的提高，交易形式也依次从市场交易发展到组织交易。除组织交易外，存在着多种交易形式，而交易费用成为贸易主体选择交易形式的关键因素。不同的交易形式，其商流活动也具有不同的特点。

二、物流

"物流"一词最早出现在美国,当时被称为"Physical Distribution"。日本的"物流"概念是从美国引进的。日本综合研究所编的《物流手册》认为:"物流是物资从供给者到需求者的物理移动,是创造时间价值和场所价值的经济活动,包括包装、装卸、仓储、库存管理、流通加工、输送、配送等活动领域"。欧美学者和日本学者对物流内涵的理解不同,欧美学者从企业的角度研究物流,即微观物流,而日本学者的物流概念则偏重于国民经济物流即宏观物流。我国学者从商品流通视角阐述物流的概念,认为物流是商品使用价值的运动过程,是商品实体从生产领域向消费领域的空间位置移动以及为实现这种位移运动所发生的各种经济活动。在物流概念提出的近一个世纪时间内,产生了一系列的理论学说。这些学说包括黑暗大陆说、物流冰山说、利润中心说、成本中心说、服务中心说等。

物流的内容包括包装、装卸、运输、储存、保管、养护,以及对商品的分类、整理、加工、清洁、干燥等各种活动。物流涉及的主要活动包括:(1)运输活动。运输是指利用设备或工具,完成商品从产地到销地的空间位置的转移,同时也包括贸易企业送货上门的配送活动。运输是物流运动的基本形态,是改变商品空间状态的主要手段。(2)仓储活动。仓储是对商品的保存与管理。商品在储存过程中,需要对其进行一系列保护商品安全、养护商品质量的保管活动。除此之外,还要进行集货、分类、检验、理货甚至流通加工和配送活动。仓储是物流运动的中心环节,起到缓冲、调节和平衡商品供应数量的作用。(3)包装活动。包装是为了保护产品、方便储运、促进销售,按一定技术方法采用容器、材料及辅助物等将物品包装并予以适当的封装标志的工作的总称。① 包装可以分为运输包装和销售包装,运输包装主要是便于运输和保护商品,而销售包装是便于销售和消费者购买。(4)装卸搬运活动。装卸搬运是指伴随仓储运输而附带发生的一系列装、卸、搬运等作业。装卸搬运活动不仅影响物流成本,还影响商品的安全性和服务质量。(5)流通加工活动。流通加工是指商品流通过程中辅助性加工活动,如挑选、整理、分类、包扎、分级等作业活动。流动加工活动能更好地满足顾客个性化的需求,也便于商品的运输、储存和销售。

物流与商流是彼此联系的,共处于商品流通之中,两者的起点和终点是一致的。与商流相比较,物流具有如下特征:(1)物流以商流为前导。商流是流通的核心,其他流都是商流的派生物。没有商品的买卖活动,就不会有物流运动,因此,物流的流向、流量、流速是由商流决定的。(2)物流是商流得以完成的条件。物流是保护商品使用价值的活动,是完成产品使用价值空间位移的运动,是联系购销的桥梁与纽带。除特殊商品外,没有物流活动,也难以实现商流活动。物流活动的规模、效率等对商流活动有重要影响,制约着商流活动的发展。(3)物流受物质技术条件的影响更大。物流涉及的运输、保管、储存、包装等活动必须依赖于一定的物质技术装备。这些物质技术装备的先进与否直接决定了物

---

① 夏春玉:《流通概论》,东北财经大学出版社2006年版,第230页。

流活动的效率水平，如条形码技术使商品的保管、分拣、统计等活动的效率大幅度提高。

随着商品交换和贸易经济的发展，商流与物流在其运动中出现了多样化的运行组合方式：（1）商流与物流同步进行。商品流通过程中，随着所有权转移，商品实体也同时发生移动，不仅时间上同步，物流运动路线与商流运动路线一致。如"一手交钱一手交货"的贸易，买卖双方获取使用价值和交换价值的活动是同时进行的，商务活动与实物运动是同步的。（2）商流与物流时间不一致。商品流通过程中，当商流活动与物流活动不在同时发生时，会出现商流在前物流在后或物流在前商流在后的情况。如商品预购形式下，卖方通常能取得全部或一部分货款，实际的物流则发生在商品生产出来之后。再如，商品赊销形式下，买方经过一定的物流活动先得到商品，并使之进入消费领域或进行转卖，而卖方的货款结算则在物流运动完成之后约定的期限内进行。（3）商流和物流的时间、路线不一致。在商品流通过程中，当流通环节较多时经常会出现既在时间上不一致又在路线上不一致的情况。如在批零贸易中，商品的所有权在批发环节可能会发生多次易手，但物流活动并不伴随商流活动同步进行，但最终商流与物流结合在一起，完成商品流通全过程。再如在期货贸易交货活动中，几乎全部是商流活动，很少有实际的物流活动，只有在期货合约实际交割时才发生物流活动。

目前，一些物流活动已形成了一个新的产业，即物流产业。物流产业的发展进一步促进贸易的发展。这方面，日本等发达国家有成功的经验。日本是世界上非常重视物流的国家之一。20世纪70年代以前，日本物流体系当中企业自营物流占相当大的比重，如1975年企业自营物流费用占总物流费用的60.44%；20世纪80年代后，日本物流组织开始于制造业物流中出现；进入20世纪90年代，第三方物流费用占到60%左右，反映出日本物流业日趋专业化、社会化。① 近年来，我国物流业发展很快，2010年全国社会物流总费用7.1万亿元，其中，运输费用3.8万亿元，占社会物流总费用的比重为54%；保管费用2.4万亿元，占社会物流总费用的比重为33.9%；管理费用0.9万亿元，占社会物流总费用的比重为12.1%。②

三、贸易信息流

贸易运行过程中，伴随着商流、物流的发生，也同时产生信息的活动。贸易信息流是指反映商流、物流的各种消息、情报、数据资料的传递和反馈。贸易信息从信息源发生，经过贸易渠道传递，到被贸易主体吸收、反馈，贯穿在整个贸易活动过程中。贸易主体在贸易运行过程中需要不断从外部输入各种信息，并对这些信息进行加工、整理和分析，形成决策信息。同时，贸易主体在商流、物流过程中又不断向外部反馈各种信息。现代社会中，贸易信息的流动对贸易企业的经营决策产生越来越重要的影响，如何管理贸易信息已

---

① 李拥军：《日本钢材流通中的物流与商流》，载于《冶金经济与管理》2010年第4期。
② 国家发展改革委、国家统计局：《2010年全国物流运行情况通报》，载于《中国物流与采购》2011年第6期。

经成为贸易企业获取竞争优势的关键因素。信息的提炼与整合直接链接着经济,为商业者提供了节约交易费用的可能,为其介入生产和消费之间的交易提供了优势。① 20 世纪 80 年代以来,信息技术的产生与发展,带来了流通信息化管理的变革,这些变革包括:利用电子技术的信息管理系统(POS/MIS)、在计算机网络基础上的企业资源计划(ERP)、基于新的技术平台对贸易企业的业务流程再造(BPR)、运用电子商务进行零售业的供应链管理(SCM)以及实现零售业的及时供应(JIT)、应用电子商务及商业智能技术建立零售业快速响应系统(QR,ECR)、应用电子商务实现贸易企业的客户关系管理(CRM)等。②

贸易信息从内容上,可分为商流信息和物流信息。商流信息是商品交易活动所产生的信息,主要包括市场信息和交易信息。市场信息是关于市场状况的信息,包括供求变动信息、价格变动信息、生产者信息、消费者信息、市场竞争态势信息等,如市场是买方市场还是卖方市场,是完全竞争市场还是垄断市场等信息。交易信息是伴随着买卖双方的交易活动产生的,如商品信息、价格信息、合同信息、促销信息、金融信息,结算信息等。物流信息主要包括商品运输、仓储、出库、入库等信息,如运输工具、运输路线、运输里程、产品库存数量、仓库设置、配送、物流费用等信息。

贸易信息流的运行一般经过信息收集、加工、存储处理、传递、应用等环节。具体包括:(1)贸易信息的收集。贸易信息的收集是贸易信息流运行的起点,对贸易决策有重要影响。贸易信息的收集应具有针对性,并遵循真实、可靠原则和系统连续原则。贸易信息依是否经过加工可分为原始信息和加工信息。对不同的信息采用不同的手段和途径进行信息收集活动。(2)信息的储存。收集得到的贸易信息,有些已经使用过,但仍有保留价值,有的需要以后使用,这就需要进行信息储存。贸易信息的储存是将收集加工的有价值的系统化信息资料存入资料库或数据库的活动。通过信息的储存和积累,形成系统化的动态信息,有利于贸易主体进行科学决策。(3)贸易信息的加工。收集得到的信息大多是零散的、孤立的和形式多样的,需要进行一定的加工程序,即对信息进行筛选、分类、比较、计算、分析、判断、编写,使之成为真实、可靠、适用、系统的信息。(4)贸易信息的传递。贸易信息传递是指贸易信息从信息源发出,经过贸易渠道等传递给贸易主体的过程。贸易信息的传递要求迅速、准确、安全、经济。贸易信息的传递有多种方式和途径,如单向传递和双向传递、直接传递和间接传递、时间传递和空间传递等。(5)贸易信息的应用。贸易信息的使用是信息流动的最终目的,只有通过使用才能实现信息的经济效益和社会效益。

贸易信息流与商流、物流是彼此联系的,共处于商品流通之中,同时有相对独立的运行规律。首先,信息流是商流和物流的表征和反映。商流和物流的运动变化必然伴随着相关贸易信息的流动。没有商流和物流,就没有反映它们运动的贸易信息流。其次,贸易信息流引导、协调和控制商流和物流运动。贸易信息流通过信息流的反馈运动,实现对商流

---

① 田村正纪:《流通原理》,机械工业出版社 2007 年版,第 46~49 页。
② 夏春玉:《流通概论》,东北财经大学出版社 2006 年版,第 259 页。

和物流的引导、协调和控制,如贸易企业根据消费需求变化调整营销策略,将影响商流和物流的运动方向。特别是在网络时代,信息流对商流和物流的影响越来越大。最后,贸易信息流具有独立的运行规律。贸易信息流在运行方向、时间上与商流和物流具有明显的不一致性,有的信息流在商流、物流前面,有的信息流滞后于商流,反馈信息流运行方向与商流、物流相反。

第二节 贸易运行渠道

一、贸易渠道的含义及构成要素

(一) 贸易运行渠道的含义

贸易运行渠道是指通过贸易活动,商品从生产领域向消费领域转移所经过的流转路线或途径、环节的总和。贸易渠道反映的是商品从生产领域转移到消费领域的运动路线,它保证商品从生产者手中转卖到消费者手中,并引导商品的物质运动过程。对其理解应注重以下几方面。

(1) 贸易渠道是商品从生产领域向消费领域移动的通道。"渠道"一词的本意是指具有某种职能的通道,这些职能包括自然性的和社会性的。商品从生产领域向消费领域移动过程中的每一买卖环节,即商品在买者与卖者之间的每一次易位转换,构成商品贸易渠道上的一个交易环节,各个流通环节依次传递而形成贸易渠道。贸易渠道不是商品流通过程中的某一阶段、某一环节,而是整个流通过程、系列交易环节。

(2) 贸易渠道成员间相互依赖,存在共同的目标。商品贸易渠道是由直接参与商品交换活动的各种贸易主体构成,包括生产者、消费者和各类中间商。为了实现商品从生产领域向消费领域的顺利转移,这些渠道成员之间必须相互协作,以实现其共同的目标。渠道成员间尽管为渠道利益的分配也进行激烈的竞争,但它们间必须存在最低限度的合作,否则不能实现其共同的目标。

(3) 商品在渠道内的转移表现为商流、物流、信息流的统一。商品在贸易渠道内的转移既表现为商品所有权在渠道成员间的转移,又带动商品实体或它的使用价值沿着客观需要的一定线路流向消费者。同时,商品的贸易渠道还承载着生产者、中间商和消费之间的信息流动。

(4) 市场经济条件下贸易渠道呈现网络特征。市场经济条件下,消费者需求多样化,同时社会分工不断深化,消费者所需要的商品来自不同地区的众多生产者。同时,生产者业务的多元化经营,使生产者的产品满足不同地区消费者需要。随着社会分工的深化和贸易范围的扩展，使商品在空间运动中形成众多长短结合、纵横交错的渠道，同一商品可以选择多条路线，多种不同的商品可以选择同一条路线。

（二）贸易渠道的构成要素

贸易渠道主要由商品、贸易主体、交易环节等要素所构成。

1. 商品

商品是贸易渠道的客观基础，是贸易渠道存在的前提条件。商品不仅包括有形的物质产品，如生产资料、生活资料等，而且还包括无形产品，如信息、技术等。商品的种类、物理化学性质、单位价值、技术服务要求等都会对贸易渠道的形式产生影响，如一般情况下，生产资料的贸易渠道比生活消费品更短，体积大且重量较重的商品的贸易渠道较短。

2. 贸易主体

商品从生产领域向消费领域的转移，不能自动运行，需要有贸易主体来推动。贸易主体包括制造商、中间商（批发商、零售商和特殊中介机构）和终端用户（最终消费者和产业用户），贸易渠道是在众多生产者、中间商与消费者相互作用下形成的。从事商品交换活动的商品所有者构成了渠道成员，渠道成员所进行的每一次商品买卖活动，都会形成一个导致商品所有权转移的流通环节，每一个流通环节总和形成贸易渠道，推动商品从生产领域向消费领域转移。制造商商业模式、中间商经营方式、消费者的购买习惯、生活方式等都对贸易渠道的形成产生影响。

3. 交易环节

贸易渠道是由一系列交易环节构成的，不同贸易主体间的每一次交易都构成商品流通渠道上的一个环节。每一个交易环节依次传递推动商品从生产领域向消费领域运动，形成商品贸易渠道。交易环节的多少决定了贸易渠道的长度。每一个交易环节发生所有权的转移都推动商品向最终消费者运动。每一个交易环节都涉及交易对象、交易方式、商品运行路线的选择等问题。贸易主体对交易环节的选择受一定的经济目的的制约，受到商品生产方式、市场条件及商品的自然属性和社会属性等因素影响。不同贸易主体对不同交易环节的选择，形成多层次的、有主有从的、纵横交错的网状贸易渠道，共同推动着商品从生产领域向消费领域的转移。从商品运行路线看，商品的流向总是从生产领域向消费领域，从产地流向销地，但具体的运行路径存在着多样化的状态。商品生产方式、消费方式、交通运输条件等影响着贸易主体对商品的运行路线的选择。

二、贸易渠道的分类

市场经济条件下，贸易渠道有多种形式，但总体可以分为直接贸易渠道和间接贸易渠道两种基本形式。

（一）直接贸易渠道

直接贸易渠道是指生产者和消费者直接进行商品交换，不经过任何中间环节的贸易渠道。这里的消费者不仅指生活资料消费者，还包括生产资料消费者。在这种模式中，生产者和消费者不仅分别完成各自的生产活动和消费活动，还承担着消除生产与消费分离的所有权转移功能。直接贸易渠道具体可以分为以下两种模式。

(1) 生产者与生产消费者直接贸易。生产者和生产消费者之间没有中介组织，生产者与生产消费者间形成长期的供销关系。直接贸易渠道多用于用户有特殊要求、技术服务要求高的商品的贸易。这种贸易渠道在生产资料贸易中占有较高的比重。美国生产资料的销售中大部分采用这种形式。与欧美国家相比，日本钢材贸易渠道有其独有的特性，主要通过一级批发商、专营店、各类钢材加工、配送中心实现销售。20世纪90年代，日本"高炉-转炉联合企业"直销钢材数量约占钢材销售总量的10%左右，以"店卖"形式进行销售的比重超过30%。[①]

(2) 生产者与生活消费者直接贸易。生产者和消费者之间没有中介组织，商品从生产者那里被直接卖给消费者，从而以一次直接的买卖完成商品的交换过程。例如，农民将农产品直接出售给消费者，工业企业将各种制成品直接出售给消费者。在商品经济不发达的阶段，这是一种普遍存在的形式。由于社会生产力水平低下，社会分工极不发达，生产者销售商品只限于自己生产的产品，商品交换活动是在生产间歇时间内进行。在现代市场经济条件下，这种贸易渠道形式尽管已经处于次要地位，但也非常常见。如生产企业采用人员推销、通信销售、电话销售、家庭访问等方式，向直接消费者或用户销售企业产品，就属于这种形式。

现代大流通、大贸易、大市场并不排斥直接贸易渠道，相反，一些具有规模生产优势和市场集中度优势的大企业都自行设立专职销售机构来承担本部门或本企业商品的批发和零售业务的渠道形式。这种模式产生于19世纪后期一些制造商，如美国制造农业机械的麦考密克公司和制造缝纫机的辛格公司。这些制造商为了扩大销售和保证售后服务，开始建立自己的销售机构，直接与零售商或消费者进行交易。第二次世界大战以后，这种模式又进一步得到发展。这种贸易模式的优点是，能够使生产企业更贴近消费市场，及时掌握市场动向，不断提高商品质量和开发新产品，生产适销对路的产品；能够使生产者在价值链上占据高附加值环节；减少贸易环节，缩短贸易时间。目前，各类形式的产销一体化、企业集团或大中型生产企业设立的销售机构，都属于这类渠道形式。直接贸易渠道的缺点是，自建销售网络需要投入大量的资源；商品贸易范围受到限制；生产者需要承担更多的市场风险。

---

① 李拥军：《日本钢材流通中的物流与商流》，载于《冶金经济与管理》2010年第4期。

(二) 间接贸易渠道

间接贸易渠道是指生产者与消费者间加入中间商，由中间商承担商品转售职能。这是建立在发达商品贸易形式基础上的贸易渠道。间接贸易渠道是贸易职能独立化的结果，是商品经济发展到一定阶段的产物，在现代市场经济中占据重要地位。由于中间商有多种形式，因而产生了多种形式的贸易渠道。间接贸易渠道主要有以下几种基本的模式：

- 生产者—中间商—消费者
- 生产者—批发商—零售商—消费者
- 生产者—产地批发商—销地批发商—零售商—消费者
- 生产者—产地批发商—中转地批发商—销地批发商—零售商—消费者

按照介入贸易渠道的中间商数目的多少，间接贸易渠道可以分为一级渠道、二级渠道和多级渠道。

1. 一级贸易渠道

一级贸易渠道是指在生产者和消费者中间只有一个中间商的贸易渠道，由生产者把商品卖给中间商，再由中间商转卖给消费者。在消费资料贸易渠道中，这个中间商通常是零售商；而在生产资料贸易渠道中，这个中间商通常是批发商。贸易渠道中虽然增加了一道中间环节，但由于中间商熟悉市场行情，并有联系面广的特点，能解决生产者同消费者由于信息不完全带来的交换困难问题，能提高贸易效率。近年来，我国一些大型零售企业规模不断扩大，直接越过批发商向制造商大批量采购商品，通过各地的门店销售给消费者。由于可以获得更大的规模经济和范围经济，大零售商正在不断挤压批发商和小型零售商的市场空间，一级贸易渠道流通的商品所占比重上升。家电行业是典型的案例。

2. 二级贸易渠道

二级贸易渠道是指渠道中包括两个中间商的贸易渠道。这种贸易渠道具有以下特点：（1）商品自生产领域向消费领域的转移不是由单一中间商完成的，而是由两个中间商共同完成的。随着交易商品的种类和数量不断增加，市场范围不断扩大，商品供需在时间上和空间上的矛盾突出。由于单个零售商的实力有限，进行远距离贸易难度较大，而且成本很高。这在客观上要求批发商的介入，通过批发商与经销商或批发商与零售商的分工协作，共同承担商品从生产领域到消费领域转移的职能。（2）在贸易运行渠道中，中间商有多种形式。这种渠道模式下，在消费品贸易渠道中，两个中间商通常为一个批发商和一个零售商；在工业品贸易渠道中，它们则可能是一个独立批发商和一个经销商，可能是一个代理商和一个经销商，也可能是制造商的分销机构和一个经销商。代理商是受生产者的委托代理销售产品，不拥有商品的所有权，无决定价格的权利，只能在生产者规定的价格变化幅度内销售产品，收取代理费，不承担市场价格风险。经销商依照交易条件购进生产者或者代理商全部产品或部分产品，买断商品所有权，承担全部市场价格风险。不管哪种形式，制造商与代理商之间在经营上存在不可分割的内在联系。这种以代理商介入为特征的贸易渠道在当代市场商品流通中发挥着重要作用，但在整个市场上并不占主导地位。（3）贸易距离较远,时间较长。两个中间商克服了单一中间商在购售、运输和储存等方面的不足,解决了更远距离贸易的困难。特别是批发商和零售商结合的模式,使批发网与零售网组成一个四通八达的贸易运行网络,贸易距离更远,流通时间较长。

3. 多级贸易渠道

多级贸易渠道是指渠道中包括三个以上中间商的贸易渠道。随着社会生产力的进一步发展,交换关系更加复杂,贸易距离更长。商品从生产领域向消费领域转移过程需要更多的中间商来完成。这种贸易模式,在消费品贸易渠道中,三个中间商通常是两个批发商和一个零售商,批发商可能是产地批发商或销地批发商;在工业品贸易渠道中,则比较少见,因为工业品的贸易渠道一般要短于消费品贸易渠道。贸易实践中,一些消费品的贸易渠道中包括中间商的数量可能会更多,如增加产地批发商、销地批发商或中转地批发商。在批发环节上,全部工业品中,经过二站环节的约占50%,经过三站的约占30%,经过四站的约占20%。消费品中,经过二站环节的约占5%,经过三站的约占45%,经过四站的约占50%。生产资料经过二站环节的约占80%,经过三站的约占20%,一般不经过第四站。[①] 贸易渠道过长,贸易环节过多,会导致流通费用增加,商品成本增加,推动商品价格上涨,不宜采用。

间接贸易渠道有利于扩大贸易范围,促进生产企业专业化分工,降低生产企业自建销售网络的市场风险。但是,造成贸易环节增加,不利于生产企业及时接收消费者信息,易形成生产企业与批零企业的冲突。

除以上分类外,贸易渠道还可以根据不同的标准进行分类,如可以分为长渠道和短渠道、宽渠道和窄渠道等。长渠道是指经过多环节或几种类型的贸易组织把商品从生产领域转移到消费领域;短渠道是指经过一个环节或由生产者直接把商品售给消费者;宽渠道是指同一个环节上有多个同类的中间商在经销该产品,一种商品通过各种销售网点被送达消费者手中;窄渠道指同一环节上经销该商品的同类中间商较少,一种商品通过为数不多的网点被送达消费者手中。

第三节 贸易渠道的选择

如上所述,商品运行中贸易渠道是多种多样的,贸易主体应根据快速、高效和低成本的原则选择最恰当的贸易渠道作为自己的贸易渠道,贸易主体选择贸易渠道时需要综合考虑商品的性质、市场的状况、生产者和中间商的特点、自身实力和国家经济政策等。

---

① 任晓峰:《发达国家批发商业现状与我国批发业再造》,载于《财贸研究》2003年第4期。

一、影响贸易渠道选择的因素

贸易渠道的形成受到多种因素的影响,贸易主体需要对贸易渠道的影响因素进行认真分析,才能正确选择贸易渠道。影响贸易主体选择贸易渠道的因素主要有以下几个方面。

(一) 商品因素

商品的自然属性与社会属性是制约和影响贸易渠道选择的基本因素。商品的自然属性包括商品的体积与重量、耐腐蚀性等物理化学性质,社会属性包括商品的时尚性等消费特点等方面的社会效用。一般来说,生活资料的贸易渠道要长一些,而生产资料的贸易渠道要短一些;体积大且重量较重的商品,其物流成本很高,贸易渠道要短一些,而体积小、重量轻的商品的贸易渠道则可以长一些;易腐商品宜采用"窄而短"的贸易渠道,以减少商品在贸易渠道中停留的时间,降低商品使用价值的损失程度,或采用直接渠道,如美国农产品的贸易渠道较短,大型超市、连锁经销的零售商左右着农产品的交易体系,粮食类期货市场发达,农产品的78.5%从产地通过配送中心直接到零售商,而经由批发市场流通销售的仅占20%左右[①],而易于保存商品的贸易渠道要长一些;时尚性较强的商品,应尽量缩短流通时间,其贸易渠道要短一些,而时尚性不强商品的贸易渠道要长一些;科技含量高、技术服务要求高的商品,应尽量减少交易环节,其贸易渠道要短一些;而技术服务要求低的商品,其贸易渠道要长一些。

(二) 市场因素

市场需求的满足是贸易活动的最终目的,因而市场因素对贸易渠道选择产生重大影响。一般而言,市场因素中的市场的性质、市场规模、市场区域等是影响贸易渠道的主要因素:(1) 市场性质。这里主要指市场属于生产资料市场还是生活资料市场或服务市场。一般情况下,生产资料市场的商品应采用不包括零售商在内的间接贸易渠道或直接贸易渠道形式;而消费品市场的商品通常采用包含零售商在内的间接贸易渠道或直接贸易渠道形式;服务市场的服务商品则基本上是直接贸易渠道形式。(2) 市场规模。市场规模是指最终用户的数量和购买力的大小。一般而言,最终用户的数量和购买力越大,市场规模越大,宜采用长而宽的贸易渠道形式。如果市场规模小,宜采用短而窄的贸易渠道形式,使有限的渠道成员分享有限的终端客户。(3) 市场的区域性。市场离生产者距离的远近及其自身的离散程度对贸易渠道的选择有较大的制约。一般来说,市场离生产者较远,在贸易渠道中包括更多的中间商,如需要产地批发商和销地批发商,贸易渠道就更长;反之则选

---

① 孟菲、傅贤治:《美日农产品流通渠道模式比较及对中国的借鉴》,载于《中国农村经济》2007年(专刊)。

择较少的中间商,贸易渠道就短;市场终端用户比较分散,则分散商品的工作量较大,在贸易渠道中就包括更多的中间商,贸易渠道也较长,反之则较短。

(三) 生产性因素

生产决定交换,生产力的发展水平决定着流通的状况,决定了商品流通组织和贸易渠道形式。生产性因素对贸易渠道形成的影响主要表现在以下两个方面:(1)生产力的发展水平。随着社会生产力水平的不断提高,生产的社会化程度愈来愈高,贸易规模越来越大,贸易范围不断扩大,客观上要求贸易渠道变宽变长。同时,与贸易直接相关的生产力如运输、通信等行业的发展,为更宽更长贸易渠道的形成提供了客观条件。如美国商品流通渠道结构的演变过程是伴随着美国工业化过程进行的,在前工业化时期商品流通渠道表现为短而窄的结构特征;工业化前期渠道的长度和宽度都有所增加;在工业化后期,由于采用连锁经营的大型零售商的兴起,渠道的层级结构缩短了。[①] (2)生产者的贸易策略。生产者的贸易策略直接影响其对贸易渠道的选择。一般情况下,大企业对贸易渠道有更强的渠道管理能力,对中间商的依赖性就较小,选择相对较短的贸易渠道。特别是在垄断竞争的现代市场经济生活中,生产者采取保护生产份额的策略,大量生产者出资成立销售公司,采取直接销售产品的贸易渠道,直接控制贸易渠道主导权。

(四) 贸易主体自身条件

贸易主体在错综复杂的商品贸易网络中选择合理的商品流通渠道作为自己的贸易渠道时,必须将资金实力、管理能力、社会声誉、物质技术条件等作为选择贸易渠道的限制因素。当企业的资本实力雄厚时,它就具备了设置独立的商品销售机构所必需的资金实力,则有可能选择直接贸易渠道;而当企业资金短缺或财务脆弱时,需要迅速销售商品以提高资金周转率,这时应选择间接贸易渠道更为合理。除了资金实力外,贸易企业经营管理能力、社会声誉、物质技术条件等也对渠道的选择有一定的制约和影响作用。

(五) 消费者的特点

消费者的购买习惯、购买模式、生活方式等对贸易渠道产生影响。如果消费者购买量小而购买频繁,则适宜较长的贸易渠道;如属于大宗购买需求方式,则采用直销的渠道;如果消费者的购买受季节影响较大,则适宜选择长渠道,让中间商承担蓄水池的职能;如果消费者喜欢在家中购物,则适宜直接贸易渠道,通过网络或上门推销的方式销售产品。UTA时尚管理集团市场调查发现,在沈阳、大连、北京、天津等北方地区,服装销售渠道

---

① 张闯:《美国商品流通渠道的结构与变迁——基于美国经济史的研究》,载于《商业经济与管理》2005年第8期。

多以商场为主,人们对商场极度信任。而在温州、株洲、成都等地区,虽也有商场,但是消费者对专卖店的信任超越了商场。①

(六) 国家法律和政策

贸易主体对渠道的选择,必定会受到相关法律和政府的有关政策的制约和影响。国家有关贸易的法律法规和经济政策对商品流通中的渠道和环节的选择是一种硬约束,如《反不正当竞争法》、《反垄断法》、《直销管理条例》、《零售商供应商公平交易管理办法》、《零售商促销行为管理办法》、《商业特许经营管理条例》、《关于发挥骨干企业积极作用健全和完善政府对大宗农产品市场调控体系和机制的通知》等。我国改革开放以来的一系列改革政策对贸易渠道的形成和发展,产生了重大影响,贸易渠道的模式已由计划经济时期单一的国家商业经销改变为现在的生产企业自销与中间商间接销售相结合的多种贸易渠道模式,形成了多元化的贸易渠道主体结构。改革开放初期,我国贸易渠道实行三级批发体制,批发商处于主导地位。随着国有企业经营权的下放和非国有企业的迅速发展,生产企业在贸易渠道中地位上升,在卖方市场条件下还处于主导地位。进入20世纪90年代后,我国商品市场从卖方市场向买方市场转移,零售商向规模化方向发展,在贸易渠道中市场势力不断增强,逐渐主导贸易渠道的发展。

二、合理配置贸易渠道

贸易渠道是一种重要的贸易组织形式,它与社会分工联系在一起,其效率状况直接影响国民经济的运行效率。改革开放以来,我国贸易运行渠道得到了全面的发展,逐步建立起了具有中国特色的多渠道并存的贸易渠道网络体系。但总体看,贸易运行渠道的配置还不够合理,主要表现在渠道发展无序,某些渠道形式、环节活力不够、效率不高等问题较为突出,各渠道之间、各渠道内部各成员间的矛盾比较突出等。因此,合理配置贸易渠道,尽快实现贸易运行渠道合理化是我们面临的一项重要任务。贸易运行渠道的合理配置,主要是从宏观上加强引导,发展多条贸易渠道,优化贸易渠道结构及渠道成员间的联系方式,形成一种网络发达、结构合理、方便快捷、高效有序、更加和谐的渠道体系。

(一) 配置贸易渠道的标准

判断贸易渠道是否合理配置,主要应从是否有利于促进生产发展、满足消费者需要、提高贸易运行效率、规范流通秩序等角度加以衡量。根据我国经济发展的实际,贸易渠道合理配置的具体标准有:

(1) 流通效率高。这是衡量配置贸易渠道合理化的最重要标准。合理的贸易运行渠道

---

① UTA时尚传媒中心:《"店中店"何以成为终端最佳选择》,载于《连锁特许》2008年第5期。

内部结构合理,流通时间短,流通成本低。只有缩短流通时间,才能加快贸易资本的循环,更好地发挥贸易职能的作用,促进再生产和整个社会继续健康运行。

(2) 有效供给率高。贸易渠道合理化应该使商品从生产领域向消费领域转移过程中,减少流通过程中的商品损耗、变质和过时,减少各种无效供给的形式,提高有效供给率,以便更好地满足消费需要,繁荣市场供应。

(3) 消费满足率高。贸易渠道合理化能使销售终端迅速将消费者需求变化传递给生产企业,使生产企业及时组织生产,生产适销对路的产品,并安全、经济、快速地送达销售者手中。同时,零售商也将生产企业先进的理念传递给消费者,起到引导消费的作用。

(4) 贸易网络发达,市场竞争有效。贸易渠道合理化应该是发展多条贸易渠道并形成网络体系,防止贸易的垄断造成贸易效率的下降。贸易运行渠道畅通,各渠道之间、各渠道内部各成员之间能够平等竞争,不存在不合理的行政垄断和限制、分割与封锁。同时,各渠道形式在整体上相互联系,对商品具有较强的吸收、容纳、疏导和吞吐等功能,形成连接城乡市场、沟通内外贸易的商品传输体系。

(5) 市场秩序好。贸易渠道合理化应该是贸易运行渠道自动调节程度高,可控性强。渠道成员既能够对市场变动作出灵敏反应,又能够自觉地接受、实施国家宏观调控指令,不断调整经营活动,整个商品流转活动既活跃,又有序。市场秩序好,反映出形成和谐的工商关系能促进渠道成员间适度竞争,引导要素资源的合理流动。因此,贸易渠道成员间的关系是否和谐是衡量贸易渠道是否合理的重要指标。

(二) 需重点做好的几项工作

贸易渠道合理化是动态的过程,应根据经济发展的实际不断调整。根据我国经济发展实际,目前应主要重点做好以下几方面工作:

(1) 进一步完善市场机制。市场经济条件下,贸易运行渠道的配置应以市场为基础,在供求机制、价格机制、竞争机制和风险机制等市场机制的影响下,贸易主体从自身经济利益出发,构造和选择贸易运行渠道,从而形成适应市场经济发展需要的贸易运行渠道体系。各种渠道形式之间比例适当,相互关系协调,符合商品的自然流向,运行效率高。因此,市场机制是否完善是影响贸易运行渠道合理配置的关键性因素。为此,应推进政府体制的全面转型,合理界定政府在市场经济活动中的职责范围,加强市场监管,维护市场秩序,不断完善市场机制。

(2) 培育发展各类贸易主体。要培育发展适应市场经济发展需要的各类贸易主体,形成多元化的市场主体结构。为了适应生产规模化、集中化的需要,应对国际大型零售企业的竞争,我国应通过重组、兼并、组建企业集团等方式着力培育大型贸易企业,形成一批具有较强国际竞争力的跨国公司。同时,应发展中小零售企业,适应消费个性化、多样化的需求,提高居民的消费便利。要促进贸易主体间分工协作,形成合理的企业结构。例如,目前我国工业企业自采自销比重过高,非社会化物流运作在全部的物流活动中所占的比例过高,是导致流通效率低下的重要原因。因此,培育第三方物流企业,发展能够提供现代化、系统化、定制化和连续性物流服务，是改变目前工业企业"大而全、小而全"及其普遍"自办物流"的低效格局的重要举措。

（3）大力提升贸易技术水平。科学技术的发展和市场竞争的进化，会使旧的渠道消亡，新的渠道产生。自20世纪90年代以来，信息技术的发展和契约关系的完善使得供应链联盟成为一种新型的流通渠道模式，利用信息共享技术协调生产活动和流通活动。我国应完善相关政策鼓励支持流通企业开展电子化活动，并加大对电信、电子基础设施的建设，为贸易企业电子化工程的实施提供必备的硬件条件。贸易企业应积极发展电子商务，在销售模式、信息传递、物流配送、电子支付等方面探索贸易渠道的电子化发展道路。

（4）加强对贸易主体的规范和引导。在发挥市场在贸易运行渠道配置中基础作用的同时，还应克服市场失灵现象。我国流通领域存在的市场失灵现象主要表现在：流通基础设施、信息系统等公共产品提供不足，农产品市场建设投入不够，市场公共信息供给不足；存在市场垄断和不正当竞争现象，贸易主体会结成卡特尔回避竞争；市场体系发育不完善，有关市场供求、价格等信息的不对称现象比较突出，在农村仍普遍存在"卖难"的问题；流通外部性大量存在，如市场主体存在非法经商、掺杂使假、商业欺诈等现象。市场失灵的存在导致流通领域资源配置不合理，流通效率低下，工商矛盾突出，损害了消费者的利益。因此，我们在发挥市场的基础作用的同时，还要进一步推进贸易体系改革，完善贸易政策、法规、规章制度体系，规范各类贸易主体的市场行为，使贸易主体无法通过损害其他经济主体的利益而获得额外的收益。加强流通基础设施建设，改善贸易主体的交易条件，提高交易效率。引导贸易渠道成员加强合作，构建新型的和谐的工商关系。

【本章案例】

工程机械行业贸易渠道的选择与管理

影响商品贸易渠道的因素是多方面的，如产品特点、市场性质、企业自身条件、经济政策等。生产资料贸易渠道与生活资料贸易渠道相比较，在渠道长度、宽度、分销商的选择等方面均有不同。我国固定资产投资和房地产业的快速增长，带动了相关工程机械行业的发展。随着全球工程机械制造商纷纷投资我国，我国工程机械市场竞争日趋激烈，贸易渠道也呈现多元化的特征。以下简要介绍三家重型机械制造商的贸易渠道情况。

小松（中国）的贸易渠道。小松制作所（即小松集团）是全球著名的工程机械商，创立于1921年。小松（中国）成立于2001年2月，在全国范围内设立6个地区办事处和33家代理店，实现了销售、服务的全国覆盖。小松（中国）的贸易渠道采取的是分销和直销相结合的模式，渠道宽度较宽。其分销渠道是小松各区域办事处，即全国各个区域的办事处和分销商，这30多个分销商均为国内企业，他们对各自所在区域负有销售责任。小松（中国）和分销商之间的分销商代理协议都是每年一签。小松（中国）的直销渠道是通过住友商社（日本五大综合商社之一），住友商社从小松（中国）买断产品的所有权,采用分期付款方式进行销售。

卡特彼勒(中国)的贸易渠道。卡特彼勒是全球著名土方工程机械和建筑机械的生产商,也是全世界柴油机、天然气发动机、工业用燃气轮机以及柴电混合动力机组的主要供应商。卡特彼勒(中国)成立于1996年,目前在中国投资建立了13家生产企业。卡特彼勒(中国)的贸易渠道采取的是独家分销。其经销与服务网络由4个代理商组成,这4家企业是卡特彼勒公司在亚太地区长期的分销商,跟随卡特彼勒在中国市场投资建厂而进入中国,均为境外企业,具有长期卡特彼勒产品销售经验。由于分销商资金规模较大,至少有不低于1亿元人民币的投资,且与卡特彼勒的合作均长达三十年以上,卡特彼勒(中国)分销商的分销代理协议没有规定截止期。卡特彼勒(中国)将制造的产品直接卖给分销商,自己不直接销售,分销商买断了产品的所有权后,在独家代理的销售区域内直接向用户销售。

徐工集团的贸易渠道。徐工集团成立于1989年3月,是中国工程机械行业规模最大、产品品种与系列最齐全、最具竞争力和影响力的大型企业集团。徐工集团采取的是分销渠道和直销渠道相结合的渠道模式,包括直销、代理、买断等多种形式。徐工集团拥有庞大的分销渠道,相当一部分产品是通过分销渠道销售的。为了提高产品服务质量,徐工集团推行经销服务商建设和加盟标准,形成"有进有出"的激励淘汰机制,促使经销商和服务商发展成为"经销、维修、备件、信息"四项功能齐全的渠道商。徐工集团加强对经销商渠道管理,建立经销商统一管理标准,整合经销商之间、经销与直销的资源,建立渠道成员间的和谐关系,降低贸易渠道的运行成本。此外,徐工集团针对性疏通市场渠道中成品和备件物流、服务人力流、信息流等三个通路中的瓶颈,改善阻隔等制约渠道功能发挥的因素,提升了贸易渠道的运行效率。

参考文献

[1] 朱播是:《日本小松和美国卡特彼勒在中国市场分销渠道的比较分析》,载于《机械工程》2003年第1期:第29~32页。

[2] 韩九香:《徐工集团分销渠道的管理》,南京理工大学2004年硕士论文,第20~21页。

案例讨论题

1. 为什么同样是生产工程机械的跨国公司,小松(中国)和卡特彼勒(中国)在中国市场采用了不同的渠道模式?
2. 比较徐工集团与小松(中国)、卡特彼勒(中国)在贸易渠道选择上的异同。
3. 进一步搜集资料,总结归纳机械设备制造商应如何合理选择与管理贸易渠道?

[复习思考题]

1. 商流有哪几种形式?影响商流形式的主要因素是什么?
2. 贸易运行中的三流是如何运动的?

3. 贸易运行有哪些渠道形式？贸易企业如何合理地选择贸易渠道？
4. 怎样合理配置贸易渠道？

[推荐阅读]

［1］田村正纪：《流通原理》，机械工业出版社2007年版。
［2］夏春玉：《流通概论》第4章、第7章，东北财经大学出版社2006年版。
［3］吴小丁、［日］矢作敏行：《商品流通论》，科学出版社2009年版。
［4］柳思维：《贸易经济学》第五章，高等教育出版社2007年版。
［5］周肇先：《贸易经济学》第五章，中国财政经济出版社1999年版。
［6］蒋和祥：《贸易经济学》第5章，电子科技大学出版社2005年版。
［7］彭辉等：《流通经济学》第5章，科学出版社2010年版。

第五章 批发贸易

【本章学习目的】掌握批发贸易的概念与特点，明确批发商和批发业态的主要类型，了解批发业的发展历史，掌握批发贸易理论假说并能理解我国批发业变迁的历史，熟悉批发交易组织的类型，基本掌握商品交易所的交易规则与有关制度，了解我国批发业发展趋势。

批发贸易具有很长的发展历史，作为生产商和零售商的中间环节，生产商和零售商的发展变化影响批发商的市场环境。批发贸易发展过程中，形成了多种批发组织形式。在新的历史时期，把握国内外批发业的演进规律及发展趋势，正确认识批发商的作用，对于促进批发业的发展具有重要的意义。

第一节 批发贸易与批发商

一、批发贸易

关于批发的定义，国内外有多种观点。具有代表性的观点有：批发是面向除最终消费者以外的所有交易对象的销售行为，而零售是面向最终消费者的销售行为[1]；批发是指将物品和服务销售给那些用于经营用途客户的商业活动[2]；美国普查局将批发定义为：那些将产品卖给零售商和其他商人或者行业机构、商业机构，但不向最终消费者出售商品的人或企业的相关活动；批发是向再销售者、产业和事业用户销售商品与服务的行为[3]；批发指批发商向批发、零售单位及其他企事业、机关单位批量销售生活用品和生产资料的活动，以及从事进出口贸易和贸易经纪与代理的活动。[4] 批发是指将商品销售给以转卖为目的或以商业用途为目的的购买者或用户的经济活动。[5] 本书倾向于最后一种观点，该观点比较清晰地阐述了批发贸易的本质特征。批发贸易内涵具有以下三个方面：

(1) 购买者以转卖为目的或以商业用途为目的。从购买者的地位或动机看，批发贸易

---

[1] 吴小丁、[日] 矢作敏行：《商品流通论》，科学出版社2009年版，第105页。
[2] 童一秋：《批发商》，中国时代经济出版社2004年版，第3页。
[3] 夏春玉：《流通概论》，东北财经大学出版社2006年版，第176页。
[4] 中华人民共和国统计局：《中国统计年鉴（2010）》，中国统计出版社2010年版。
[5] 周肇先：《贸易经济学》，中国财政经济出版社2005年版，第139页。

不用于满足直接的生活消费需要,而是为了获得利润或业务目的而进行商品购买的组织或个人,如制造商对各类批发商、零售商的销售,各类批发商对零售业者、制造业者的销售等均为批发交易。所以以转卖为目的或以商业用途为目的的商品的经济用途,就成为区分批发与零售的根本标准。

(2) 大批量销售,且单次交易量较大。由于批发交易的参与者是制造商、各类批发商和零售业者,一般来讲,批发交易数量大、交易集中。有些学者认为销售量的大小是批发与零售的基本区别。实际上,交易数量大小仅是批发和零售形式上的区别,但不是本质区别,关键是看商品售卖后是否进入消费领域。随着商品经济的发展,零售销售量也越来越大,与批发销售量的区别越来越模糊。但是,从单次交易量来看,批发与零售仍有明显的差异。

(3) 经营地点比较集中,不限于柜台销售。批发贸易不直接面对大量分散的消费者,购买者相对比较集中,而且需要较好的硬件设施,其经营机构多设在生产比较集中、交通比较便利的城镇。但也有不少农副产品的采购企业分散在产地的农村小集镇。批发贸易的交易关系相对稳定,不限于在柜台上销售商品,销售价格实行数量折扣等折扣形式。

二、批发贸易的特点

与零售贸易相比,批发贸易具有以下特点。

(一) 批量交易量大,批量作价

通常情况下,批发贸易要达到一定的交易规模才行,批发贸易对于交易有最低交易量的规定,即批发起点。批发贸易的交易量比零售贸易更大,主要是两个方面的原因,一是批发贸易的购买者以转卖为目的或以商业用途为目的,很多产业的集中度较高,虽发生交易的次数较少,但批量交易数额较大,数额往往数倍于零售贸易数额;二是批发贸易商品流转额较大,有人测算,批发商业与零售商业的商品流转额之比为 1.5:1 至 1.6:1。[①]

批量作价是批发贸易的重要特点。所谓批量作价,是指批发商给予买主大批量采购的价格优惠,也称为批量折扣或数量折扣。这里所谓的大批量,可以金额衡量,也可以实物单位衡量。一般情况下,批量贸易的价格与批量大小成反比,即批发量越大,批量折扣越大,批发价格就越低。因为批发贸易的商品流转额高于零售贸易流转额,批发商有能力给予购买者较低的价格。

(二) 批发商圈大,物流要求高

批发贸易的服务对象主要是生产者、批发商、零售商等组织购买者,这些组织购买者的交易范围远较零售贸易的顾客(以个人消费者为主)为大。相对于零售贸易来说,批发

---

① 柳思维:《贸易经济学》,高等教育出版社 2007 年版,第 129 页。

贸易通常不需要通过柜台交易来实现，而是大量通过远程交易方式完成交易。因此，批发贸易受空间距离的影响要比零售贸易小得多，其商圈远大于零售商圈。一般来说，中小批发企业交易范围具有区域性特点，而大型批发企业的交易范围可涵盖国内市场，有些还经营进出口业务，其商圈已经突破了国界。

批发贸易的交易对象空间距离较远，需要实现较远距离的商品转移，对物流要求较高。在商品从制造商向零售企业或消费者转移过程中，批发商需要承担仓储、运输、配送、流通加工等物流职能。许多情况下，批发商需要拥有自备的物流设施，以更好地满足这些物流活动的要求，为采购商提供更周到的服务。批发商也可以将这些活动发包给专业物流企业，但需要加强对物流活动的监管，以保证物流活动的质量。

（三）交易更加理性，交易关系稳定

批发贸易的服务对象主要是生产者、批发商、零售商等组织购买者，这些组织购买者一般有专门的采购机构和采购制度。采购什么、采购多少、何时采购等采购决策需要根据组织的采购计划进行，需按照组织的规章制度行事。从这个意义上说，批发贸易的交易行为具有理性的经济人色彩，其买主需要在收益—成本比较的基础上决策，因而不易受广告宣传的影响。批发贸易的交易主体较少，交易双方往往存在固定的交易关系，在多次交易的基础上往往会达成默契，形成商业惯例，交易关系更趋稳定。

（四）专业化程度高，资金密集

批发贸易的服务对象是组织购买者，要求批发商在商品备货、储运、信息、融资、管理咨询等方面提供专业化服务。随着商品经济发展，商品的种类日益增多，采购者对商品的挑选性越来越明显，要求批发商有充分的备货，品种、规格、型号、花色要比较齐全，这就需要批发贸易向经营专业化方向发展，这在生产资料贸易中尤为明显。

与零售贸易相比，批发贸易的资本劳动比相对较高。批发贸易从供应商进货时采购批量大，需要较大的资金投入量。同时，批发商一般要拥有仓储等物流设施，需要较多的资金投入。同时，批发商需要投入资金保持一定的库存量。而批发贸易不直接面对众多的最终消费者，对从业人员需求较少，其商品流转额又比零售贸易高，因此，批发贸易对资金投入相对较大而劳动力的投入相对较少，资金密集度高。

三、批发商与批发业态

（一）批发商

目前对批发商的分类方法较多，比较多见的是按经营主体进行分类，即独立批发商、

制造批发商、共同批发商、批兼零批发商、连锁批发商和商品代理商。[①] 其中，独立批发商、制造批发商和代理商是批发商的基本类型。

1. 独立批发商

独立批发商又称"商人批发商"、"全职能批发商"，是指不依附于生产部门，专门独立从事批发业务的批发商。它们拥有自己的资金与贸易渠道，自主经营，独立核算，从制造商或上游批发商大批量进货，取得商品所有权，然后再销售给下游批发商或零售商。独立批发商不仅从事采购、销售的商流活动，而且还对零售商提供运输、仓储等物流业务，拥有专业化的流通技术，因而能提供更好的流通服务。独立批发商是最传统、最标准的批发商，是现代批发商的主要形式。在美国消费品流通中，约50%的消费品通过批发渠道进入消费领域，40%的商品由制造商直接批发给零售商，只有5%的商品由制造商直接出售给消费者。[②]

2. 制造业批发商

制造业批发商分为两种情况：即制造商兼营批发业务或批发商兼营或委托生产业务。我国的制造业批发商多指第一种情况，表现为各生产企业自设的销售机构。这类批发商自己生产产品或对委托制造的商品有生产干预权，以销售制造商自己的或与之有联系的企业生产的商品为目的，同时保持了相对的独立性。美国生产资料的流通过程中，约20%的商品由制造商通过批发商出售给用户，其余80%的产品由制造商直接出售给用户。我国商品流通领域中的工业自销，有一部分属于这种形式。

3. 共同批发商

共同批发商是指为了与百货商店、连锁超市等大型零售商进行竞争，由零售团体组织的共同批发企业。其目的在于利用批量采购节约流通费用，以提高竞争力。这种批发商在西方国家比较普遍。

4. 批兼零批发商

批兼零批发商是指以批发业务为主，同时又在自己的机构内兼营零售的批发商，一般以中小型批发商居多。在激烈的市场竞争中，部分批发商兼做零售业务，是为了取得更好的经济效益。我国中小批发商兼营零售业务的现象比较普遍，特别是在大型专业市场表现尤为明显。

5. 连锁批发商

连锁批发商是指由多家批发贸易主体组成的连锁批发组织。这种批发组织采购批量庞大，成员分布广泛，商圈范围广，可以获得较大的规模经济效益，是组织化程度较高的一种商业批发形式。这种批发组织利用大批量采购等有利条件，集聚其下零售商，对抗大型零售商的竞争。

6. 代理商

代理商是接受委托人的委托，在一定范围内以委托人的名义从事购销活动而接受佣金

---

① 夏春玉：《流通概论》，东北财经大学出版社2006年版，第179页。
② 郭艳华：《发达国家批发零售业的发展趋势与启示》，载于《广东行政学院学报》2008年第2期。

的商人。代理商对代理的商品不拥有所有权,按照委托人决定的价格销售产品,不承担经营亏损的风险。按照代理的权限大小可以分为一般代理商、独家代理商和总代理商。总代理商不仅有权代理委托方对外签订买卖合同,还可代表委托方从事其他经济活动。独家代理商享有委托人授予的在特定地域和一定期限代销指定商品的专营权。一般代理不享有专营权。在美国,代理形式的批发机构占商业批发机构总数的比例为9%,代理批发销售额占全部批发销售额的比例为11%,代理批发机构从业人员数占全部批发从业人数的比例为5%。[①] 与美国不同,日本的批发代理商、经纪人一般被看做是商业辅助业,在批发业中的作用不突出。目前我国代理商的数量和规模还不大,但随着经济发展水平的不断提高和批发业自身分工的不断深化,代理商在批发业中的作用将越来越重要。

对批发商的分类还有其他的方法,如按经营商品分类可以分为普通批发商和专业批发商;按照销售地区分类可以分为全国批发商、区域批发商和地区批发商;按照承担的流通职能分类可以分为完全职能批发商和有限职能批发商等。

(二) 批发经营方式

经营方式指企业在经营活动中所采取的方式。批发经营方式是指批发商的销售方式,反映的是批发商的职能和经营形态,或称批发业态。批发经营方式可划分为以下批发业态:经销、代理、经纪与拍卖形态。本书重点介绍这四种形态。

1. 经销

经销又称买断,指批发商从制造商或供应商处购进商品,独立组织销售的经营方式。在经销方式下,批发商的经营活动包括采购、储存、运输和销售。批发商与制造商或供应商间的买卖活动,使商品所有权从卖方向买方移动。随着商品所有权从制造商或供应商转移到批发商手中,商品的市场风险也随之转移,批发商要承担商品滞销或价格下跌而造成亏损的市场风险。对批发商来说,采用经销方式应具备以下基本条件:首先,所经销的商品有较好的市场前景,滞销或价格下跌的风险较小;其次,制造商或供应商有良好的商誉,市场交易成本较低;最后,批发商应具有较雄厚的资金实力和储运条件,能够垫付库存商品的资金,保证商品储运安全。经销方式对批发商来说,能通过大批量采购降低成本,获得较丰厚的收益,但承担市场风险较大。

2. 代理

代理是指批发商接受制造商或其他供应商委托,代其销售产品的销售方式。批发商对其代理销售或采购的商品不拥有所有权,批发商与制造商间是委托和代理关系,不发生商品所有权的转移,这是代理与经销的根本区别。批发商按照一定时期的销售量或采购量的百分比提取相应的佣金,不垫付资金,不承担市场风险,但需要承担代理过程发生的费用。批发商在代理商品销售时,要严格执行制造商的商品定价,一般不能随行就市任意浮动价格。对批发商来说,在产品市场需求不清、资金条件不足、缺乏产品的经验的情况下

---

① 周伟:《对完善我国工业品批发体系的思考》,载于《商业时代》2009年第29期。

适宜采用代理方式。

3. 经纪

经纪是介于卖者与买者之间，通过收取佣金介绍买卖双方之间进行商品交易活动的行为。充当经纪角色的批发商具有以下特点：只为买卖双方提供服务，促进双方交易，但不与任何一方有经营行为；不直接经手商品实体，不代办货物储运，因而佣金低于代理商；与委托人间没有较固定、连续的业务关系，交易灵活、活动广泛。

4. 拍卖

拍卖也称"竞买"或"竞卖"，是由拍卖人在规定时间和场所，按照一定的章程和规则，以公开叫价的方法，把货物卖给出价最高（或最低竞价）买主的一种销售方式。拍卖有三个基本特点，即拍卖必须有两个以上的买主，具备使买者间为购买拍卖物品展开价格竞争的条件；必须有不断变动的价格，由买主以卖主当场公布的起始价为基准另行报价，直至最后确定成交价格为止；拍卖必须有买者之间公开竞争的行为，没有任何竞争行为发生，拍卖就将失去任何意义。拍卖也是一种很常见的批发销售方式，在发达国家的市场上被广泛使用，如荷兰、日本、韩国等国家在农产品批发市场中普遍采用拍卖交易方式，韩国农产品拍卖交易的参与者有中间批发商、大型超市、农产品加工企业等。

其他形式的批发贸易形态，是复合型的，主要有以下几种形式：

一是仓储式会员制商场批发。仓储式会员制商场又称批发俱乐部，它是以库为店、批零结合的一种形态，主要以批量销售为主。它的销售对象是中小型零售商、餐饮业、企事业单位、政府团体，实行会员制。其销售方式是采用面对面的开架销售，商品一般以批发价或低于批发价出售。全球零售业巨头麦德龙是典型代表，实际上就是以零售的方式来从事批发食品和非食品商品业务，其销售对象是专业客户，如中小型零售商、酒店、餐饮业、工厂、企事业单位、政府和团体等。仓储式会员制批发有助于保证商品的质量，同时也为中小零售企业提供了便捷的进货渠道。

二是电子商务网络批发。电子批发贸易是基于信息高速发展的新批发业态，使原先必须依赖现场交易形式或店铺交易形式的贸易活动，可以通过电子商务网络来实现。所谓电子商务（Electronic Commerce，EC）指的是利用计算机技术、网络技术和远程通信技术进行商务交易。目前比较多的分类方法是把企业和消费者作为标准，可分为企业对消费者（B2C）、企业对企业（B2B）、消费者对消费者（C2C）、对等网络（P2P）及移动商务等模式。B2B是电子商务中业务量最大的类型，实质上属于批发贸易。我国B2B电子商务的表现形式可分为供应链的B2B和中间交易市场的B2B。供应链的B2B主要面向制造业生产商或商业零售商，与上游供应商之间形成供货关系。中间交易市场的B2B主要面向各个行业，为商品的采购方和供应方提供交易机会，如阿里巴巴网、中国制造网、环球资源网等。电子商务网络批发，降低了交易成本，提高了交易效率，将在批发业中发挥越来越重要的作用。

三是配送中心批发。近年来，物流配送中心的功能也在发生转变，已经发展成集采购、储存、分拣、配送、运输等形式和商流、物流、信息流等为一体的多功能新型批发业态。和传统批发业相比，物流配送中心是现代批发业的主要形式，已经呈现良好的发展态势。这些物流配送中心并不是某一企业系统内的配送中心，而是面对社会广大客户群体开展批发和配送业务的企业。配送是根据用户的订货要求，在配送中心或其他地点进行货物配备工作，并将配好的货按时送交给用户的活动。如北京天天乐水果批发配送中心就是经营各种进口和国产高中低档水果批发配送业务的批发商，在接受了超市、宾馆、饭店等的订货后，可以及时将水果送到客户的目的地。

第二节 批发贸易变迁及批发商理论假说

一、批发业变迁

批发业是从事批发业务的批发组织的总和。作为生产商和零售商的中介，生产商和零售商的发展变化影响着批发商的生产环境。正因为这个原因，引起了批发业在不同历史阶段的繁荣与衰退。批发贸易的萌芽在前资本主义时期就已经出现了。早期的批发贸易主要表现为转运贸易，贸易对象主要包括奢侈品、金属产品以及木材、谷物等[①]。随着商业资本的不断积累，从事转运贸易的商贩中分化出的专业定居批发商，对批发业发展起到很大的促进作用。批发商人从行商向坐商转变，稳定了交易关系，扩展了贸易网络。集市的出现是批发贸易发展的重要阶段，它是专业批发商定期集会的场所，不少批发交易中心是在集市的基础上发展起来的。资本主义早期，批发贸易逐渐扩张，促进了批发贸易中心、批发贸易组织和批发经营形式的全新发展，欧洲出现了一批作为新的批发贸易中心的日益发达的城市，批发贸易的主流组织形态逐步过渡为多主体混合经营的贸易商行，批发交易市场和商品交易所两种批发交易形式趋于主流[②]。自由资本主义时期，批发贸易以前所未有的速度发展，国际批发业务发展较快，集市数量迅速增加，形成了不少专业化批发市场，并在商品交易所基础上形成了期货交易所。由于生产商与零售商规模相对较小，批发商在商品流通中发挥了不可替代的作用。这时，批发商一方面在制造商的产品销售中发挥作用，特别是在国际市场开拓中扮演重要角色，另一方面又是生产资料的供应商。

进入垄断资本主义时期，批发商与生产商和零售商围绕贸易渠道主导权展开了激烈的争夺。19世纪20年代以后，许多生产企业自设销售机构推销自己的产品，力图摆脱批发商控制，许多零售企业也直接从生产企业进货，出现了流通中上下游整合批发商功能的趋势，进入生产商和零售商选择批发商的时代。在工业前向一体化和零售后向一体化的夹击下，发生了"批发危机"。这种"危机"，欧美国家发生在20世纪20、30年代，据1929年调查，美国制造业生产的产品中，只有1/3以独立批发商为媒介，其余2/3都通过其他

[①][②] 马龙龙：《批发贸易演进及发展规律研究》，载于《财贸经济》2010年第3期。

形式的销售组织来组织流通。① 历史上，日本曾出现两次挤压批发商的"批发无用论"现象。第一次是由于制造商规模扩张所形成的寡占优势和对流通渠道的控制，使批发商在贸易渠道中的主导地位让位于制造商。第二次是由于零售商规模扩张所形成的市场势力，使批发商的地位再一次受到挑战。我国在上世纪90年代初批发商的地位也逐渐下降，市场重心从批发向零售转移，批发商的地位受到挑战。在零售商与制造商的挑战面前，发达国家批发商已经出现了分化，形成了多种发展模式。一些批发商向"有限服务批发商"方向发展，放弃自己不具专长的经营项目，只执行批发商业的一部分职能和提供一部分服务。一些批发商向代理方向发展，成为制造商或大型零售商的代理商。还有一些批发商引进连锁经营形式，向大型化、规模化方向发展。实践表明，很多批发商通过转型获得了新的发展，批发商的存在是有益的。

二、批发商理论假说

针对批发商在流通中地位和作用的变化，国外学者提出过"批发商消亡论"、"批发商复活论"等。世界各国经济学家们对专职批发商的存在和作用提出了许多理论假说，具有代表性的主要有交易费用节约论、批发商功能理论、规模经济理论等。

（一）交易费用节约理论

有许多学者从节约交易费用的角度来分析批发商存在的意义。具有代表性的是交易次数节约或总交易次数简化原理，该理论由美国学者霍尔（M. Hall）提出，又称"霍尔第一原理"。该理论认为，与厂商跟分散的零售商进行直接交易相比，专职批发商的介入，可以大大减少交易总次数，从而节约交易费用。如果 m 个零售商与 n 个生产者都进行直接交易，则交易次数为 mn，如果有一个专职批发商介入后，所需的交易次数就变成了 m+n，比原总交易次数要少得多；当 n 和 m 越大，通过专职批发商介入减少的交易次数就越多，交易成本越低，社会经济效益越好。作为商品交换的中介，批发商将交易次数集约化，降低了交易成本，提高了交易效率。交易费用节约程度与生产分工、零售商的情况相关。一般来说，生产专业化分工越深入，生产的迂回性越强，批发商的介入对节约交易费用越有利；零售商越小越分散，批发商介入节约交易费用的效果越明显。

（二）批发商功能理论

该理论从批发商承担的流通功能角度解释批发商存在的意义。随着商品生产的发展，贸易的规模和范围不断扩大，商品产销在空间、时间、信息、品种等方面的矛盾越来越大。零售作为生产和消费的中间环节起到了缓解这些矛盾的作用，但零售部门往往经营品

---

① 马龙龙：《批发贸易演进及发展规律研究》，载于《贸易经济》2010年第3期。

种多、交易量小、勤进、快销，不能有效地解决与生产的矛盾。专职批发商的出现，则更好地缓解和解决了产销矛盾。专职批发商承担着集中货源、编配商品、加工、储运等功能，专职批发商的活动既能适应生产企业单一品种、大批量、集中出售的要求，又能适应零售企业多品种、小批量、易选择、勤进快销的特点，便于解决和调节商品产销矛盾。蓄水池原理或称集中储存原理认为，如果批发商能够集中库存，根据需要为零售店补充缺货，就不仅能够减少零售店的库存、降低不确定的风险，同时还能降低社会总库存量。[①]该理论又称霍尔第二原理（Hall Second Principle）。

（三）规模经济理论

该理论运用规模经济理论解释现代大规模生产条件下批发商存在的必要性。规模经济就是指流通企业依靠经营规模的扩大，而使单位商品或服务的经营成本降低、收益增加的现象。现代市场经济以大规模生产为前提，同样也必须以大规模销售为前提。市场经济条件下，消费者需求具有多样性、多变性的特点，与此相适应，需要小批量、多批次购买的零售商。而零售商的购买行为还不能适应生产企业大规模销售商品的需要，需要专业批发商作为中介，从生产企业大规模采购然后转售给零售企业。这样，从生产者和社会整体来讲，专职批发商的存在有利于取得规模经济效益。

第三节 批发交易组织

批发交易组织在批发贸易发展中发挥重要作用。所谓批发交易组织是指为批发交易提供场所和条件的组织机构。批发交易组织的服务对象是各类批发商，并为其提供包括运输、仓储、信息、结算、监管、风险控制等服务平台，但本身不参与批发活动。批发交易组织主要有以下类型。

一、批发市场

批发市场是指集中各类批发商进行现货批发交易的场所。批发市场是批发交易从零售交易中独立出来后，逐渐发展起来的一种批发交易组织。它是批发业的载体，通过物业商建好交易场所，然后招商，通过批发商来进行批发交易活动。自批发交易从零售交易中独立出来后，许多批发商自发聚集在商品的主要产地、销地或集散地进行批量交易，形成了原始的批发市场。在批发市场发展过程中，一方面批发硬件设施不断得到加强，逐步吸引一些人在附近投资兴建交易场所、物流设施、生活设施，吸引银行、保险、货运业务，使

---

① 吴小丁、[日]矢作敏行等编译：《商品流通论》，科学出版社2009年版，第107页。

批发交易集中化、经常化和固定化;另一方面批发交易制度不断完善,市场组织、交易规范、市场管理等方面从自发、行业自律发展到政府规制,交易规则、管理制度都日趋规范化。目前的批发市场,既有自发形成的专业市场,也有有意识培育的批发市场,既有民间投资的批发市场,也有政府投资的批发市场。不管哪类批发市场,其发展必须符合市场自身的发展规律,不能违背市场发展规律拔苗助长,否则就会自然消亡。

批发市场的类型很多,可以根据不同的标准进行分类。根据交易商品的不同,可以将批发市场分为农产品批发市场、日用工业品批发市场和生产资料批发市场;根据专业化程度不同,可以将批发市场分为综合批发生产、专业批发生产;根据地理位置不同,可以将批发市场分为销地批发市场、产地批发市场和集散地批发市场;根据根据市场辐射范围不同,可以将批发市场分为全国批发市场和地方批发市场。下面重点介绍农产品批发市场、日用工业品批发市场和生产资料批发市场三种市场。

1. 农产品批发市场

农产品批发市场是指一般以从事一种或多种农副产品(如蔬菜、水果、水产品、肉类、蛋类、奶品等)批发交易市场。这类批发市场能为客户提供仓储、运输、包装、结算、信息等方面的服务,交易制度比较自由、松散,灵活性大,以现货、现金交易为主,批零兼营相对比较普遍。农产品批发市场具有集散商品、形成价格、传递信息等功能,在农产品流通中发挥主渠道作用。国外农产品批发市场主要专门经营农副产品、水产品、鲜活产品等。批发市场是日本农产品流通的主渠道,包括中央批发市场、地方批发市场、中间商批发市场,日本蔬菜、水果、水产品通过批发市场流通比例分别达 80%、60%、70%,韩国约 50% 的农产品仍由批发市场流通。我国农产品通过批发市场流通的比例超过 70%,在部分大中城市,这一比例超过 80%。[①]

2. 日用工业品批发市场

日用工业品批发市场是指从事日用品批发交易的市场。这类市场种类较多,如根据批发市场的市场范围可以分为地方性批发市场和全国性批发市场,根据交易品种范围可以分为综合性市场和专业性市场。西方发达国家的批发市场主要经营农产品和极少数工业品,但我国日用工业品批发市场却大量存在,这与我国的特殊国情直接相关。改革开放以后,我国传统的工业品批发体系逐步解体,当时迅速兴起的大量乡镇企业以及个体经营企业,较难通过传统的批发体系分销,因而不得不寻求体制外的分销渠道,促进了各地批发市场的产生和发展。

3. 生产资料批发市场

生产资料批发市场是指从事生产资料批发交易的市场。生产资料批发市场交易的品种包括金属材料、木材、建材、纺织原材料、石油、煤炭、化工等商品。我国生产资料市场的发展重点是建立大宗生产资料全国性或区域性交易中心、集散中心、价格中心、信息中心。

---

① 莫少颖:《发达国家农产品批发市场发展经验及启示》,载于《价格月刊》2010 年第 5 期。

二、批发贸易中心

批发贸易中心是一种组织化程度较高的批发商品流通的组织形式。批发贸易中心提供展示和洽谈平台，客户先看样选购，进行现场交易或签订供货单，然后再在一定时期内交货。批发贸易中心内所进行的交易具有以下基本特点：

（1）限于批发交易形式。批发贸易中心交易批量大，进场交易的一般为大型制造商和批发商，不包括小制造商、批发商和零售商，严格限于批发交易。

（2）以远期合同交易为主。批发贸易中心的批发业务一般为远期交易，即买卖双方签订远期合同，规定在未来某一时期进行实物商品交割与货款的支付。这是批发贸易中心区别于批发市场和期货市场的重要标志。因为批发市场以即期批发贸易为主短期合同交易为辅，商品交易所主要进行期货交易，极少进行商品实物交割。

（3）商圈范围大。批发贸易中心进场交易的制造商和批发商规模大，且以远期合同交易为主，可实现远距离贸易，具有很大的商圈范围。特别是一些具有国际影响力的批发贸易中心，会吸引国际大供应商和采购商入场交易。国外批发贸易中心比较发达，一些高技术、高技术含量产品往往通过批发贸易中心进行交易。我国很多地方的贸易中心是从传统批发中心基础上发展起来的，离真正意义上的批发贸易中心尚有差距，正处于转型发展的过程中。

三、商品交易所

商品交易所是组织化程度最高的批发商品流通服务组织，是大宗商品进行现货及期货买卖的交易场所。商品交易所的交易通常只能通过特定的人员在规定的时间和地点进行交易。期货贸易是指在期货交易所内，买卖双方按照严格的程序和规则，通过公开叫价的方式，买进或卖出期货标准化合约的一种贸易。所谓期货，一般指期货合约，就是指由期货交易所统一制定的、规定在将来某一特定的时间和地点交割一定数量标的物的标准化合约。期货交易是商品生产者为规避风险，从现货交易中的远期合同交易发展而来的。1948年，芝加哥谷物商人在现货交易的基础上建立了美国第一家期货交易所，从事谷物远期合约的交易。芝加哥位于五大湖区，是重要的谷物集散地，具有很好的现货基础。由于远期合约交易中交货期和商品质量缺乏统一规定，导致违约的现象时有发生。1865年，芝加哥谷物交易所又建立了期货合约标准化协议制度、保证金制，这标志着现代期货交易的诞生。目前全球范围比较著名的从事期货交易的交易所有：芝加哥商品交易所（CBOT）、芝加哥商业交易所（CME）、纽约期货交易所（NYMAX）、纽约商品期货交易所（COMEX）、伦敦金属交易所（LME）等。中国大陆有上海期货交易所（SHFE）、郑州商品交易所（ZCE）、大连商品交易所（DCE）三家期货交易所，2008年三家商品期货交易所全部跻身全球前16强。

商品交易所是供期货交易者买卖期货合约的场所，属于非营利性会员制组织。商品交易所不仅提供交易的场所，还包括：制定本交易所的交易规则和其他规章制度，规范所有交易者交易行为；制定本交易所的标准合约，减少交易者因对期货合约本身理解不同而引起的纠纷；为交易所会员提供合约履行及财物方面的担保，一般实行保证金制度；设立仲裁机构，仲裁有关的争议与纠纷；公布即时交易信息，发挥价格引导作用。商品交易所会员资格的取得需要一定的条件，即：必须是商品交易所入市商品的主要经营者；必须拥有一定数量的资产；必须依照法律规定完成一定的法律手续；必须向商品交易所交付一定的保证金。商品交易的交易主体必须是商品交易所的会员或其委托者。会员经过一定的登记程序，也可以成为经纪人，接受顾客的委托进行交易。尽管商品交易所中实际入场交易的仅是会员或其代表，但不能进场的客户可以委托进行间接交易。

　　商品交易所对入市的商品有严格的规定，并非任何商品都可以进入商品交易所交易。一般而言，交易所的入市商品应当具备以下条件：商品具有耐久性，并且易于储存、保管和运输，保证日后实物交割；商品能够标准化，商品的质量、等级、规格容易划分确定，同种商品之间不存在形状与品质的差别，只有这样才能将期货合约标准化，才能进行标准化合约的买卖；商品供求数量大，交易频繁、影响较大，保证期货市场的竞争性；商品价格波动大，且没有管制或不具有垄断性质的商品，保证市场交易的灵活性和流动性。目前，各国商品交易所的入市交易商品主要有谷物类、金属类、能源产品等几大类，具体而言，农副产品约 20 种、金属产品 9 种、能源化工产品 5 种。

　　商品交易所为了确保场内交易的顺利进行，制定了保证金制度、价格限制制度、实物交割制度等交易制度。（1）保证金制度。保证金制度又称押金制度，就是指商品交易所内的交易者在交易时必须存入一定数量的履约保证金。在我国，保证金按性质与作用不同，可分为结算准备金和交易保证金两类。结算保证金一般由会员单位按固定标准向交易所缴纳，为交易结算预先准备的资金。交易保证金是会员单位或客户在期货交易中因持有期货合约而实际支付的保证金，它又分为初始保证金和追加保证金两类。保证金制度是期货市场控制风险的最重要环节。（2）价格限制制度。价格限制制度包括涨跌停板制度和价格熔断制度。涨跌停板制度主要用来限制期货合约每日价格波动的最大幅度。价格熔断制度，即在每日开盘之后，当某一合约申报价触及熔断价格并且持续一定时间，则对该合约启动熔断机制。价格限制制度可有效降低违约风险，保障大多数交易者的利益。（3）实物交割制度。实物交割制度是指期货合约到期时，交易双方通过该期货合约对所载商品所有权的转移，了结到期未平仓合约的过程。实物交割制度是使期货市场与现货市场趋向一致的制度。

　　商品交易所对于规避商品市场价格风险、健全商品价格形成机制、提高商品流通效率、降低商品流通费用、增加商品流通有序性有着重要意义。具体地说，商品交易所主要体现两大基本功能：（1）规避风险。规避市场价格风险是期货市场形成和发展的动力，是期货市场的基本功能之一。商品交易所规避风险的功能是通过套期保值来实现的。所谓套期保值，是指在现货市场和期货市场中，分别同时进行两个等量但相反的买卖，使因商品价格变动引起的现货买卖的盈亏在期货交易中得到弥补或抵消。因为，在正常情况下，现货和期货市场的走势趋同，由于在这两个市场上进行反向操作，所以盈亏相反，期货市场的盈利可以弥补现货市场的亏损。商品交易所集中了大量的买者和卖者，其中有一定比例愿意承担风险的投机者，这些投资者的投机性买卖使套期保值成为可能。（2）价格发现。期货市场的价格发现功能就是期货价格在理论上等于对期货合约到期日现货价格的条件期望，或者说，期货价格是对期货合约到期日的现货价格的无偏估计。商品交易所聚集了众多的商品买者和卖者，买卖的是标准化的商品，买者与卖者依据有关商品的全部市场信息，买者和卖者通过自由竞争的方式达成协议，在这一市场中形成的价格能比较准确地反映商品的真实价格。这一价格具有预期性、连续性和公开性的特征，可以作为商品流通价格体系的基准，为该商品的有关交易提供了极具价值的参考价格，对生产经营者有较强的指导作用，如生产商根据期货价格的变化来决定商品的生产规模，批发商在大宗商品贸易谈判中往往以期货价作为参考价。

第四节　批发业的发展趋势

改革开放以来，我国批发业发生了巨大变化，批发商、批发经营形式、组织化程度、批零关系等都发生了全面而深刻的变化。现有批发业处于转型变革期，正在向适应现代市场经济发展需要的现代批发业转变。我国批发业呈现以下发展趋势。

一、规模化和集团化发展趋势

目前，我国批发业发展方式粗放，批发商规模小、市场集中度低，批发业走向集中是必然趋势。按照经济发展规律，批发业的竞争必将推动批发企业资本的积聚和集中，批发企业的规模将不断扩大。近年来，国际上大型跨国商业集团纷纷进入我国批零行业，对我国批发企业形成了严峻的挑战，国内贸易企业走向联合，规模化和集团化是必然趋势。随着资本市场的不断完善和贸易环境的不断改善，跨地区、跨部门、跨所有制的贸易企业间重组、兼并将促进贸易资本的集中，形成一批具有国际竞争力的贸易企业集团，造就国际大买家。批发业以资本为纽带的商业资源整合，将形成一批工商结合、农商结合的新型商贸集团。连锁经营在零售业中的广泛运用，将继续推动我国零售企业的规模扩张。今后，连锁经营的方式将更多地被引入批发业，对于中小型批发商，连锁经营更是实现规模扩张的重要手段。

二、经营形式多样化发展趋势

面对来自制造业和零售业的竞争，批发业经营形式也日益呈现多样化的发展态势。其中，订单型批发、展示型批发、配送型批发、电子商务批发[①]等多种批发形式得到了长足

---

① 晁钢令：《建设国际贸易中心必须振兴上海批发商业》，载于《上海商业》2005年第3期。

的发展。订单型批发是指以接受客户的订单,代为其实行采购或派发加工业务的批发形态。这种批发形态已经在上海得到较快的发展,成为上海国际贸易中心建设的重要内容。配送型批发商是以物流配送中心的形式开展批发业务的批发形态。这种配送型批发商在日本批发商的发展中起到了重要的作用。随着我国物流配送中心的发展,这种批发形态的批发业务量也将大幅上升,成为现代批发业发展的重要形态。批发业与物流业结合,以电子商务平台为基础的批发,使坐店式批发与网络批发业务融合成为必然趋势。展示型批发由于场所集中,品种繁多,可供客户进行充分的比较选择,所以很受采购商的欢迎。随着我国会展业的发展,展示性批发将会有较快地发展,成为批发业中的又一种重要形态。如华东进出口商品交易会(简称"华交会")、中国进出口商品交易会(简称"广交会")等展会在国际上的影响力不断提升,在外贸批发中发挥的作用也日益明显。

三、联盟化、一体化发展趋势

实施联盟化战略,走一体化的发展道路是当前批发业的又一重要发展趋势。利用自身优势,整合贸易渠道资源,加强供应链管理,是批发业发展的重要趋势。批发商通过不断与制造商、零售商结成战略联盟,在互利互惠的基础上实现共同发展。批发企业通过与零售企业签订长期协作协议,规定零售企业的产品销售数量、价格标准和服务质量,将零售作为自己的终端和窗口。批发企业除了向零售企业转售商品外,还为零售企业提供促销策划、营业指导、信息数据库等,为零售企业提供全方位的服务。批发商向零售领域渗透,还包括开展零售支援策略等。所谓零售支援策略是指批发企业扶持陷入经营困境的独立中小食品零售店,使其成长繁荣,以便有能力与零售连锁店抗衡。最先展开零售支援策略的是美国批发业,20世纪80年代,日本批发企业展开了仿效美国的零售支援策略。随着批发与零售相互渗透与反渗透的加剧,批发与零售一化的趋势越来越明显。批发与零售一体化是批发商延长价值链的需要,也有利于降低零售商的运行成本。

针对制造商向批发领域的不断渗透,批发商向生产领域的延伸也是必然趋势。一些专职批发商以多种形式向生产领域延伸,将生产环节纳入自己的经营体系,如通过自己的商业品牌,向制造商定制加工产品;或在企业自主设立产品开发部,进行产品设计,然后向生产企业下订单,组织加工再批发销售;或者由批发商直接向企业参股,让生产为批发销售服务。

四、品牌化、国际化发展趋势

随着批发业市场竞争日趋激烈,批发业品牌化已经成为大势所趋。近年来,我国一批传统的批发市场转型升级速度较快,从原来的规模扩张向质的提升转变,更加注重市场功能升级和品牌建设,在向现代展销中心和采购中心转型。过去,传统批发商更多把注意力放在经营商品和获取短期利益上,随着批发主体的多元化和市场竞争的不断加剧,现代批发商不管是独立批发商还是制造批发商，更多把注意力放在创建品牌和获得持续竞争优势上，以争取获得流通渠道的主导权，保持持续的发展。① 面对国际品牌批发商的竞争，我国批发商加强品牌建设，实现品牌经营是可持续发展的必由之路。麦德龙之所以能在中国迅速发展，与其自身品牌的建设和推广有很大的关系。国际品牌批发商对我国批发商产生的示范效应，将促进我国批发商不断创新营销手段，向品牌化方向发展，打造世界级的品牌批发商。

改革开放以来，特别是20世纪90年代以来，我国批发市场正从封闭式的批发体系向开放式的批发体系转变，国际化程度不断提高。一批大型批发市场正在向国际化方向发展，如义乌小商品市场吸引国际大买家设立采购中心，还在国外设立分市场，成为全球最大的小商品集散中心。近年来，我国上海、广州等城市在国际会展中心的建设上取得了较大成效，形成了有国际知名度的国际商品展示交易活动，对全球采购商产生了吸引力。从采购商品的性质看，全球采购中心可以分为全球制造业采购中心和全球零售业采购中心。前者是由全球著名制造商设立的跨国采购中心，如美国通用汽车、日本丰田汽车等跨国公司设立的采购中心，主要采购生产资料；后者是由全球著名零售商设立的跨国采购中心，如美国的沃尔玛、法国的家乐福等，主要采购日用消费品。这两类采购中心与批发业联系紧密，可帮助批发业打通其上下游互动交流渠道，提升批发业竞争力。随着我国经济实力和地位的不断上升，会有越来越多的跨国公司在我国设立全球采购中心，将进一步促进我国批发业的国际化进程。

五、技术现代化、信息化发展趋势

批发商要提高市场竞争力，必须提升技术水平，为客户提供加工、配送、信息等增值服务。技术装备的竞争将是批发业竞争的重要内容，成为占领批发业制高点的关键。因此，为了提升核心竞争力，获取更好的经济效益，批发商将不断追求技术现代化。批发商技术现代化是指运用先进的科学技术，逐步实现商品流通手段的机械化、电子化和自动化。我国批发企业大多处在新兴技术的学习和应用阶段，且全行业用于技术开发及应用的投资比重很低，据测算约占批发业总投资的3%，远远低于发达国家30%以上的比重。从发达国家实践看，为了与大型制造企业的全球布局相匹配，与零售企业整合连锁经营和批发职能的趋势相抗衡，批发商必须寻求和借助于高效物流配送中心的强有力的支撑。美国作为全球批发业第一大国，配送中心的发展不仅较为迅速，而且发展也较为成熟，批发业已逐步形成以批发商为主导的自由连锁综合配送中心。日本的批发业能够在全球市场上占据一定的优势，得益于发达的物流中心的支撑。因此，提升物流技术水平，发展以现代信息技术为基础的物流配送中心是批发业的发展趋势。

信息技术特别是网络技术的发展给批发商带来机遇和挑战，促进了传统批发业的变革。传统批发业的职能主要集中在商品集散上，其优势在于能降低生产商和零售商的交易

---

① 祝合良：《进一步发展我国工业品批发业的基本思路》，载于《中国商贸》2009年第10期。

费用。但在信息化条件下，网络经济和电子商务的出现，这一优势已经弱化。批发业必将通过信息化改造，实现流通职能再造，获得新的竞争优势。今后，批发商必将强化贸易信息的功能，为制造商和零售商提供更有价值的信息服务，巩固在贸易渠道中的地位。因此，批发企业一方面将完善企业内部信息管理系统，提高内部作业的效率和质量，另一方面将发展电子商务，为制造商、零售商提供更好的信息服务，为生产企业及时提供高质量的市场信息，为零售企业提供更好的指导。

【本章案例】

农产品批发市场的发展

农产品批发市场是联结农产品生产和消费的重要载体，在我国农产品贸易中发挥着重要作用。随着超级市场、统一配送和订单农业的发展，农产品批发市场在农产品贸易中的比重有所下降，但其作用仍是不可替代的。从国际上看，各国农产品批发市场的形式多样化，如美国农产品批发市场有农产品期货交易所、现代食物批发分销中心、农场主直销市场三种形式，韩国的农产品批发市场有公营批发市场、一般法定批发市场和民营批发市场三种类型，而日本的海鲜产品是采取分级批发贸易，即一级批发贸易、二级批发贸易与三级批发贸易形式。从发达国家农产品批发市场发展的实践看，一个共同的特点是政府重视农产品批发市场的建设，普遍都采取扶持农产品批发市场发展的政策，加强基础设施建设，为交易主体提供公共信息平台，如日本有"全国生鲜食品流通情报中心"为交易者提供信息服务。在日本、韩国等农产品批发市场中农协发挥了重要作用。

改革开放以来，我国农产品批发市场迅速发展，市场数量由 1986 年的 892 个发展到 2007 年的 4150 个，农产品批发市场年成交额由 1986 年的 29.35 亿元增加至 2007 年的 9 300 亿元，市场平均成交额则由 317.8 万元上升为 22 409 万元。2009 年我国亿元以上农产品批发市场成交额 8 522.3 亿元，占农产品市场交易额的 93.6%。山东寿光批发市场是我国农产品批发市场发展的典型，为农产品批发市场的发展提供了成功的经验。寿光地处山东半岛中部，渤海莱州湾南畔，历史上素有蔬菜之乡的称号，是中国最大的蔬菜种植基地。山东寿光批发市场建立于 1984 年，当时市场占地面积 600 亩，年成交蔬菜 40 亿公斤，交易额 56 亿元，市场交易品种齐全，南果北菜，四季常鲜，年上市蔬菜品种 300 多个，全国 20 多个省、市、自治区的蔬菜来此大量交易，是全国最大的蔬菜集散中心、价格形成中心、信息交流中心和物流配送中心，外省、本省和本地蔬菜的交易金额比例大致为 80%、15% 和 5%。2009 年 12 月成立的寿光农产品物流园是原市场的近 5 倍，可实现年蔬菜、水果及农副产品交易量 100 亿公斤，是亚洲最大的综合性农产品物流园，是中国最大的蔬菜集散中心、价格形成中心、信息交易中心、物流配送中心，也是最权威的蔬菜标准形成中心。

为了发挥农产品批发市场对农产品交易的指导作用、加强对农产品批发市场的监测，

1995 年农业部成立了中国农业信息网，该网又称"全国农产品批发市场价格信息网"，由农业部市场与经济信息司负责建设，农业部信息中心负责日常运营，每天收集大型批发市场、农产品的价格信息，每周对社会发布全国农产品批发市场一周价格行情监测报告。2003 年以来，国家有关部门加大了对骨干农产品批发市场的扶持力度，促进了农产品批发市场的转型升级。尽管如此，我国农产品批发市场还存在规划布局不合理、市场主体组织化程度低、市场竞争力弱、流通效率较低及交易方式落后等问题。

参考文献

［1］卢凌霄、周应恒：《农产品批发市场现状及发展趋向》，载于《商业研究》2010 年第 2 期。

［2］瞿永祥：《农产品：寿光蔬菜批发市场解析　寻求突破》，http：//gegu. stock. cnfol. com/060809/125，1333，2155975，00. shtml。

案例讨论题

1. 农产品批发市场在农产品贸易中发挥怎样的作用？各国为什么要扶持农产品批发市场的发展？

2. 如何借鉴发达国家经验促进我国农产品批发市场升级？

3. 收集有关农产品批发市场发展现状的数据，分析我国农产品批发市场的主要发展趋势。

[复习思考题]

1. 什么是批发与批发商？当前批发贸易有哪些特点？
2. 常见的批发经营形式有哪些？当前其主要特点有哪些？
3. 批发贸易交易组织有哪些主要形式？比较其当前的交易特点。
4. 运用批发贸易理论论述当前我国批发贸易发展面临的挑战、机遇与发展趋势。

[推荐阅读]

［1］童一秋：《批发商》，中国时代经济出版社 2004 年版。

［2］夏春玉：《流通概论》第 6 章，东北财经大学出版社 2006 年版。

［3］周肇先：《贸易经济学》第五章，中国财政经济出版社 1999 年版。

［4］吴小丁、［日］矢作敏行等编译：《商品流通论》第七章，科学出版社 2009 年版。

［5］柳思维：《贸易经济学》第八章，高等教育出版社 2007 年版。

［6］彭晖等：《流通经济学》第 6 章，科学出版社 2010 年版。

第六章 零售贸易

【本章学习目的】明确零售贸易的概念与功能,熟悉零售商的概念及分类形式,了解零售贸易的业态分类及其演进规律,全面掌握零售业态变迁的理论假说,结合我国零售业的发展实践理解零售业的发展趋势。

零售贸易处于贸易运行的终点,直接影响贸易运行目标的实现。自19世纪中叶以来,零售业经历了多次业态革命,发展形成了多种零售业态,以不断适应生产和消费的变化。为了正确理解零售业发展规律,需要对零售业进行科学的分类,分析每次零售业态革命的主要特征。

第一节 零售贸易与零售商

一、零售贸易的概念与功能

(一) 零售贸易的概念

零售贸易是零售商面向最终消费者个人或社会集团出售商品和劳务,供其最终消费使用的一种贸易活动。通过零售贸易,商品离开流通领域进入消费领域,完成社会再生产过程。与批发贸易相比,零售贸易的主要特点有以下几个方面:

(1) 购买者以最终消费为目的。零售商品和劳务的购买者是最终消费者,包括个人消费者和集团消费者。最终消费者从零售商处购买商品的目的不是为了用于转卖或生产所用,而是用于个人生活消费或非生产性消费。消费集团包括政府机关、军队、学校、社会团体等。

(2) 交易量零星分散,交易次数频繁。零售贸易交易对象主要是众多分散的个体消费者,每次交易数量和金额较小,同时,未成交次数占有较大比重。由于每次购买量较小,与之相适应,零售贸易交易的频率较高,因此,零售商必须有充分的备货。

(3) 购买者易受广告宣传等影响。消费者的购买行为类型多种多样,但总体来说易受广告宣传、导购员的劝说等因素的影响,容易产生冲动型或情绪型的购买。面对着这种随机性购买行为明显的消费者,零售商比较注重激发消费者的购买欲望和需求兴趣。

(4) 对店铺选址和设计有较高要求。零售贸易大多在店铺内进行,尽管无店铺零售贸易发展很快，但店铺零售贸易仍占主导地位。零售贸易中，店铺地址的选择是影响销售量的关键因素，同时店铺内商品的陈列、店堂布置等也十分重要。零售网点无论从规模还是布局上都必须以最大程度地满足消费者需求为根本，并根据消费者需求变化作出相应调整。

（二） 零售贸易功能

零售贸易是直接面对商品最终消费者的销售活动，处于贸易运行的最终环节，经过零售，实现贸易运行的目标。零售贸易有以下功能：

（1）实现商品最终销售并提供服务。零售贸易直接面向最终消费者，通过销售活动，将产品转移到消费者手中，最终实现了产品的价值和使用价值。零售贸易通过提供售前、售中、售后服务等多项服务，如提供商品介绍、包装、免费送货、安装、电话预约与回访、赠送礼品以及文化娱乐等服务内容，为顾客购买和使用产品创造便利条件。

（2）反馈产品信息和引导生产。零售贸易直接面向最终消费者，能够及时、全面地向制造商、批发商提供顾客抱怨、存货周转情况、问题商品的信息和客户需求的新动态，使批发商及时调整商品结构，引导生产者生产适销对路的产品。

（3）商品分类、组合与备货。[①] 最终消费者往往需要许多类别的商品，并且每次购买量又较小。为满足消费者需求，零售商从制造商或批发商那里大量采购，为消费者提供丰富多彩的产品组合，并将这些商品按照个人消费者适合购买的批量进行分类、组合和包装，供消费者选购。同时，为了使消费者能在自己需要的时间购买到自己需要的商品，零售商必须有充足的备货。

（4）促进和引导消费需求。零售贸易活动中广告宣传、商品陈列、促销活动等，能够激发消费者的购买欲望，通过向顾客提供商品特性、销售状况、消费者反映等信息，引导消费者购买。

二、零售商分类

零售商是指专门从事零售交易活动的中间商，它处于生产者和消费者、批发商与消费者的中间环节。零售经营的主体是各种零售业者和生产者，零售商形式多种多样，划分标准也不一致，本章主要介绍按经营模式和零售业态划分零售商的分类。

（一） 按经营模式分类

按经营模式可以将零售商划分为独立商店、连锁商店、出租部门、直营零售商店、消费合作社等形式。[②] 其中，独立商店、连锁商店、直营零售商店是其基本模式。

[①] 夏春玉：《流通概论》，东北财经大学出版社2006年版，第135页。
[②] 彭辉等：《流通经济学》，科学出版社2010年版，第132～133页。

1. 独立商店

独立商店通常是指由自己经营，拥有一个店铺的独立零售商店。一般这类商店规模较小，投资少、开办简单、选址灵活，商店数量多。这是最原始、最基本的零售商形式，在数量上占较大比重。

独立商店有一定的经营优势，如决策比较灵活，可以及时调整经营策略；独立店大多由店主自己经营，容易与顾客建立亲密关系，顾客关系比较稳定；管理简单，管理费用较低。但独立商店也存在经营劣势，如实力较弱、竞争能力有限，缺乏品牌知名度；资本有限，难以扩大经营规模，即使是百货商店只靠单店发展，其销售额扩大也会受到限制。

2. 连锁商店

所谓连锁商店，是指在一个中心店的指挥和控制下，由经营同类商品、同一商号的商店组成的零售店群体。连锁店按照所有权和经营权集中程度不同可以分为三种：①正规连锁。又称联号商店、公司连锁、直营连锁，其特点是统一资本、集中管理、分散销售、权力集中、利益独享。正规连锁的资本属于同一商业资本，总部对各店铺拥有全部所有权和经营权。各店铺的经理人选、进货计划、销售方式和广告宣传都由总部确定。②自由连锁。又称自愿连锁，是一种自由自愿的连锁经济组织，是在保留单个资本所有权基础上由志同道合的单店组成的连锁集团。各店铺保留单个资本所有权，总部和各店铺间是协调和服务的关系。总部统一制定销售战略、统一订货和送货，各分店需向总店交纳加盟费或指导费。各分店保持自己的经营自主权和独立性。③特许连锁。特许连锁又称合同连锁、加盟连锁或契约联合店，是一种以契约为基础的零售企业经营方式。所以加盟店在人事、财务上保留自主性，而在经营业务上接受加盟总店的统一指导和控制。我国《商业特许经营管理办法》将商业特许经营界定为：通过签订合同，特许人将有权授予他人使用的商标、商号经营模式等经营资源，授予被特许人使用；被特许人按照合同约定在统一经营体系下从事经营活动，并向特许人支付特许经营费用。近几年，特许连锁在我国发展较快，在零售商业中占有越来越重要的地位。

3. 出租部门

出租部门是百货商店等大规模零售店将其店内的某部门或专柜出租给承租人，由其负责部门或专柜的零售业务，形成了大量的店中店的现象。出租部门的承租人多为品牌制造商或其他商人。专柜出租方式通常有"包底"、"抽成"和"包底抽成"等。品牌制造商进入店中店的原因是大量的客流量所隐含的巨大商机。店中店有利于彰显品牌个性，也会增加零售店的客流量。

4. 直营零售商店

直营零售商店是指制造商自行投资建立及管理的零售店，即制造商兼营零售业务。直营零售店有利于制造商直接获得消费者的需求信息，有利于制造商获得零售环节的价值增值，有利于实验和宣传产品。一般小规模制造商由于实力有限，较少投资建设直营零售店。当达到一定规模后，一些制造商就会投资建立直营零售店，以控制销售渠道，获得更大收益。

5. 消费合作社

消费合作社是指消费者共同出资联合组成的合作组织，主要通过经营生活消费品为社员自身服务。消费合作社的社员需缴纳一定入社费和定额股金。消费合作社向制造商或批发商购进商品，以低于市场的价格出售给自己的社员。消费合作社有利于减少中间环节，降低消费者的消费成本，能吸引一些消费者。

（二）按零售业态分类

"零售业态"一词来源于日本，原意是指店铺的营业形态，有人将其扩展为经营形态。日本关于零售业态的定义有不同的观点，一是店铺营业形态说，指为满足某一特定目标顾客需求，组合全部零售营销要素而形成的店铺营业形态，直销和直效营销等无店铺零售形态不在其列，按商品品种划分的传统店铺也不在其列；二是经营形态说，指根据满足消费者购物意向组合成的所有零售形式，包括店铺零售和无店铺零售、连锁与特许等更广泛的内容。[①] 国内对业态的含义也有多种观点，如业态是服务与营销要素构成，业态是经营的组织和经营方式，业态是指满足某一特定目标市场而形成的零售形态等。因此，业态是零售商的经营形态或销售商品的形态，反映出零售企业以怎样的方式经营，这与零售企业的市场营销策略组合有关。

按照我国 GB/T18106—2004《零售业态分类》标准，零售业态分为食杂店、便利店、折扣店、超市、大型超市、仓储会员店、百货店、专业店、专卖店、家具建材商店、购物中心、工厂直销中心、电视购物、邮购、网上商店、自动售货亭、电话购物17种零售业态。其中有店铺零售业态12种，它们分别是食杂店、便利店、折扣店、超市、大型超市、仓储会员店、百货店、专业店、专卖店、家具建材店、购物中心、厂家直销中心；无店铺零售业态5种，分别为电视购物、邮购、网上商店、自动售货亭、电话购物。下面重点介绍6种零售业态。

1. 百货商店

百货商店亦称"百货公司"或"百货商场"，是经营日用工业品为主的综合性零售商店。商品种类多，花色品种齐全，营业面积较大，消费者挑选余地大。商品销售实行"明码标价"，柜台销售和自选购物相结合，对所有顾客以相同的价格出售。经营特点是"高服务、高成本"，满足消费者对时尚商品多元化需求。目前，我国大中城市的大型购物中心、商业街等一般都以大中型百货商店为骨干。

2. 超级市场

超级市场也称自选商店，经营食品为主、日用品为辅，可以分为食品超市和综合超市。采取开架售货、自我服务方式，将商品分等、分级包装，标明价格，集中收款。商品种类繁多，花色品种齐全，营业面积大，商品价格低廉。店址主要在居民住宅区或郊区，购物环境整齐、干净、舒适，在未来有可能取代传统意义上的菜市场。

---

① 李飞、王高：《中国零售类型研究：划分标准和定义》，载于《北京工商大学学报（社会科学版）》2006年第4期。

3. 购物中心

购物中心是同时提供购物、餐饮、娱乐以及其他各类服务的零售业态。购物中心可以分为大型综合性商场和集购物、餐饮、娱乐为一体的商业群体。购物中心向店铺经营者提供经营场所，采取"统一管理、分散经营"的方式。购物中心统一招商管理、统一宣传、统一服务监督和统一物业管理，以统一的形象对外宣传。各店铺经营者独立经营、自负盈亏，但经营的商品和业态受到与购物中心签订的契约的限制。购物中心是第二次世界大战后在发达国家流行起来的，在我国则在20世纪末才真正发展起来。

4. 专业商店

专业商店是以专门经营某一大类商品为主的零售业态。对某类商品进行专业化经营，商品规格、型号、花色齐全，为顾客提供较好的挑选条件，如妇女用品商店、儿童用品商店等；采取定价销售和开架销售；选址多样化，大都设在繁华的商业区、商业街，经营的商品、品牌具有自己的特色，能满足特定消费对象的特定需求。

5. 便利商店

便利店是一种经营即时性商品的小型零售店铺形式。其特点是营业时间长，商店规模小，设施简单，方便购买，采取自选式购物方式。经营的品种有香烟、饮料、速食品、乳制品、日常用品、健康美容用品等。这种商店通常设在居民区、商务区，用以满足顾客应急性、便利性需求，以满足便利性需求为第一宗旨。便利店产生于20世纪30年代的美国，当时将营业时间延长至早上7点到晚上11点，所以习惯上又称为"7-11"商店。便利店符合现代社会快节奏的消费特点，因此具有巨大的市场发展空间。

6. 邮购商店

邮购商店是通过商品目录、广告宣传等资料，供顾客电话、邮信等方式订购商品，待收到订单后寄送商品的零售业态。邮购商品不受地域限制，比较适合于商业设施不足的地区；顾客不必往返商店，通过电话、邮信等方式便可订购所需商品，节约了相关费用；邮购商店的店址要求不高，店员少，费用低；邮购具有隐秘性，保护消费者的隐私。邮购是在美国首先发展起来的，当时是为了满足农村分散的需求而出现的新零售业态。1872年，出现了第一家邮购商店蒙哥马利·沃德公司，随后出现了西尔斯·罗马克公司（SearsRoebuck& Co.）等大型零售企业。第二次世界大战后，邮购商店在西欧也得到了迅速发展。随着电子计算机的发展、信用卡的普及、配货系统的完善，邮购商店被赋予了新的内涵，邮购业务也发生了很大的变化。

第二节　零售业态的变迁及理论假说

零售革命最大的特点是零售业态的变革，出现了新的业态形式（Hollander, 1966）。零售业态从简单的杂货商店，发展成为现代的、形式多样能适应多方面需要的零售经营体系，经历了100多年的演变历史。国外学者较早地提出了一系列假说，解释零售业态从简单到复杂、从低级到高级、从单一体到复合体变迁的动因、过程和内在机制。

一、零售业态变迁

随着社会生产力发展水平的不断提高、竞争的日益激烈及市场需求的不断变化，导致零售业在商品组合、营业时间、选址及销售方式上发生变化。一般认为，零售业已经出现了四次具有历史进步意义的飞跃，每一次业态的创新都对零售业提出了巨大挑战，带来了巨大商机，被称为零售业态的革命。

（一）零售业态的第一次革命

零售业态第一次革命的标志是百货商店的出现。19世纪中叶以前，零售业态的主要组织形态是粮店、布店、杂货商店等，经营品种有限，商圈小，专业化程度低，人情化交易比较明显。百货商店这种零售业态是适应产业革命后商品经济空前发达的产物。大多数西方学者都认为百货店最早在1852年产生于法国。1852年，法国的A. 布西哥在巴黎开设"帮·马尔谢"商店。这是世界第一个尝试用新经营方法的百货店，并获得了成功。此后，美国、英国、德国等国也开始纷纷仿效，其中美国在19世纪中叶南北战争前后得到迅速发展。1900年，俄国资本家在我国内地开办第一家百货商店。同年，澳大利亚华侨商人马应彪先在我国香港创办了"先施百货公司"，后于1911年在广州投资设立了"先施百货"分公司，在1917年在上海投资建设了"先施百货公司"。[①] 随后，永安公司、新新公司、大新公司也在上海成立。这四家百货公司成为当时上海百货业占有龙头地位的百货公司。

作为第一次零售革命的百货商店，与传统的杂货商店相比，具有以下革新性：（1）经营商品种类繁多，满足顾客多样化购物需求。百货商店把种类繁多的商品集中在同一商场，大大节约了消费者购买商品的搜寻成本，有利于消费者对各种商品进行比较购买，一次性买齐需要的商品。百货商品大批量的采购适应了社会化大生产的需要。（2）实行"言无二价，明码交易"的经营方针。传统店铺采用讨价还价的方式，百货商店对所有的消费者都平等定价、服务一视同仁。重视建设和维护商誉，商品可以自由退货，质量得到保证，赢得了广大消费者的信任。（3）强调服务，注重营业环境。强调销售服务，完善营业设施，为消费者营造良好的购物环境。百货商店选址大都在城市中心位置，成为城市的形象和标志。像19世纪中叶纽约、巴黎、芝加哥等地，莫不以大型百货公司为新城市的标志；城市空间的配置与功能，也因百货公司的设立而有所转变。[②] 同时，也由于人口向城市的集中，百货商店的发展获得了需求的支持。（4）专业化管理，管理水平高。百货商

---

① 马超：《我国零售业演变的影响因素及发展趋势研究》，《西北大学》2010年博士论文，第28页。
② 连玲玲：《从零售革命到消费革命：以近代上海百货公司为中心》，载于《历史研究》2008年第5期。

店按商品部门分工,每个部门各自进货,统一销售管理,摆脱了当时杂货店的小生产经营方式,实行专业化经营,提高了管理水平。

(二) 零售业态的第二次革命

零售业态第二次革命的标志是连锁商店的出现。百货商店的单店规模大,服务水平高,但因费用不断提高,商品销售价格偏高,对部分消费者失去了竞争优势。这给新的零售业态带来了市场机会。连锁商店是适应资本主义经济走向集中与垄断的需要而产生的零售经营方式的变革。一般认为,现代意义连锁商店的发源地在美国,1859年乔治·洁尔曼和乔治·亨廷顿·哈特福德在纽约维齐街开了一家专售红茶的小店,取名为"大美茶叶公司",到1865年,已发展到25家分店,全部设在百老汇大街和华尔街一带。到1869年,该公司名称改为"大西洋和太平洋宏大茶叶公司",商品由红茶扩展到咖啡、面包、奶油、发酵粉、肥皂等日用品,1880年连锁商店达100家。这是被学术界公认的最早的连锁经营模式。与此同时,连锁商店迅速在西欧流行开来,一大批连锁商店产生。20世纪20年代后,连锁商店迅速发展,形成了世界范围的零售革命。第二次世界大战结束后,美国经济开始复苏,连锁店开始迅速发展起来。

作为第二次零售革命的连锁商店,与独家百货商店相比,具有以下革新性:(1)规模经营。连锁商品实行采购和销售分离,通过统一集中进货,增强了价格谈判能力,降低了进货成本。与百货商店强调商店规模相比,连锁店更强调商店的数量和整体规模,通过店铺数量的扩张形成大量的销售能力,突破了单店扩大销售规模受到的制约。(2)标准化服务。连锁商店的分店专门从事销售,有利于标准化作业,规范管理,提高企业知名度和企业形象。(3)拓展市场。连锁商店通过广布网点的方式,不断扩大商圈,拓展市场范围。连锁商店的这些优势,对传统的单店经营的方式形成了前所未有的挑战,专业商店、百货商店、超级市场等零售业态也纷纷实行连锁经营。

(三) 零售业态的第三次革命

零售业态第三次革命的标志是超级市场的出现。在20世纪30年代,美国发生了经济大危机,广大普通消费者的购买力大大下降,对百货商店产生了较大的冲击。1930年8月库仑在纽约市区以很低的租金租了一间空的大仓库,创办了世界上第一家超级市场——金库仑联合商店。当时,美国正处在经济大危机时期,迈克尔·库仑精确设计了低价策略,并首创商品品种差别定价方法吸引消费者,并以连锁方式通过大量进货降低采购价格。之后,这类业态迅速发展,其销售额占零售商业的比重快速上升,经营范围也不断扩展。20世纪30年代中期以后,超级市场由美国逐渐传到了日本和欧洲,引发了世界范围零售业变革。随后,超级市场单店规模不断扩大,还往往实行连锁经营,使零售业向规模化方向发展。第二次世界大战后,超级市场从食品领域向服装、耐用消费品领域拓展,出现了新型的廉价商店的零售业态,吸引了大量消费者,市场占有率不断提高。

作为第三次零售革命的超级市场，具有以下革新性：（1）自我服务，低价销售。超级市场采用自选售货方式，消费者自我服务，根据自己的需要自主挑选商品，产生心理上的满足感。这种经营方式不仅冲击了原有的零售业态，而且也影响了以后新型的零售业态。开架销售方式也减少了营业员，降低了人力成本。与传统商店特卖不同，超级市场采用低价销售的策略扩大其他商品的销售额，形成廉价商店的零售业态。（2）节约购物时间。随着妇女就业增加，人们已不把购物当做休闲方式，而是要求更方便、更快捷的购物方式。超级市场主要经营食品，是传统菜市场、粮油商店、食品商店和杂货店的组合，能够满足消费者一次购齐食品的需求，大大降低了消费者选购这类商品所需的时间，适应了人们追求更高品质生活的需求。（3）改善食品、副食品购物环境。超级市场为经营食品、副食品创造舒适、整洁、干净的购物环境，改变了以前食品店、鲜菜店等生鲜物品销售的卫生条件较差的形象。

（四）零售业态的第四次革命

对于零售业态的前三次革命，学术界看法比较一致。对于零售业态第四次革命及其标志，仍有争议。目前比较有影响的有两种观点，即以网上商店的出现为标志和大型购物中心出现为标志。

1. 以网上商店的出现为标志

1992年，俄克拉何马大学的罗伯特斯等人提出无店铺零售是零售商业的第四次革命的观点。无店铺销售中的网上购物近年来发展很快，成为无店铺销售的主要形式。网上商店，又称为虚拟商店，指通过互联网进行买卖活动的零售业态。它不同于传统的店铺销售方式，不需要店面、货架等设施，商家在互联网上自设网站展示商品，顾客通过互联网浏览展示的商品，进行选购活动，有些商品直接通过互联网供货。网上商店以便捷、时尚的特点正吸引着越来越多的消费者，改变了传统的销售方式，成为传统零售业态的有力挑战者。制造商可以不通过批发商和零售商向消费者直接供货，将对传统零售业态产生巨大的冲击。

其革新性可归结为以下几点：（1）低成本、高效率的经营。网上交易可以节约店铺资金、营业人员工资等费用，同时，无须将实物陈列出来，实行零库存运作，节约了商品库存费用。（2）选择性强，价格低廉。网上商店的容量非常大，具有店铺销售形式无法达到的销售量。这给消费者提供了前所未有的选择机会，也大大提高了消费者信息搜寻的效率。网络商店的经营费用低，同时可以减少中间环节，可以使消费者能享受低廉的商品价格。（3）无区域国界界限。网上商店使商店与顾客之间的距离为零，顾客可以足不出户在世界范围内的网上商店漫游，突破了区域和国界的界限，无商圈限制。（4）全天候服务。网上商店打破一切时间上的限制，实现24小时全天候服务，顾客随时可以上网，上网时间就是商店营业时间，给消费者带来极大的购物方便。

2. 以大型购物中心的出现为标志

大型购物中心（MALL）是一种新兴的复合型商业零售业态。国际购物中心协会对

MALL 的定义为:"是由开发商规划、建设、统一管理的商业设施,拥有大型的核心店、多样化的商品街和宽广的停车场,能满足消费者的购买需求与日常活动的商业场所"。大型购物中心不仅包括百货店、大型超市、专卖店等零售商店,还包括休闲、饮食、娱乐等服务性、商业性设施,并配有停车场。大型购物中心具有长廊、广场、庭院的特点,人们的购物、休闲和集会不受天气的影响。这是区别于大型百货商店的重要特点。20 世纪 50 年代,首先在美国创设了现代意义上的大型区域购物中心。1956 年,在明尼阿波利斯郊区建成的南谷购物中心(South dale Shopping Center)对大型购物中心的发展具有重要影响。该购物中心的创新在于设计理念的变化,为消费者营造了全新的购物环境,满足了人们社会活动的需要。此后,20 世纪七八十年代购物中心在欧美快速发展。

大型购物中心的革新性:(1)综合性服务功能。大型购物中心已经突破了传统意义上商店的功能,具有为消费者提供购物、餐饮、娱乐、休闲、旅游、文化和社会活动等综合性的服务功能。大型购物中心还通过营造舒适宜人的购物环境和花园气氛,为消费者在高楼大厦林立的城市提供一个放松身心的环境,通过提供开放的公共空间以满足人们社会活动的需要,给予了人们更多的人文关怀。(2)多业态融合发展。大型购物中心与百货商店等相比,主要区别在于经营的对象发生了变化。百货商店等经营的是各种各样的品牌,讲究商品的组合,而大型购物中心经营的是各种零售业态,讲究业态的组合。大型购物中心集聚了多种零售业态,表现出高度专业化与高度综合化并存的零售业态组合,各种业态互补,协调发展。大型百货公司、超市大卖场可以提供宽度极宽的商品组合,而专业店、专卖店等提供深度极深的商品组合。(3)满足消费者多样化的消费需求。购物中心是一个大的消费超市,使消费者有充分的消费选择权。消费者可以在其中选择购物、餐饮、娱乐、旅游、社会交往等,在轻松消费的同时体验精美生活。从这个意义上讲,购物中心也代表了人们的一种生活方式。

二、零售业态变迁的理论假说

西方学者对于零售业态的发展演变提出了一系列的理论学说,比较有代表性的有零售轮转学说、辩证过程学说、手风琴学说、自然选择学说等理论,它们从不同的侧面阐述了零售业态变迁的动因。

(一)"零售之轮"理论

零售轮转理论是由美国哈佛大学教授马尔考姆·麦克奈尔(McNair,M. P.)提出,该理论被认为是对零售机构变革的最权威的解释。他从零售业中价格—投资效益关系研究零售业的发展规律。麦克奈尔认为,一种零售组织或零售形式从其诞生到衰落,一般要经过三个阶段。新业态在市场进入初期,均会采取低价格诉求、低毛利率、高周转率的经营策略。在取得成功后,会吸引仿效者的进入。当相同业态的仿效者在市场上数量很多时,同业态之间的竞争就会加剧。为了提升竞争力,新业态革新者加大投入提升服务水平,如提高商品质量、改善商品展示方式、增加送货服务项目等。这势必增加经营成本，提高毛利率，设定高价位。这样，以低价格诉求、低毛利率、高周转率运营的新业态变革者也最终变为高服务水平、高毛利率、低周转率的业态了。这又为那些以低价格诉求、低毛利率、高周转率进入市场的更新零售业态创造了机会。最新零售业态和先前的新零售业态之间又将展开一场抢夺市场的竞争。上述变动过程周而复始，循环往复，这种不断出现的循环变化过程像一只巨大的"车轮"，零售轮每转一圈，就会出现一个或一批创新型零售业态。零售轮转理论是熊彼特的技术创新论在零售经营理论上的运用，解释技术和经营方式的创新对零售组织变迁的影响。但该理论是建立在四个基本前提上的，即存在对价格敏感的购物者；价格敏感者顾客的忠诚度为零；新零售业态的运营成本通常比现有零售业态运营成本低；随着零售商沿着轮转攀升，通常能带来销售增长、目标市场扩大和商店形象的改变。

"零售之轮"对美国19世纪中期以后出现的新业态，如百货店、连锁店、超级市场、廉价商店等业态作了准确的解释。但是，该假说无法解释发展中国家的超级市场和其他现代化商店、日本的方便店、美国的郊外购物中心等都是面向中高收入阶层，以高价格进入市场的现象。

(二) "真空地带"与"核心与周边"理论

在麦克奈尔最初的假设提出后，阿里戈德（Agergaard）、尼尔森（O. Nielsen）和阿尔帕斯（Allpass）认为，零售业的演进模型不是周期性的，而是一个螺旋上升的过程。尼尔森（O. Nielsen）、奥尔德森（W. Alderrson）分别提出"真空地带"与"核心与周边"理论，这两种学说都是从零售的区域空间角度来研究零售业态的发展。

"真空地带"理论由丹麦学者尼尔森（O. Nielsen）提出。该理论根据消费者对零售商的服务、价格水平的不同偏好，解释新零售业态的产生。真空地带假说认为，消费者对某一价格和服务会保持一定的偏好水准，可以将一国市场绘出偏好分布曲线图，并假定消费者希望的价格和服务水平的分布呈单峰形。零售商将制定自身的营销策略，即高、中、低三种零售业态来满足特定目标消费层的需要。高、中、低三种零售业态各自拥有目标消费层。中价格和服务水准零售业态位于偏好曲线的最高端，即拥有最多的消费者。为了吸引更多的消费者，高零售业态可能降低价格和服务水平，低零售业态可能会提高价格和服务水平，这就会忽略追求高、低价格和服务水准的消费层，在零售市场上出现一些空缺或真空地带，给新零售业态带来市场机会。新零售业态就以这个真空地带为自己的目标市场，从而产生了新的业态。该理论克服了"零售轮转理论"的缺点，解释了零售业态产生的市场条件。另外，这个理论还能合理说明，不同国家间同一零售业态出现与发展过程为何有不同的形态。但是，偏好分布曲线图的确定比较困难。

"核心与周边"理论由奥尔德森在1957年提出。该理论以核心市场与周边市场的概念讨论革新零售业态之所以出现的原因。核心市场指的是零售企业主要利益来源的市场，成功的零售企业能灵巧地操作其专业技能、知识，彻底渗透、深入市场。周边市场指的是市场渗透程度较低,与竞争企业在市场上竞争时相对的竞争地位处于较弱势的市场。成熟的、市场竞争力强的零售业态占据了核心市场,成为核心市场的主导经营方式或者业态,形成了核心市场强大的市场吸引力和竞争力。新进入者很难以相同的业态或者经营方式再进入已经成功业态的市场,只能在竞争力比较弱小的周边市场上,以创新的经营方式或者零售业态来寻找市场发展机会,并不断在市场竞争中完善和发展,可能逐渐成为具有强大市场竞争力的新的经营方式或者零售业态。①

(三) 自然选择理论

自然选择理论是由美国零售专家吉斯特 (R. R. Gist) 于 1968 年提出的。该理论是达尔文进化论在零售业态发展上的运用,各种零售组织都可被看做是不同的经济"物种",它们都面对着由顾客、竞争者和变化着的技术所组成的环境。零售业态也有适应环境、物竞天择、适者生存的问题,适应这些变化的零售业态能够继续生存发展,而不适应这些变化的零售业态将被淘汰。零售业的环境在不断发生变化,要生存和发展,就必须不断进行自我调整,形成新的零售业态,以适应变化的环境。例如,超市商场的出现依赖于汽车进入家庭、电冰箱开始普及、一次性结算方式得以实现等经济技术条件。

该理论揭示了零售业与社会环境的关系,较符合零售业发展状况。如在 20 世纪 50 ~ 60 年代购物中心的出现是零售业适应消费者居住郊区化的结果。

(四) 零售生命周期理论

零售生命周期理论也称零售生命周期假说 (retail life cycle hypothesis),是 1976 年由美国的戴韦森 (W. R. WilliamDavidson)、伯茨 (A. D. Bates) 和巴斯 (S. J. Bass) 三人共同提出的。该假说将市场学中产品生命周期的概念引入零售业态发展问题的研究。该假说认为,零售业态也存在着明显的生命周期阶段,即创新期、加速发展期、成熟期和衰退期。在创新期,新零售业态具有较大优势,销售额增长较快,但由于初期成本过高,因而利润一般很少甚至为零。在加速发展期,销售额和利润都快速增长,新企业不断加入,网点数量增加,市场份额和获利能力达到高峰。成熟期的特征是市场份额稳定,而利润开始大幅下降。同时,更新的零售业态开始进入"创新期",对现有零售业态形成挑战。进入衰退期,销售额和利润继续下降,许多零售企业会放弃对现有零售业态的经营,其在成熟期所占据的市场主导地位被新的零售业态替代。美国学者克加蒙对美国主要零售业态兴衰历史的研究表明,各种零售业态有不同的生命周期,新出现的零售业态从成长期到成熟期逐渐缩短为 10 至 15 年不等。②

---

① 马超:《我国零售业演变的影响因素及发展趋势研究》,《西北大学》2010 年博士论文,第 13 ~ 14 页。
② 郑志刚:《美国零售商业发展理论假说研究》,载于《商业研究》1998 年第 6 期,第 4 ~ 6 页。

零售生命周期理论具体研究各种零售组织成长和衰落的一般规律,对零售商制定经营策略有指导意义。但该假说的局限性是,很难精确地划分生命周期各阶段的起止年限,没有明确指出零售业态发展、变迁的决定因素,也没有考虑消费者的反应及偏好对零售业态变迁的影响。

(五)"手风琴"理论

手风琴理论早在1943年就有人提出了,1963年布朗德(E. Brand)对其进行完善,1966年霍兰德(S. C. Hollander)加以发展并命名。零售手风琴假说主要是从零售商品组合宽度的变化来解释新生态产生的机制。该理论认为零售商品组合的幅度如同手风琴的形状,存在一张一合交替变化的现象。商品组合幅度大的业态经营一段时间以后,将会出现商品组合幅度较小的新业态,但不久之后,又会产生另一种商品组合幅度更大的新型零售业态。如此循环,依据商品组合幅度大小的变化,新的零售组合业态不断在市场上出现。

该理论可以解释自18世纪中叶以来零售组织形式的变化过程,期间所经历的以综合化为特征的杂货店时代、以专业化为特征的专业商店时代、以综合化为特征的百货店时代、以专业化为特征的方便店时代和以综合化为特征的商业街时代,反映了零售经营形式综合化——专业化——综合化的循环的规律性特征。但这种学说没有揭示综合化与专业化循环的机制,事实上,综合化与专业化是同时并存的,因而也有其局限性。

(六)辩证过程理论

辩证过程理论也叫"正反合"理论,是由吉斯特(R. R. Gist)于1968年提出的。该假说以冲突理论为背景,认为现有零售业态之间的冲突会导致危机的发生,而新业态正是为解决这种危机而产生的,进而从正—反—合的辩证法原理来解释零售业态的变迁。[1] 该理论引入黑格尔的辩证法来研究零售业态的出现过程。根据辩证法原理,事物的发展变化是按照正—反—合循环往复的逻辑过程进行,任何事物的最终发展都会走向自己的反面,即否定之否定。零售业态的变迁也符合这一规律。如20世纪初汽油零售组织的变迁便是很好的例子。[2] 20世纪初,美国汽油的零售被夫妻店所垄断,其销价较高,但提供赊销服务,并销售非汽车用品,这是所谓的"正"。由于加油站经营数量较大,竞争加剧,出现了提供全套服务的加油站,这是所谓的"反"。"正"、"反"两方的激烈竞争,其结果是"合",出现了标有全国性厂牌的服务站,避免了售价竞争,并采纳了双方的特长,为顾客提供汽车保养和修理服务,还供应茶点、快餐、饮料等其他非汽车用品。

辩证过程理论解释了各种零售组织自身进行的反向调整的现象,但没有解释为什么会发生"正"和"反"的统一,没有很好地把握现实因素和偶然因素的区别,也没有考虑

---

[1] 夏春玉:《零售业态变迁理论及其新发展》,载于《当代经济科学》2002年第4期,第70~77页。
[2] 周肇先:《贸易经济学》,中国财政经济出版社1999年版,第159~160页。

到消费者的反应和偏好因素①。

除此之外,还有学者提出零售三轮说、自然淘汰说、需求满足论等理论,以及将某些理论结合起来形成的综合性的观点。以上零售理论都是在欧美等发达国家零售业发展的基础上总结出来的,各自从一个侧面解释零售业态的变迁问题,但总体来说仍缺乏系统性,不能对零售业态变迁给出一般理论解释,没有对零售业态变迁的机制做出深入的分析和阐述,也缺乏足够的数据支撑和实证检验。有关发展中国家零售业态变迁的研究较少,现有零售理论对发展中国家特有的现象难以得出合理的解释。

第三节 零售业的发展趋势

零售业是以向最终消费者(包括个人和社会集团)提供所需商品及其相关服务为主的行业。它是由多种零售业态零售商所构成的专门行业。改革开放30多年来,我国零售业实现了高速发展,零售业态迅速增加,基本适应了人们的消费需求。我国经济发展方式的转变,城市化水平的提高,国外零售商的不断进入,居民消费结构的升级和生活方式的变革等因素,将对未来我国零售业发展产生重要影响。

一、规模化、集中化趋势明显

以目前西方零售业的发展趋势看,规模化、集中化是主导的方向。未来消费型内需的拉动将成为中国经济增长的重要方式,这为本土大型零售企业的成长与发展提供了历史性机遇。我国零售业还没有形成一定数量规模大、实力强的大零售企业集团,现有零售企业无论市场销售额、门店数量,还是品牌建设、经营效益等都与世界零售业巨头有较大差距。目前,国内零售业市场集中度只有10%,而欧美国家则高达60%左右,日本为50%,美国前100强零售企业零售额占整个市场份额的84%。②沃尔玛之所以能成为世界最大的零售企业,主要是采取跨国并购和绿地投资的方式进军国际市场。随着全球经济一体化的发展,国际商业竞争不断加剧,零售业收购兼并是国际大型零售企业全球扩张的主要模式之一。因此,目前我国零售业的规模化经营还存在相当充分的发展潜力,跨区域的零售业并购将成为热点。

二、多样化、连锁化趋势明显

根据零售业态的变迁规律,零售业态多样化发展已成为一种必然趋势。改革开放以

---

① 赵萍:《国外零售组织演进假说及其局限性分析》,载于《经济理论与经济管理》2006年第1期。
② 《2006年美国零售企业销售百强排行名单》,联商网http://www.linkshop.cn。

来，我国零售业态发展变化很快，实现了从单一向多元的转变。目前，在2004年商务部公布的《零售业态分类》中，百货店、超市、大型超市、折扣店、仓储式会员店、便利店、专业店、专卖店和购物中心等9种业态比较常见。随着收入水平的提高、生活方式的改变、交通条件的改善、价值观念的变化，城郊购物中心、网上商店、便利店等零售业态将会有很快的发展，零售业态多样化趋势更加明显。

连锁经营以其特有的优势不断向更多的零售业态渗透，从遍布全球的超市、便利店、折扣店，到百货商店、巨型超市，都可以看到发展连锁经营已经成为零售业最主要的发展趋势。据美国商务部统计，美国所有大型零售商都实行连锁经营，19个大的行业门类中已实现连锁化经营，连锁经营已占社会零售总额的60%以上。日本连锁经营占社会商品零售总额的30%以上。① 在英国，连锁经营涵盖超市、百货商店、专卖店、便利店等各种不同业态，在整个零售业的市场份额中超过1/3，特易购（Tesco）就是通过连锁经营有效地降低了经营成本，提升了规模效益，成为英国零售业的龙头老大。我国自20世纪初开始发展连锁经营以来，零售业连锁经营得到了较快发展，特别是加入世界贸易组织以来，我国零售业压力增大，发展连锁经营是零售企业增强竞争力的必要手段。2005～2009年，我国连锁零售企业商品销售额增长了76.7%，零售企业连锁化趋势十分明显。

三、信息化、网络化发展趋势明显

信息化的快速发展，为零售业的现代化提供了技术支持。发达国家较早将信息技术引入批发零售业，先后开发出管理信息系统（MIS）、销售时点系统（POS）、电子数据交易供方管理库存系统（EDI）、电子订货系统（EOS）、物流技术一体化技术（LSMT）、商业智能分析系统（BI）、快速反应系统（QR）、消费者有效反应系统（ECR）、品类管理（CM）、协作计划、预测和补货（CPFR）等技术。据有关专家估计，批发零售业下一次技术革命的核心是无线射频识别技术（RFID），它有可能引发批发零售业的新一轮变革，其所构建的"物联网"将为零售业带来革命性的变革。② 信息化的快速发展不仅使零售业在经营手段上不断变革，而且也推动了零售业业态创新。我国零售业在信息技术的应用方面起步较晚，与发达国家有较大差距。随着零售领域外资企业的进入和市场竞争的深入，零售企业将加大计算机、通讯和自动化技术应用的投入，提升信息化水平。

随着信息技术的发展，以网络为媒介的贸易迅速发展，并将成为贸易发展的主导方式之一。网上销售的商品范围从无形商品向各类有形商品扩展，网上交易的形式也日趋多元化。消费者利用网络购物，企业间也使用网络进行交易。许多制造商纷纷建立自己的网站，直接面向消费者开展销售业务和服务，对批零企业产生前所未有的挑战。面对网络贸易的挑战，传统批发商、零售商也纷纷采取开设网上商店，将网上销售与传统店铺结合，取得了良好的销售业绩。2009年中国连锁百强企业中，共有31家企业开展网络零售业务。据统计，2009年中国网络零售总额已经达到2 586亿元，占社会商品销售额2.06%。商务

---

① ② 郭艳华：《发达国家批发零售业的发展趋势与启示》，载于《广东行政学院学报》2008年第2期。

部提出"十二五"期末,力争网络购物交易额占我国社会消费品零售总额的比重提高到5%以上。因此,网络贸易有巨大的发展空间,将吸引着越来越多的传统零售商。

四、空间布局郊区化、分散化趋势明显

随着城市化的不断推进,零售业布局郊区化特征越来越明显。在城市化发展的初期阶段,大型零售企业,如百货店、购物中心、超市等零售企业向城市中心区集聚,形成商业区、商业街,而随着城市化发展到一定阶段,零售业郊区化现象越来越明显。这是由于随着城市的发展,必然产生交通拥挤、地价昂贵等问题,带来零售企业成本快速上升、停车场地不足等问题。为了提高零售企业的竞争力,零售企业向低价、零售周转空间大的城郊地区延伸商业网点,一些新的零售业态也开始在郊区出现。大型购物中心的兴起,进一步促进了城市零售业向郊区转移。特别是随着我国农村经济和农村市场的发展,城乡流通体系将进一步完善,农村商业网点和新的业态将不断拓展,零售业空间布局郊区化趋势将更加明显。欧洲,特别是法国,政府比较重视零售发展规划,引导零售业布局优化,促进了零售业城乡之间的协调发展。

随着我国部分城市人口郊区化,交通运输工具和设施的发达以及娱乐休闲时间的增多,零售业在出现业态集聚现象的同时,也出现了布局分散化发展的趋势。为了适应消费个性化、多样化、便利化需求,零售商店向郊区分散布局的趋势也比较明显。例如百货店,在保留城市中心位置的主力店外,还适应城市人口郊区化的需要,在郊外开设新的分店;便利店的最主要特点是便利,既要在住宅区、高档写字楼选址,也要在车站、码头等地选址。

五、品牌化、国际化趋势明显

随着我国贸易发展方式的转变,零售业竞争趋向于服务质量、商品质量、企业商誉等非价格竞争,零售业品牌化趋势日益明显。这主要表现在两个方面。一方面,零售企业通过企业品牌战略,在消费者中树立良好的企业形象;另一方面,零售企业通过提高经营商品的自主品牌比重,形成经营特色,提高顾客忠诚度。为了在激烈的市场竞争中不断拓展市场份额,扩大利润空间,自主品牌战略成为近年来世界各大零售企业竞相采用的主流战略。一些大型零售企业或零售商不断重视自有品牌的开发和运用,自有品牌持有率不断上升,英国主要超市30%以上的商品为自有品牌,最高者达40%;美国超市中40%以上的商品为自有品牌;日本20世纪80年代末就有近40%的大百货公司开发了自有品牌。相对于国外比较成熟的零售商自有品牌商品,国内零售企业才刚刚起步,但已经呈现出良好的发展态势。一些大型零售超市已经涉足这一领域并获得成功,将促使更多零售企业发展自有品牌。

20世纪90年代以来,特别是我国加入WTO以来,国际上流行的超级市场、仓储式商

场、便利店、专卖店、专业店、折扣店、网络商店等各种新型零售业态逐步进入我国,促进了我国零售业多样化,推进了我国零售业国际化进程。进入21世纪以来,发达国家加速向新兴国家和地区布局商业网点,新兴国家和地区将成为大型零售企业扩张规模、开拓市场的重要争夺地。据数据显示,2004年,全球零售商250强企业在135个国家或地区开展经营活动,每个零售商平均在5.5个国家或地区经营,国际化经营已渐渐成为众多零售企业业务发展的重要战略。[①] 随着我国本土贸易企业的不断壮大,我国贸易企业对外直接投资的动机和实力进一步增强,其国际化经营的步伐也日益加快,向海外布局商业网点数量将快速增长。

【本章案例】

苏宁电器连锁贸易

自20世纪90年代初上海成立"联华超市"以来,连锁经营作为我国零售业规模扩张的主要方式,促进了我国大型零售企业的发展。随着经济的快速发展,不少家电零售企业依托家电市场的繁荣崛起纷纷扩大连锁经营规模。苏宁电器是我国家电零售业的代表,在不到20年的时间内,从1家连锁店发展到1 300多家连锁店,市场范围从南京扩张至全国乃至海外市场,形成3C+旗舰店、中心店、社区店有机结合的区域布局,成为我国最大的连锁零售企业之一,创造了我国家电行业的传奇。

苏宁电器成立于1990年,当时专门经营空调专卖,经营面积仅200平方米。1996年3月,苏宁开始引入连锁经营方式,建立了第一家连锁店。1997年,苏宁建立了售后中心和物流中心,为连锁店的扩张提供有力的支撑。1999年9月,受市场环境的影响,苏宁转向零售综合电器。2000年,苏宁确定了全面推行全国连锁化经营的发展战略,进入了连锁经营的快速扩张期。2001年平均40天开一家店,2002年平均20天开一家店,2003年平均7天开一家店,2004年平均5天就开一家新店,2005年苏宁不到两天就开一家新店,在2005年5月1日,苏宁在同一天在全国开出新店22家。2010年,苏宁电器销售额,连锁网络覆盖了中国大陆300多个城市。苏宁凭借其规模化和专业化优势,为消费者提供质优价廉的产品和良好的服务,不断提升其品牌的影响力。苏宁电器在一二线城市布局基本完成后,规模的扩张进一步向三四线城市延伸,而受到市场容量的限制,开店的难度在增加。随着连锁店的不断增加,内部交易成本也在不断上升。

苏宁在不断开拓国内市场的同时,开始进军海外市场,向国际化企业转型发展。2009年,企业日本市场,苏宁成为日本连锁电器零售商Laox的第一大股东,开创了我国家电行业海外并购的先例;第二年,向Laox增资约20亿日元。苏宁在2011~2020年计划中,未来10年保持每年200家以上的开店速度,到2020年门店销售总额达到3 500亿元,成

---

① 郭艳华:《发达国家批发零售业的发展趋势与启示》,载于《广东行政学院学报》2008年第2期。

为世界级零售企业。苏宁的发展规划是令人鼓舞的,但在发展中也会来自内外部的许多挑战。

参考文献

王冰睿:《10 年目标锁定 6 800 亿 苏宁电器启动"大跃进"战略》,载于《IT 时代周刊》2011 年 7 月 20 日。

案例讨论题

1. 为什么苏宁能在 20 年的时间内创造家电行业的奇迹?
2. 苏宁的海外扩张能成功吗?苏宁成为世界级零售企业面临的主要障碍是什么?
3. 进一步扩展搜集案例资料,了解苏宁电器与其供应商的关系,试分析如何建立良好的零供关系。

[复习思考题]

1. 什么是零售?什么是零售商?
2. 简述四次零售业态变迁的主要特征。
3. 试述各种零售业态变迁理论假说的基本思想并举例说明。
4. 简述零售业发展的主要趋势。

[推荐阅读]

[1] 夏春玉:《流通概论》第 5 章,东北财经大学出版社 2006 年版。
[2] 彭辉等:《流通经济学》第 7 章,科学出版社 2010 年版。
[3] 吴小丁、[日] 矢作敏行编译:《商品流通论》,科学出版社 2009 年版。
[4] 周肇先:《贸易经济学》第五章,中国财政经济出版社 1999 年版。
[5] 柳思维:《贸易经济学》第九章,高等教育出版社 2007 年版。
[6] 赵萍:《国外零售组织演进假说及其局限性分析》,载于《经济理论与经济管理》2006 年第 1 期。

第七章 贸易制度与贸易管理

【本章学习目的】明确贸易制度的主要特点、类型,了解历史上世界贸易制度变迁方式及对世界贸易发展的影响,理解改革开放以来我国贸易领域制度改革对贸易发展的影响,掌握政府对贸易管理的特点和主要内容,熟悉贸易行业协会对贸易管理的主要特点和内容。

现代市场经济是市场机制在资源配置中起基础性作用的经济。以市场为导向的经济运行机制及相应的贸易制度,是实现市场功能的重要条件。理解贸易制度的特点、类型和变迁的历史,对于更好地管理贸易活动具有重要的意义。

第一节 贸易制度的特点及类型

一、贸易制度主要特点

新制度经济学家把制度内生化并提出经济增长的根本原因是制度变迁。有关制度的定义很多,T. W. 舒尔茨把制度定义为一种行为规则。制度是一系列正式和非正式约束组成的规则体系,它约束着人们的交易行为。贸易制度是指国家明文规定或约定俗成的供人们共同遵守的贸易行为规则,包括正式制度和非正式制度。正式制度与非正式制度之间是互补的关系,有时相互替代,但不是竞争的关系。好的贸易制度会促进贸易主体合作与创造,通过有效界定、保护和变更产权,保护合同,以及推动专业化和交易,促进贸易发展。贸易制度具有层次性、动态性和规范性等特点。

(一) 贸易制度的层次性

贸易制度范围广,涉及多个层次,道德规范是基础,政府是中间环节,法律规范是最高层次。国家有关贸易法律规范,如《经济合同法》、《对外贸易法》、《海关法》、《进出口商品检验法》等,是整个贸易管理制度框架中最具权威、最有强制力的一部分,决定了制度的其他层面。政府有关贸易的政策规范,包括政府的规定、通知等,如《直销管理条例》、《零售商供应商公平交易管理办法》、《零售商促销行为管理办法》、《商业特许经营管理条例》、《货物进出口管理条例》、《技术进出口管理条例》等,这一层面的制度规范较法律制度层面在内容上更为具体,由行政管理部门以行政手段、经济手段和教育手段加以推行。人们在长期的贸易活动中形成的道德规范，如"诚实守信"等准则，主要通过社会舆论的引导、榜样的引领，依靠人们的信念来实现。

（二）贸易制度的动态性

从经济贸易史的角度看，随着人类生产力水平的不断提高，贸易非正式规则和正式规则是在不断动态演进的。在人类生产力水平较低的时期，人们开始小范围的物物交换，在实践中发明了一般等价物和集市，形成了早期的市场交易制度。随着生产力水平的不断提高，市场交易形态也不断演进，产生了期货交易所等高级市场形态，其交易制度也更加复杂、严格。人们在贸易互动中行为规则也是不断演进的，如在早期贸易中不等价交换、巧取豪夺等行为比较普遍，而经过长期的贸易实践，逐渐形成了诚信、商品自愿让渡、等价交换、公平竞争等贸易行为规则。

（三）贸易制度的规范性

贸易制度对贸易主体、客体和媒体等有规范性的要求。贸易制度对企业规范性要求包括对企业进出市场行为、经营行为、竞争规则、退出市场、社会责任等有明确的规范性要求，如企业需要进行工商登记，领取营业执照，才能取得进入市场的"许可证"。贸易制度对消费者规范性要求包括购物权利、义务的界定等，如《消费者权益保护法》具体规定了消费者享有的权利。贸易制度对贸易客体的规范性要求包括质量、包装、计量、商标等法规和政策等，如《食品安全法》、《计量法》等。

二、贸易制度的类型

根据实施机制不同，可以将贸易制度分为正式规则和非正式规则。正式规则指国家明文规定的贸易行为规则，表现为成文的规范性文件，如法律、法规、规章、政策、决策等，由国家强制实施。我国有关贸易的法规，包括《反不正当竞争法》、《对外贸易法》、《广告法》、《商标法》、《消费者权益保护法》、《烟草专卖法》、《海商法》、《公司法》，还包括相关的贸易政策，如《关于在工业品购销中禁止封锁的通知》。非正式规则不是由国家制定并强制实施的贸易法令、政策等，它是人们在长期的交换活动中无意识形成的商业文化和约定俗成的贸易习惯、惯例等。非正式规则是对正式规则的扩展、细化和限制，可弥补正式规则的不足，在人们的交换活动中发挥着重要作用。非正式制度实施机制通常通过共同体中其他社会成员的集体性惩罚来实现，如违反商业惯例的人可能会失去与集团内部其他成员再次合作的机会。

根据贸易制度的适用范围，可以将贸易制度分为国内贸易制度和国际贸易制度。国内贸易制度是由一国的贸易法律法规、政策规范、贸易惯例等构成的贸易制度。国际贸易制度包括世界贸易组织（WTO）、亚太经合组织（APEC）等以一定的正式制度为原则要求成员国遵守的贸易规则及国际贸易惯例等。正式制度配有惩罚措施,并可以通过法定权力来强制实施。国际贸易制度中的正式规则,如世界贸易组织等国际组织制定的规则,会约束各参与国,发挥阻挡保护主义的作用。

第二节 贸易制度变迁

一、贸易制度变迁的方式

制度变迁是制度的替代、转换和交易的过程。制度变迁可分为诱致性制度变迁和强制性制度变迁。诱致性制度变迁由个人或一群人,在响应获利机会时自发倡导、组织和实行的现有制度的变更或替换。强制性制度变迁是由政府命令和法律引入与实现的制度变更或替换。因此,贸易制度变迁可以分强制性贸易制度变迁和诱致性贸易制度变迁。历史上,诱致性贸易制度变迁和强制性贸易制度变迁往往是相互影响的。非正式贸易规则的演进是在正式规则制度框架内自发形成并最终确立的。非正式制度的确立往往能极大地促进正式规则制度的变迁。当统治者发现这种非正式规则能够带来更多的税赋时,就会修改法律将其纳入正式规则的范围内。

历史上,贸易主体在不断响应由贸易制度不均衡引致的获利机会中推进贸易制度的变迁。根据专业化和分工的程度,诺思(1994)把迄今为止人类社会经历的交易形式分为人格化的交易形式、非人格化的交易形式和由第三方实施的非人际交易方式。所谓人格化交换是建立在个人之间相互了解基础上的交换,当事人之间拥有对方的完全信息。随着长距离与跨文化交易的进一步发展,产生了非人格化的交易形式。当分工和专业化程度大幅度提高,由于信息不完全、不对称而产生的欺诈、违约、偷窃等行为不可避免,需要第三方实施的非人际交易方式。自利动机和有限理性的存在使人们在交易过程中产生约束交易主体的行为规范,逐渐在固定的地域形成有关交易的公约和习俗。这种交易公约和习俗的演进,形成了不同时期的市场交易制度。有时市场交易制度的创新是很偶然的,据说,纽约股票交易所专家制的产生是由于有一个经纪人因为腿受伤不能跑来跑去,于是坐下来专门经营少数几家公司的股票,结果发现反而盈利更多[①]。

国家作为贸易制度变迁的主体,以法律规章等形式推进了强制性制度变迁。诺思认为,12~14世纪,在欧洲历史上的商业革命曾引致了贸易的兴起和经济的增长,而导致这一商业扩张的最关键的要素就在于在欧洲社会内部自发衍生出了一系列法律和贸易制度,从而使得一些非个人化的交换能在大范围、跨地区且长期地得以进行。西欧近代商业制度

---

① 盛洪:《分工与交易——一个一般理论及其对中国非专业化问题的应用分析》,上海三联书店、上海人民出版社1995年版,第149页。

的变迁,如跨地区和跨国的信用市场、保险市场、期货交易合约以及规约贸易和交换的商人法、城市法和海商法等,政府发挥了不可替代的作用。如 1849 年英国废除了谷物法,马克思称"英国谷物法的废止是 19 世纪自由贸易所取得的最伟大的胜利";从 1824 年开始逐步废除航海法,到 1854 年英国的沿海贸易和对殖民地贸易全部开放给其他国家;1831 年和 1834 年,英国先后取消了东印度公司对印度和中国贸易的垄断权,对印度和中国的贸易向所有英国人开放;1825 年,英国开始简化税法,进口纳税的商品数目从 1841 年的 1 163 种减少到 1853 年的 466 种,1862 年和 1882 年又分别减少到 44 种和 20 种,税率大幅度降低,禁止出口的法令被完全废除。①

二、贸易制度变迁对贸易发展的影响

随着社会生产力的不断提高,贸易规模和范围不断扩大,交易费用和市场风险不断提高。为了降低交易费用和市场风险,总有新的贸易制度被不断创造出来,推动贸易制度的变迁。近代以来,贸易制度变迁对贸易发展的作用越来越明显,极大地促进了国际贸易的发展。贸易制度变迁对贸易发展的影响是多方面的,本书重点介绍贸易制度变迁对国际贸易发展的影响及改革开放以来我国贸易制度改革对贸易发展的影响。

(一) 贸易制度变迁对国际贸易发展的影响

历史上,荷兰和英国能成为国际贸易强国得益于贸易领域的制度创新。荷兰和英国早年的比较优势得以充分发挥,更多的是靠国家制度变迁、意识形态的变化以及由此而形成的有效率的经济组织。荷兰能成为 17 世纪的贸易强国,在很大程度上与其在贸易制度上的不断创新有关。1602 年,荷兰创建了世界上最早的海上贸易联合股份公司。1609 年,荷兰建立了世界第一家银行。荷兰还建立了世界上第一家规范的股票交易所。这些制度创新使更多的荷兰人从事海上贸易活动,吸引大量社会闲散资金投入贸易行业,大大提升了荷兰拓展海外贸易的能力。到 17 世纪中叶,荷兰东印度公司已经拥有 15 000 个分支机构,贸易额占到全世界总贸易额的一半。19 世纪 20 年代至 70 年代初的资本主义自由竞争时期,英国带头实行自由贸易政策,有力地推动国际贸易的发展。英国推行自由贸易政策长达 60 年,对当时英国经济和对外贸易的发展起到了巨大的促进作用。英国政府鼓励民间商人积极开展海外贸易。英国政府通过与别国签订一系列的条约,为海外贸易的发展提供良好的外部环境。16~19 世纪我国的商品经济有了较大发展,航海技术也达到了较高的水平,15 世纪郑和领先于西方各国七下西洋,但由于实行保守的对外贸易政策,通过"禁海"政策等限制商人对外贸易的往来,导致近代错失海洋贸易机遇。

二次世界大战到 20 世纪 70 年代初期是国际贸易迅速发展的重要时期,也是国际贸易

---

① 《国际贸易与多边贸易体制的发展》,http://www.lawtime.cn/info/wto/guobiemaoyizhence/20100427204.html。

制度实现了前所未有突破的时期,世界贸易组织的创立、区域贸易协定的兴起是最重要标志。国际贸易制度创新对国际贸易的影响主要表现在以下几个方面。

1. 世界贸易组织的创立

20世纪30~40年代,世界贸易保护主义盛行,阻碍了国际贸易发展。为此,第二次世界大战后在美国的推动下着力构建世界贸易组织。原关税与贸易总协定和现在的世贸组织的建立是国际贸易领域的重大制度创新,推动了贸易自由化进程,促进了国际贸易的发展。从1995年1月1日起,新诞生的世界贸易组织取代了"临时适用"40余年的关贸总协定,这是当代国际贸易制度创新方面的最大成就,标志着国际贸易制度的进一步完善。世界贸易组织的基本原则和宗旨是,通过实施非歧视、关税减让以及透明公平的贸易政策,来达到推动世界贸易自由化的目标,国际贸易组织是真正法人地位的组织机构;比关贸总协定具有更大的权威性,更能协调全球贸易和推动贸易自由化。世贸组织的成员可以在互惠原则下享有相应的优惠政策,当一国或地区申请加入世贸组织时,老成员会一致地要求新成员开放申请方商品或服务市场,有利于降低全世界的关税水平。通过加入世贸组织,一个国家或地区可以实现与多个国家的自由贸易,大大降低了双边贸易的谈判成本。世贸组织也为各成员的贸易争端提供了解决机制,这是国际贸易制度的重大创新。世贸组织的建立为成员提供了稳定的国际贸易环境,降低了国际贸易中的不确定性,促进了国际贸易的发展。根据世界贸易组织统计,1948~1997年世界货物贸易增长了14倍,而同期世界生产量只增长了5.2倍。

2. 区域贸易协定的兴起

区域贸易协定是国际贸易自由化的另一重要形式。区域易协定包括互惠的自由贸易区或自由关税区,也包括多边协定,其中,自由贸易区是区域贸易协定的主要形式。20世纪90年代末期以来,自由贸易协定(FTA)及优惠贸易安排大量涌现,区域内贸易政策与措施的协调是国际贸易制度创新的重要特征。目前世界已出现三大区域性集团,即欧洲经济联盟(欧盟)、北美自由贸易区和亚太经合组织。自由贸易区内部贸易壁垒的逐步消除,促进了生产要素的自由流动,规模经济效益进一步提高,国际贸易规模进一步扩大。如北美自由贸易区的运行使三国受益:墨西哥贸易出口最高年增长率达20%,加拿大为10%,美国是5%[①]。1980~2006年,东亚地区的内部贸易额增加了30倍,而东亚与世界其他地区的贸易额只增加了10倍。相应的,东亚地区内部贸易额占本地总贸易额的比重从22.4%上升到44.2%,与世界其他地区的贸易额占比则由77.6%下降到55.8%[②],东亚生产网络朝着内部化方向深化。

3. 国别管理贸易制度的推广和流行

在美国带头推行对外贸易的"管理贸易"制度后,"管理贸易"制度逐步成为流行于各国的基本的对外贸易制度。它构成了当代各国对外贸易制度上的共同的最鲜明的特征。2008年金融危机以后,无论是发达国家还是发展中国家,均把贸易保护措施作为政府

---

① 房杜:《当代国际贸易发展的几大趋势》,载于《中国外资》2002年第9期。
② 张少军、东岗:《全球价值链下中国的对外贸易》,载于《经济理论与经济管理》2010年第9期。

"救市"计划的组成部分,有些措施具有明显的贸易保护主义倾向,影响了国际贸易的增长。

(二) 改革开放以来我国贸易制度改革对贸易发展的影响

20世纪80年代以来,我国彻底打破了计划经济下的贸易制度,初步建立起了与市场经济相适应的贸易制度。贸易制度改革极大地促进了我国贸易发展。

第一,内贸制度的改革,促进了国内贸易繁荣发展。

流通体制改革,打破了传统的批发、零售流通环节和供货方式,形成了新的批发流通渠道。随着农村乡镇企业、家庭工业和城市各种非公有制企业的兴起,大量外资企业的引入,工业企业自销、非国有批发和零售企业等市场份额不断扩大,迅速改变了国有经济主体独占国内外贸易的状况,形成了贸易领域的多种所有制主体、多条流通渠道并存的局面。大量专业批发市场的涌现,是我国改革进程中交易制度创新的产物,它以小生产和大市场为背景,以专业户和专业村为依托,是沟通小生产与大市场的一种批发交易的创新方式,极大地促进了国内贸易的发展。我国还推进内地与港澳台地区经贸交流与合作制度创新,促进了内地和港澳台地区贸易的发展。2003年6月,中国内地与香港特区签订了《中国内地与香港更紧密经贸关系安排》(简称CEPA)。CEPA协议包括货物贸易零关税,服务贸易自由化和贸易投资便利化等方面。CEPA作为国家主体与其单独关税区间的特殊经贸安排,是在"一国两制"和WTO框架内发展内地与港澳经贸关系的制度性创新。

第二,外贸制度改革,促进了对外贸易的高速增长。

改革开放以来,我国的对外贸易制度变迁大体上经历了以下三个阶段:第一阶段,即改革开放至20世纪90年代初期,这段时期我国外贸体制改革的主要内容是下放外贸经营权(1979~1986年)、推行外贸承包制(1987~1990年),国务院先后在1988年和1990年底分别颁布了《关于加快和深化对外贸易体制改革若干问题的规定》、《关于进一步改革和完善对外贸易体系若干问题的决定》等相关法规文件强制推行和完善外贸承包制。第二阶段,即1992~2001年,这段时期中国外贸体制已经开始以符合"国际规则"为导向的贸易政策改革,1992年我国取消进口调节税,1994年取消进出口指令性计划、颁布了第一部《对外贸易法》,并开始了系统地完善外经贸领域法律法规的改革,打破了国有企业垄断外贸的局面,特别是国有企业从竞争性领域的逐步退出,使非国有企业和外资企业外贸量迅速增长。第三阶段,即2001年至今,这段时期我国外贸体制逐渐与国际贸易体制接轨,2001年12月11日我国正式加入世界贸易组织,根据我国加入世界贸易组织的承诺,从2005年1月起外贸由审批制全面转为登记制,在贸易权方面给予所有外国个人和企业不低于中国企业的待遇。从以上三个阶段可以看出,我国贸易制度变迁的基本路径是,首先培育适应市场经济条件下的对外贸易微观主体,提升外贸企业的国际竞争力,在此基础上逐步建立与国际接轨的对外贸易管理制度,为外贸企业的发展营造良好的发展环境。我国对外贸易制度的变迁是渐进的、广泛的,对贸易发展的促进效果十分明显。从图7-1可以看出,自20世纪80年代以来,我国货物贸易出口额除个别年份外总体处于上升趋势，平均增长率高达 15.6%，我国对外贸易总额从改革之初的世界排名第 26 位上升至 2009 年的世界第 2 位。影响对外贸易增长的因素很多，但外贸制度变革无疑是我国外贸增长最重要的因素之一。

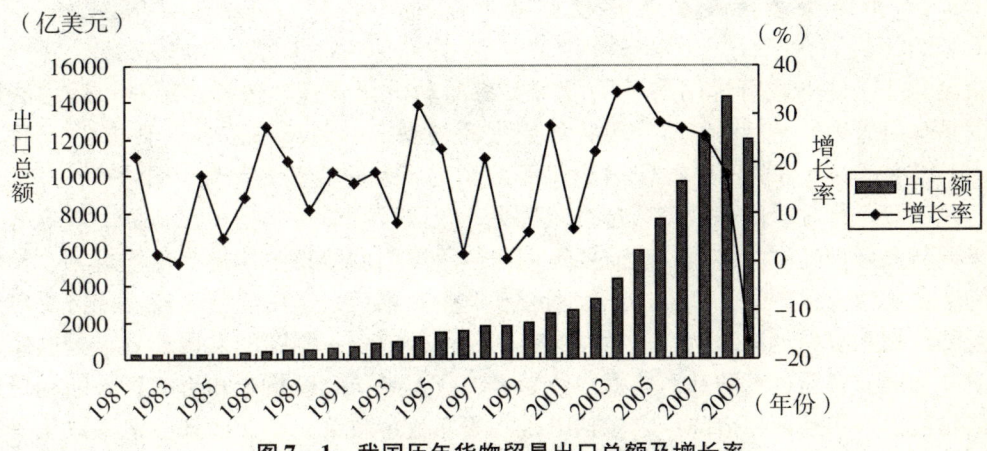

图 7-1 我国历年货物贸易出口总额及增长率

数据来源：2010 年《中国统计年鉴》

第三节 政府对贸易的管理

政府对贸易的管理是指政府相关职能部门对贸易主体、市场行为、流通过程和对外贸易的协调、控制、规范和监督。贸易管理的基本任务是，政府根据经济发展目标，建立和完善市场体系，优化贸易活动环境，促进经济贸易又好又快发展。

一、政府对贸易管理的特点

（一）贸易管理对象的层次性

贸易管理是一个复杂的过程，针对贸易管理对象的不同，可以分为三个不同的层次[①]：第一层次是对商品流通全过程的管理。对于某些比较特殊的行业（如烟草、医药等），国家通过颁发经营许可证、限定交易对象等方式加强整个流通过程的管理。第二层次是加强市场管理。市场管理的内容包括：维护交易秩序、保护正当竞争、保障交易主体的合法权益等。第三层次是对贸易主体和客体的管理。对贸易主体的管理包括：审查贸易主体的资

---

① 林文益：《贸易经济学》，中国财政经济出版社 1995 年版，第 608~609 页。

格、规范贸易主体的交易行为以及协调不同主体间的经济关系。对贸易客体的管理包括制定产品标准、监督产品质量、查处质量违规行为等。

(二) 贸易管理手段的多样性

市场经济条件下政府运用多种手段对贸易活动进行管理，包括：第一，运用法律手段。这是政府管理贸易活动基本手段，如依据我国制定的《反不正当竞争法》、《反垄断法》、《广告法》、《消费者权益保护法》等对贸易活动进行管理，维护市场秩序。第二，运用行政手段。行政手段是国家通过行政机关，采取行政命令、指示、指标、规定等行政措施来调节和管理经济的手段。政府要运用行政手段强制贸易主体遵守市场规则，扫除国内贸易壁垒和地方保护主义，以保证市场公平竞争。第三，运用经济手段。经济手段包括贸易发展计划和贸易经济政策。贸易发展计划是由国家统一制定的发展计划，是国家从宏观上引导和调控贸易运行的基本依据。贸易经济政策是指政府指导和影响贸易活动所规定并付诸实施的一切准则和措施，它包括财政政策、货币政策、产业政策、汇率政策等。如为了提高零售企业服务水平、改善服务环境、促进诚信经营、加强知识产权保护、培育民族品牌，从2006年开始，商务部开展了零售企业的分等定级工作。第四，教育、劝告手段。教育劝告手段是对贸易主体进行贸易道德教育、劝告等，影响和调节贸易主体经营行为的一种手段。贸易道德教育主要是加强商业道德教育、社会舆论监督、先进评比等形式，培养贸易主体良好的职业道德和诚信意识。如我国自1987年开始，每年的3月15日，全国各地消费者组织联合各有关部门运用各种形式宣传保护消费者权益的有关法律法规及其成果，有力地推动了贸易企业履行其社会责任。

二、政府对贸易管理的内容

(一) 制定贸易发展战略并组织实施

市场经济条件下，市场是资源配置的基础性手段，在调节贸易运行中处于基础性地位。但由于市场机制本身存在着缺陷，需要通过计划手段弥补其不足。政府对贸易管理的重点是制定和提出贸易发展的总体规划、重大方针和政策。国家对贸易行业发展进行宏观调控主要通过制定贸易产业发展总体规划及重点产业的子规划进行战略指导。国家对贸易产业发展目标提出质的规定性和量的规定性，明确贸易产业发展规模、主体结构及运行机制，并与经济总体发展战略相衔接，服务于经济总体发展战略。如我国商务部的职责之一是"拟定国内贸易发展规划，促进城乡市场发展，研究提出引导国内外资金投向市场体系建设的政策，指导大宗产品批发市场规划和城市商业网点规划、商业体系建设工作，推进农村市场体系建设，组织实施农村现代流通网络工程"。

(二) 依法对贸易活动进行监督管理

政府管理部门依据法律法规、政策等对贸易活动过程中的各个环节进行监察和督导。其根本任务是发现和纠正违反有关政策法规和危害社会根本利益的市场行为，保证贸易活动按照客观规律要求顺利进行。政府对贸易活动进行监督管理主要有三种形式：法律监督、经济监督和行政监督。法律监督是经济监督和行政监督的依据和前提，主要通过司法来完成对贸易活动的监督。经济监督通过经济手段对贸易活动进行监督，包括财政监督、银行监督和审计监督。行政监督通过行政手段对贸易活动进行监督，包括工商管理监督、物价管理和监督、质量监督与计量监督。贸易管理的执法部门包括工商行政管理部门、技术监督部门、物价管理部门、食品卫生部门等。

质量管理是政府对贸易活动进行监督管理的重要内容，关乎每个消费者的切身利益。根据产品质量法，质量管理主要包括以下内容。

(1) 建立产品质量认证制度。国家根据国际通用的质量管理标准，推行企业质量体系认证制度。企业根据自愿原则可以向国务院产品质量监督部门认可的或者国务院产品质量监督部门授权的部门认可的认证机构申请企业质量体系认证。经认证合格的，由认证机构颁发企业质量体系认证证书。国家参照国际先进的产品标准和技术要求，推行产品质量认证制度。企业根据自愿原则可以向国务院产品质量监督部门认可的或者国务院产品质量监督部门授权的部门认可的认证机构申请产品质量认证。经认证合格的，由认证机构颁发产品质量认证证书，准许企业在产品或者其包装上使用产品质量认证标志。

(2) 制定产品标准并监督其实施。产品标准是对产品结构、规格、质量和检验方法所做的技术规定。《中华人民共和国标准化法》将产品标准分为国家标准、行业标准和企业标准。国家标准、行业标准又分为强制性标准和推荐性标准。对于必须执行强制性标准，不符合强制性标准的产品，禁止生产、销售和进口。对于推荐性标准，国家鼓励企业自愿采用。

(3) 设立有关机构监督产品质量。国务院产品质量监督部门主管全国产品质量监督工作。国务院有关部门在各自的职责范围内负责产品质量监督工作。县级以上地方产品质量监督部门主管本行政区域内的产品质量监督工作。县级以上地方人民政府有关部门在各自的职责范围内负责产品质量监督工作。国家对产品质量实行以抽查为主要方式的监督检查制度，对依法进行的产品质量监督检查，生产者、销售者不得拒绝。产品质量检验机构必须具备相应的检测条件和能力，经省级以上人民政府产品质量监督部门或者其授权的部门考核合格后，方可承担产品质量检验工作。

(4) 查处质量违规行为。《中华人民共和国产品质量法（1993）》明确了生产者和消费者对产品质量的责任，要求生产者、销售者应当建立健全内部产品质量管理制度，严格实施岗位质量规范、质量责任以及相应的考核办法。禁止伪造或者冒用认证标志等质量标志；禁止伪造产品的产地，伪造或者冒用他人的厂名、厂址；禁止在生产、销售的产品中掺杂、掺假，以假充真，以次充好。国家鼓励推行科学的质量管理方法，采用先进的科学技术，鼓励企业产品质量达到并且超过行业标准、国家标准和国际标准。对产品质量管理先进和产品质量达到国际先进水平、成绩显著的单位和个人，给予奖励。国家有关部门应依据该法律对产品质量进行严格管理，对生产、销售中的违法行为进行查处，并视情节轻重给予退回不合格产品并赔偿损失、限期整顿、停止生产和销售、吊销营业执照、没收违法所得并处于罚款、追究当事人的行政或法律责任等处罚。

（三） 加强贸易行业宏观调控

贸易行业宏观调控的目标是优化资源配置、贸易总量和结构的平衡和维护贸易运行秩序[①]。具体包括以下内容。

（1）优化资源配置。贸易资源是从事贸易活动的人员、资金、设施、技术等要素。优化贸易资源配置，是使贸易资源在不同的行业、空间上合理配置，提高贸易资源使用效率和贸易运行效益。优化贸易行业资源的配置是使贸易资源在不同的行业合理分布，使贸易资源从效率较低的行业或即将淘汰的行业向效率较高的行业或新兴行业转移，促进新兴行业的发展和整体运行效率的提高，优化贸易行业结构。优化贸易资源的空间配置是促使贸易资源在空间分布上的合理化，包括贸易资源的地区分布、城乡分布等，使贸易资源从效率低下的地区向效率较高的地区转移，促进贸易的协调发展。

（2）调节贸易总量和结构的平衡。贸易总量平衡包括很多内容，其中最重要的是商品供给总量与需求总量的平衡。贸易总量平衡能使社会商品购买力得以实现，满足广大消费者的消费需求，保持经济社会稳定和可持续发展。贸易结构平衡包括主要商品结构的供求平衡、地区供求结构平衡、内外贸结构的平衡等。一些重要的消费品和生产资料的供求结构平衡显得十分重要，是贸易宏观调控的主要任务。如我国商务部的职责之一是"承担组织实施重要消费品市场调控和重要生产资料流通管理的责任，负责建立健全生活必需品市场供应应急管理机制，监测分析市场运行、商品供求状况，调查分析商品价格信息，进行预测预警和信息引导，按分工负责重要消费品储备管理和市场调控工作，按有关规定对成品油流通进行监督管理。"

（3）维护贸易运行秩序。贸易运行秩序是指贸易活动构成的各个要素在其运行中相互作用、相互联系的方式和行为所处的状态，是市场经济规律作用的外在表现。[②] 通过贸易行业宏观调控来维持贸易运行秩序，主要包括三方面的内容，即制定和确立贸易运行规则、设立维护贸易运行的机构和对贸易运行全过程进行监督、管理。

---

① 易法海：《贸易经济学》，中国农业出版社 2007 年版，第 267 页。
② 周肇先：《贸易经济学》，中国财政经济出版社 2005 年版，第 424 页。

第四节 贸易行业协会对贸易的管理

贸易行业协会作为非政府的民间组织,是贸易管理的重要形式,在贸易发展中发挥着不可替代的作用。但目前我国贸易行业协会在促进企业自律经营和诚信经营等方面发挥的作用不够,需要通过制度创新,增强贸易行业协会的自主性管理能力。

一、贸易行业协会的发展历史

我国现阶段的贸易行业协会是在政府有关部门指导下,以同一行业内的法人为主体自愿参加的非营利性社团法人。行业协会的发展已有上千年的历史。商会在发达国家已有400多年的历史,随着市场经济不断发展而不断完善成熟。世界各国对行业协会的称谓不同,日本称为"事业者团体",德国称为"企业协会",美国则称为"行业协会",如美中贸易全国委员会、美国全国制造商协会等等。最早的行业协会起源于欧洲中世纪的基尔特(Guid),是由同行业的商人组织起来的自治团体。1599年法国马赛商人组织起来了现代意义上的第一个商会。在英国,行业协会是由独立的经营单位所组成,是为保护和增进全体成员的合理合法的利益的组织[1]。

我国贸易行业协会的发展历史较长,西周开始产生了行会萌芽。《论语》中说:"百工居肆,以成其事"。这里的"肆",指的就是中国最早的行会组织。先秦以后,行会开始发挥作用。宋代以后,随着商品经济的进一步发展,行会也有了比较广泛的发展,自京都到州县城镇,同行的商业都组成商行,入行的商户叫"行户",参加商行叫"投行"。宋代城市中行的数量很多,如汴京市上至少有160多行,行户6 400多户[2]。自明代中期以后,由于商品流通范围的扩大,商品数量和品种的增多,在商业中具有"龙头"作用的行业在一些地区兴起,全国各地先后出现了不少商人群体——商帮,他们驰骋于商界,操纵着某些地区和某些行业的商品贸易。我国明清时代出现的山东商帮、山西商帮、陕西商帮、洞庭商帮、江右商帮、宁波商帮、龙游商帮、福建商帮、广东商帮、徽州商帮十大商帮对当时的商品贸易产生了深远的影响。清末民初贸易行业组织叫"同业公会",如米业公会、布业公会、糖业公会、鞋业公会等。1902年,上海商业会议公所成立,这是中国近代以来第一个民间商会。新中国成立后,建立了工商业联合会。20世纪80年代以来,我国民间商会由于民营经济崛起而得到蓬勃发展。我国一些民间商会在发展中不断积累经验,正在服务企业、行业自律方面发挥越来越重要的作用。

---

[1] 王伦强、孙尚斌:《如何通过行业协会促进公平贸易秩序的构建》,载于《商业时代》2006年第32期。

[2] 韩磊:《商会:中国的商业基因》,载于《走向世界》2010年第24期。

二、贸易行业协会的特点

按照浦文昌等人的归纳,现在世界各国的商会发展模式大致分为三类:大陆模式、英美模式和混合模式。尽管世界各国对行业协会有着不同的解释,但其基本要义差异不大,贸易行业协会具有以下一些基本特点:

第一,它是民间的社会团体。贸易行业协会不是行政机构,而是民间自愿组织的团体。贸易行业的经费主要来自于民间,主要靠收取会费、企业捐赠及有偿服务。其领导人来自民间,由协商选举产生。从企业个体来讲,通过加入协会可以获得这种制度安排带来的规模经济和外部经济收益。

第二,它必须以谋取和增进全体会员共同利益为宗旨。以服务作为中心,以非营利为目的。贸易行业协会属于民法意义上的社会团体法人,具有非营利性特点。行业协会是本行业利益代表,担负着代表本行业利益的责任。贸易行业协会的管理活动不是靠行政手段实现的,而是通过协商来调整相互间关系。

第三,它是介于政府与企业间的行业组织。很多学者从治理交易的角度来研究商会的治理,认为商会是一种市场治理机制。也有学者认为商会是对市场失灵和政府失灵的一种制度安排。协会组织通过制定规约和处罚程序,能够对那些违约成员实施处罚,从而避免那些只顾及短期利益的机会主义行为造成行业整体利益的损失,如11世纪马格里布商人联盟对违约者实行集体惩罚机制,所有的联盟商人都被要求决不雇佣曾经欺骗过其他联盟成员的代理人(阿夫纳·格需夫)。这种惩罚机制还是比较有效的,代理人需要守信才能得到雇佣。

我国行业协会是在政府从全能政府向有限政府转变过程中不断发展起来的。从行业协会形成的动力看,行业协会可以分为两种类型,一种是由政府部门推动自上而下形成的行业协会,另一类是由民间力量推动自下而上形成的行业协会。在我国政府管理体制改革过程中,产生了一批由主管部门转制演变而成的行业协会,如中国商业联合会、机械工业协会等。但是,这种行业协会行政干预过多,职能的履行受到体制上的制约,在对企业的服务上仍显不足。进入上世纪90年代中期以后,随着民营经济的发展,涌现了一批民间商会,如民营经济发达的温州民间商会发展迅速,在全国各大中城市建立了上百个民间商会。这些民间商会成为在当地创业的温州企业与当地政府和民众沟通的桥梁,在行业自律中发挥重要的作用。随着经济体制改革的不断深入,行业协会将在我国贸易领域发挥越来越重要的作用。

三、贸易行业协会管理的职能

我国《关于加快培育和发展工商领域协会的若干意见(试行)》规定了工商领域行业协会三大类职能:企业服务的职能;自律、协调、监督和维护企业合法权益的职能;协助政府部门加强行业管理的职能。市场经济条件下，贸易行业协会管理贸易活动主要包括以下内容。

(1) 协助政府管理。贸易行业协会作为介于政府与企业的行业组织，协助政府管理贸易活动，主要表现在：开展行业、地区经济发展调查研究，协助政府制定本行业发展规划；积极参与有关行业发展、行业改革以及与行业利益有关的政府决策，提出产业政策和立法方面的建议；为政府部门提供行业信息和行业发展报告，如中国商业联合会定期向发展改革委员会、商务部、财政部提供统计信息和市场分析信息；及时宣传有关贸易政策法规。西方国家商会主要通过游说的方式影响政府贸易政策导向，如美中贸易全国委员会为了保护美国企业在中国的贸易利益，成功游说国会，使国会通过给中国永久性最惠国待遇的法律。

(2) 加强行业自律。加强行业自律，规范企业的竞争行为，是行业协会的重要功能。行业协会要做好以下工作：制定行规行约、行为规范，在市场准入、竞争、产品质量和服务等方面规范业内行为，如香港零售协会制定了《同业守则》，所有会员必须遵守；维护市场秩序，防止相互杀价、互挖人才、相互仿冒等现象或价格垄断等不公平竞争行为，如制定行业参考价格，为企业制定价格、招投标价格提供参考；建立质量评价机制，进行行业内部质量评级，维护行业信誉；建立行业内的集体惩罚机制，对违反行规行约的成员，协会依据规则进行处罚甚至制裁。

(3) 维护企业权益。协会根据国家有关法规和政策，维护本行业协会的合法权益，提出有关经济立法的建议；加强对外宣传，维护行业整体形象，举办交易会、展览会等为企业开拓市场创造条件；在对外贸易中利用多边贸易规则和本国法律法规，维护会员的正当利益，组织企业及时应对进口国的反倾销调查。温州烟具行业协会组织企业成功应对欧盟反倾销调查便是很好的例子。2003年7月25日，温州打火机生产企业应对欧盟反倾销一案自动终结，温州市烟具行业协会为代表的打火机企业应对欧盟反倾销胜诉。

(4) 行业信息传递。协会通过出版刊物、建立信息库等为协会成员提供信息共享的平台，降低单个成员信息搜寻成本；开展调查研究，掌握国内外行业发展动态，将行业发展的有关信息及时通报会员；经政府主管部门同意和授权进行行业统计，收集、分析、发布行业信息；建立贸易预警机制，对出口产品和进口产品进行预警，为企业合理规避进口国反倾销调查提供信息服务；维护行业利益，参加政府听证会，协助企业开展反倾销、反垄断，发展行业社会公益事业。

(5) 开展咨询服务。协会对企业经营管理提供咨询服务，向会员无偿提供商务、融资、会计、法律、环保、技术等咨询，组织人才管理、行业标准、法规等培训，帮助会员提高经营管理水平。

(6) 加强人才培训。行业协会了解行业内企业的知识需求，能为企业提供具有针对性的培训服务。协会借助大专院校的力量对行业内企业开展技术、管理、法规等培训工作，提高企业素质和行业整体素质。如中国商业联合会通过开展零售业职业经理人（店长）培训，为零售企业培养人才。

【本章案例】

义乌小商品市场的变迁

改革开放以后我国贸易制度的变革，促进了城乡商品流通的发展，形成了遍布全国的各类专业市场。义乌小商品市场从地摊式的马路市场发展到享誉全球的国际商贸城，经历了多次巨变，折射出了我国贸易制度的变迁历史。

改革开放初期，商品流通渠道单一，农民从事商业活动都受到严格限制。浙江义乌具有鸡毛换糖的历史传统，经营范围遍及江西、福建等地，有较强的影响力。随着政策的松动，不少义乌人在鸡毛换糖的基础上从苏南等地社队企业购进日用品在义乌销售，逐渐形成经营小商品的地摊市场。1982年9月，工商部门为了加强管理，将地摊市场集中迁移到湖清门，当时称湖清门小百货市场。为了促进市场的发展，县里在工人影剧院召开了全县大会，会上提出，要引导农民进城经商，不是违法的商品不能没收，政府要支持老百姓致富。政府的默许和支持极大地激发了农民从事商品贸易的积极性，加快了小商品市场的形成和发展。20多年来，义乌小商品市场经历了五次搬迁八次扩建，由义乌国际商贸城、篁园市场、宾王市场三个市场区域组成。到2010年底，义乌市场经营面积达400余万平方米，商位6.2万个，汇集了4 202个种类、170多万种商品，销售网遍及全球200多个国家和地区。

义乌小商品市场在不断扩大市场规模的同时也在实现功能的升级。1995年，浙江省工商行政管理局、义乌市人民政府举办了中国小商品城名优新博览会，标志着义乌小商品市场发展的战略转型。至2011年，"中国义乌国际小商品博览会"已经成功举办了17届，其影响力不断扩大，成为我国三大展会之一。义博会正在向集贸易洽谈、展示交易、信息交流、形象展示于一体的国际性品牌展会迈进。义乌小商品市场重视信用建设，于2002年10月被国家质监总局授予"重质量、守信用"金字招牌，此后又先后荣获国家工商总局授予的"守合同、重信用"单位和"全国信用监管示范市场"等称号。2006年创立由国家商务部负责立项、论证和验收的义乌中国小商品指数，并在"2006义乌国际小商品博览会"上宣布正式对外发布。2008年11月正式实施由商城集团编制、商务部批准的《小商品分类与代码》，标志着义乌小商品市场成为小商品贸易规则制定中心。义乌小商品市场大力打造电子商务平台，拥有的B2B、B2C、C2C业务的网商数量全国领先，促进实体店铺和网络店铺共同发展。义乌小商品市场一直致力于物流平台的建设，成为浙江省的三大物流中心之一，为小商品贸易提供强有力的物流支持。

2011年3月，义乌成为国际贸易综合改革试点区。6月23日，义乌国际生产资料市场隆重奠基，标志着义乌市场进一步向生产资料交易市场发展。按规划，该项目整体区块规划12.85平方公里，建设周期10年。其中，第一期供应商产品展示交易及配套用房项目，规划占地2.6平方公里，建筑面积200万平方米，总投资50亿元，计划于"十二五"

时期建成。生产资料市场将实现高中低端结合、出口进口转口并重、实体市场和网上市场高度融合。

义乌小商品市场的发展是一个奇迹,总结义乌小商品市场的发展经验和规律,无论是在理论上还是在实践中都具有十分重要的意义。

参考文献

[1] 吴正华:《义乌市场变迁的故事》,载于《义乌商报》,http://www.ywnews.cn/content/200812/06/ywnews_ 24802.htm。

[2]《再造一个义乌大市场 - 义乌国际生产资料市场畅想》,载于《浙江日报》2011年7月6日。

案例讨论题

1. 结合案例,分析义乌小商品市场发展演变的特征,探讨义乌小商品市场能够持续繁荣的原因是什么?
2. 义乌生产资料市场的建成对小商品市场的发展将带来怎样的影响?
3. 查找义乌小商品市场发展的后续资料,分析义乌小商品市场的发展趋势。

[复习思考题]

1. 贸易制度的特点与类型有哪些?
2. 政府对贸易的管理包括哪些主要内容?
3. 怎样理解贸易制度变迁对贸易发展的影响?
4. 贸易行业协会在贸易管理中发挥怎样的作用?

[推荐阅读]

[1] 卢现祥:《西方新制度经济学》,中国发展出版社1996年版。

[2] 盛洪:《分工与交易———一个一般理论及其对中国非专业化问题的应用分析》,上海三联书店、上海人民出版社1995年版。

[3] 林文益:《贸易经济学》第二十二章,中国财政经济出版社1995版。

[4] 易法海:《贸易经济学》第十四章,中国农业出版社2007年版,

[5] 柳思维:《从贸易大国走向贸易强国的制度创新思考》,载于《湖南商学院学报》(双月刊)2010年第6期。

第八章 空间贸易

【本章学习目的】熟悉农村市场、区域市场、世界市场的基本特征，明确城乡贸易的作用及基本载体，理解区际贸易的主要类型、形成原因，了解国际贸易的主要形式，掌握商圈理论的基本概念及分析方法。

空间贸易是不同区域间的贸易活动，根据空间范围可分为城乡贸易、区际贸易和国际贸易。我国区域经济发展存在不平衡性，城乡市场差别和区域市场差别也比较明显。因此，科学认识城乡市场、区域市场的特征，正确处理好城乡市场间、区域市场间、区域市场和全国市场、国内市场和国际市场的关系，对于促进贸易发展具有重要意义。

第一节 农村市场与城乡贸易

城乡贸易是我国空间贸易最基础的部分，研究城乡贸易必须关注农村市场的发展情况。农村市场是农产品的产地市场，又是农用生产资料的销地市场和日用工业品的销售市场。我国农村市场正处于快速成长的时期，具有很大的发展潜力。农村市场的发展对推动城乡贸易具有十分重要的作用。

一、农村市场的地位和特征

农村市场是国内市场重要组成部分，农业在整个国民经济中的基础地位和农村人口占我国总人口的比例决定了农村市场在我国商品市场上的基础意义，主要表现在以下几个方面。

(1) 农村市场对我国商品市场产生基础性影响。这主要表现在三个方面：首先，农产品是城乡居民生活必需品，农产品市场价格波动直接影响城乡居民生活，国家对农产品市场的价格十分关注；其次，农产品是制造业的原料，对我国制造业的发展有重要作用，农产品价格波动对 CPI 和 PPI 有重要影响；最后，农产品市场在农产品安全生产、流通方面发挥着关键性的作用，对城乡居民食品安全有重大影响，国家十分重视农产品市场建设。

(2) 农村市场的发展对我国经济可持续发展的影响。我国农村市场具有巨大的发展潜力，对我国经济可持续发展有重要影响。一方面，我国农村市场的总体规模较小，制约了国内市场的扩张。我国农村人口规模大，但现实的消费品零售额对全社会消费品零售总额的贡献较低。2010 年全年社会消费品零售总额 156 998 亿元，城镇消费品零售额 136 123 亿元，乡村消费品零售额 20 875 亿元，乡村市场对全社会消费品零售总额的贡献率仅为

13.3%。1978~2007 年,我国县以下社会消费品零售总额从 673 亿元增加到 18 855.5 亿元,但占全社会消费品零售总额比重从 43% 下降至 21%。另一方面,我国农村市场的消费层次较低,影响了国内市场升级进程。2010 年,农村居民家庭食品消费支出占消费总支出的比重为 41.1%,城镇为 35.7%,满足农民基本生活需求的吃穿住消费仍占农民基本生活消费总支出的较大比重,体现农民生活质量提高的文教娱乐、医疗保健、交通通讯、旅游等消费占总支出的比重仍较低。因此,广大农村居民的消费需求在今后相当长时期内具有巨大的增长潜力,对我国经济可持续发展产生重要影响。

与城市市场相比,我国农村市场具有以下几个特征:

第一,农村市场的层次低。农村市场与城市市场相比有很大的差距,主要表现在:商业网点规模小,布局分散,零售业的分散度高,仓储、运输等物流设施落后,信息不通畅;农民购买力水平和实际消费水平较低;农民的消费观念、消费方式落后保守,消费心理不成熟,趋同从众心理比较突出,消费的季节性、时间性比较强;要素市场发育不完善,商品市场层次较低;不规范的市场竞争行为时有发生,市场秩序容易受到冲击,假农药、假种子、假化肥等坑农害农事件仍屡禁不止。

第二,农村市场间存在较大的差异性。我国区域经济发展不平衡,不同地区农村市场存在较大的差异,如 2010 年浙江农村居民人均纯收入 11 303 元,恩格尔系数为 35.5%,贵州农民人均纯收入 5 976 元。经济发展水平的差距导致不同地域农村消费水平、消费结构有很大差异:对于刚刚满足温饱问题的农民,消费主要以生活必需品为主;对于小康型农民,消费主要集中在家用电器的升级换代上;对于富裕型农民,消费在教育、娱乐、旅游、卫生保健等服务产品上的比重呈现较快的增长。

第三,农村市场与城市市场一体化发展趋势明显。随着农村经济的发展和统筹城乡战略的实施,农村市场与城市市场间的市场主体、客体、信息、技术等要素流动加快,推动了城乡市场的一体化。城市商业网点向农村延伸,使新产品在城市和农村销售的时间差缩短,农村居民可以及时消费新产品。农业合作社的兴起,使农产品进入城市市场的范围扩大,时间缩短,城乡一体的市场格局逐步形成。

二、城乡贸易的作用及载体

城乡贸易在城乡经济,特别是农村经济发展中发挥重要作用。城乡贸易必须通过特定的市场作为载体才能实现。农村市场所需要的工业品需要通过城市贸易组织输送进来,而城市市场或外地市场所需要的农产品要通过农村集镇市场等载体向城市市场输送。

(一) 城乡贸易的作用

1. 促进城乡商品交流和市场分工

城乡商品交流,一方面使农产品销往更广阔的城市市场,促进农村商品生产的发展,促进农业商品化和乡村工业的发展。随着市场的进一步扩大,农村社会分工进一步深化,出现"专业镇"、"专业村",将农村经济带入更大的经济循环。另一方面,农业部门和农村工业所需要的农业生产资料、工业原材料等也源源不断地从城市销往农村,满足农业再生产和农村发展的需要,同时也促进了城市工业的发展。

2. 实现农村剩余劳动力转移

我国农村的突出矛盾之一是耕地少、人口多,存在大量的农村剩余劳动力。改革开放以后,农村土地承包制使农民有了经营自主权和"离土"自由,农村剩余劳动转移问题突显出来。由于工业部门无法吸收全部的剩余劳动力,大量剩余农村劳动力进入流通领域,从事城乡贸易活动,促进了城乡贸易的蓬勃发展。改革开放初期,活跃于全国各地的农民购销大军,对于乡镇企业的发展起到了十分重要的作用。全国各地兴起的农村专业市场吸纳了大量农村剩余劳动力,缓解了农村劳动力就业问题。

3. 促进农村技术进步和社会发展

城乡贸易,特别是城市技术、人才信息向农村的流动,直接推动农村技术进步,提高农业劳动生产率,促进农村社会发展。城市工业品流向农村,带去了城市先进的文化,逐渐影响农民的消费和生活习惯,提高农民文明素质和农村文明程度。

4. 增加农民收入和地方财政收入

城乡贸易活跃了农村经济,增加了农民收入和地方财政收入,主要表现在:城乡贸易活动扩大了农产品销售市场,直接地增加了农民的收入;城乡贸易活动促进了农村社会分工的深化,使与商品交易活动直接相关的和间接相关的如运输、仓储、经纪人等行业得到发展,创造了更多的就业机会;城乡贸易也促进了农村工业和专业市场的发展,增加了地方财政收入。

(二) 城乡贸易的载体

城乡贸易的实现需要通过一定的市场交易组织和网络体系来实现,包括农村集镇市场、批发市场和贸易企业等。城乡贸易的实现方式,大体可以分为集中化方式与非集中化方式两大类,其中集中化方式是指通过某些场地或在某段时节将众多客商吸引或组织在一起,以集中进行城乡商品交换的贸易方式[①]。集中化交易方式主要有集贸市场、批发市场、商贸中心、期货市场等,非集中化方式包括各类贸易组织、中介机构等。

1. 农村集镇市场

农村集镇市场是在农村集市基础上发展起来的小型交换中心,是城乡贸易的重要载体。集市是最古老的城乡贸易方式,在我国已经有悠久的历史,是中国自古以来传统社会中以地方定期交易为核心的贸易载体。集市在北方称"集",在南方和西南地区称"墟"、"场"、"街子",每隔一定的周期在某一固定场所举行一次。集镇市场比乡村集市流通规模大,交易的品种齐全,有固定的商业机构和服务机构形成的街区。在我国,县以下农村

---

① 柳思维:《贸易经济学》,高等教育出版社 2007 年版,第 98 页。

集镇在宋代末才明显出现的①。很多集镇都有军事因素，是重要物资集散地和商品消费中心。随着商品经济的发展，从农副业中分离出来的手工业不断向集市集聚，促进了农村集镇市场的发展，形成了新型的集镇。明清之际，在我国江南一带和珠江三角洲就出现了这样一种新型的集镇，如盛泽、震泽、双林、枫泾等②。我国农村集镇市场发展极不平衡，长江三角洲和珠江三角洲地区分布比较密集而且规模较大，而内地则数量稀少，规模较小。改革开放以后，我国农村商品经济蓬勃发展，新的农村集镇不断涌现，不仅有综合性的工商集镇，还有日益增多的专业性集镇。

2. 城乡批发市场

城乡批发市场对城乡贸易的发展发挥重要的作用。批发市场是改革开放以来我国城乡迅速涌现出来的新市场形式。城乡批发市场一般以现货交易为主，兼有部分远期合同交易。城乡批发市场有多种类型，按流通环节可以分为产地批发市场、中转地批发市场和销地批发市场；按批发商品的种类可以分为综合型批发市场和专业性批发市场；按市场的空间可以分为城市批发市场和农村批发市场。农村专业市场是在改革开放以后在农村迅速发展起来的市场形式，在促进城乡贸易上发挥了独特的作用，为我国农村经济的发展做出了很大的贡献。截至2006年，全国农产品批发市场达到4 370家，其中农村产地市场1 500家，城市销地市场2 500家左右，批发交易金额为1.1万亿元，全国经由农产品批发市场交易的农产品比重高达70以上。② 2009年，我国亿元以上商品交易市场4 687个，交易额57 963.8亿元，其中专业市场46 222.6亿元。浙江是我国农村专业市场发育比较早的省份，在全国最大的50个工业品交易市场中，浙江省约占1/3。义乌中国小商品城、绍兴中国轻纺城等专业市场不仅在城乡贸易、区际贸易中发挥重要作用，而且在国际贸易中的影响力也日益扩大。政府在培育城乡专业市场时应注意以下几点：尊重市场自身发育规律，因地制宜发展；加强政府推动，但不能违背客观规律，以免"有场无市"；注重市场设施、交易制度建设，优化市场发展环境。

3. 城乡连锁商业

随着农村经济的发展和农村居民消费结构的升级，城市工业品下乡的规模和品种日益增加，城乡连锁商业在城乡贸易中的作用越来越明显。其中，以连锁经营为主要经营形式的大型零售企业是城乡连锁商业的主体，农村地区出现的超市、便利店、专卖店等新兴的零售业态，大都采用以连锁经营为主体的现代流通方式。连锁经营已从最初的食品、日用百货、家用电器、餐饮等向服装、饮品、家具建材、装修、药品、专业服务、玩具、办公用品、通讯等更广阔的行业、领域发展。不少零售企业通过特许经营发展加盟店和开设直营店来开拓农村零售网络，而批发企业则通过组织自由连锁的形式建立农村零售网络。近年来，我国推行的"万村千乡市场工程"、"双百市场工程"、"农超对接"、"新农村现代流通网络建设工程"和农资流通体系试点等工作，有效推动了农村日用工业品、农资和农产品物流配送体系建设，促进了城乡贸易的发展。

---

① ②林文益等：《贸易经济学》，中国财政经济出版社1995年版。
② 郑惊鸿：《我国农产品批发市场全面提升》，载于《农民日报》2007年9月6日，第3版。

4. 城乡农产品流通系统

农产品贸易是城乡贸易的重要内容，农产品向城市市场的流通有赖于农产品流通系统。随着市场经济发展和专业分工的深化，城市的农产品供应已由过去以郊区供应为主转变为面向全国供应。我国农产品生产组织化程度低，农产品流通规模大、流通半径较长，大型农产品批发市场在城乡农产品流通系统中发挥着重要的作用。城市农产品批发企业和零售企业在城乡农产品流通系统中发挥着主导作用，而农村流通主体由于实力分散、规模小，在城乡农产品贸易中的作用相对较小。城市农产品批发企业和零售企业通过多种模式建立农产品流通网络，比较常见的有"流通企业＋农产品加工企业＋农户"、"流通企业＋专业合作社＋农户"等。"流通企业＋农产品加工企业＋农户"模式是指，流通企业（如超市）将农产品加工企业作为其供应商，将经农产品加工企业加工的农产品纳入其销售系统，而农产品加工企业则与生产农户建立稳固的购销业务。"流通企业＋专业合作社＋农户"模式是指，通过专业合作社将分散的农户组织起来，以合作组织的形式进入流通企业的购销系统。这种模式不仅适合农产品的销售，还适用农业生产资料的销售。

（三）商圈理论及应用

对于处于一定空间范围内的贸易企业来说，要想使自身在激烈的市场竞争中求得生存与发展，必须首先确定自身的目标市场，而要确定目标市场，必须科学测定自己的商圈范围。对于政府管理部门来说，在制定本地区商业发展规划时，也要对管辖区域内的商圈作出科学的测定，以便对商业发展作出科学布局，满足居民的消费需求。

1. 商圈的概念及分类

目前，"商圈"一词仍缺乏权威的界定，比较通俗的定义是，商圈也称"商势圈"或"购买圈"，它是指贸易企业市场活动的空间范围，即贸易企业吸引顾客所及的空间范围或区域。美国市场营销协会（AMA）对商圈的定义是"经营某种产品或服务的某家或某类企业的顾客分布的地理区域"。日本学者井铁卫认为"所谓商圈，就是现代市场中企业市场活动的空间范围，并且是一种直接和间接地与消费者空间范围相重叠的空间范围"。我国学者齐晓斋（2007）认为"商圈是零售企业的经营活动空间和顾客的消费行为空间直接或间接重叠创造出的一种动态空间范围"。综合以上观点，理解商圈的概念应把握以下要点：

（1）商圈反映贸易企业吸引顾客的最大的空间范围。

商圈是贸易企业市场势力的空间范围，反映了贸易企业吸引目标顾客的最大边界。在商圈范围内，贸易企业对潜在顾客产生吸引力，向顾客提供各种商品和劳务。这个空间范围受多种因素的影响，贸易企业的集聚有利于扩大单个企业商圈的空间范围。

（2）商圈反映贸易企业的目标顾客空间地理分布。

商圈不仅反映贸易企业市场实力的空间范围，还反映了目标顾客在区域内部的分布情况。贸易企业的目标顾客不是均匀地分布在商圈内的，目标顾客的密度与距离成反比，离企业越远，其目标顾客的密度越小。

（3）贸易企业的商圈存在动态重叠性。

贸易企业的商圈存在动态重叠性,这种重叠性不仅表现在不同贸易企业间的动态重叠,还表现在贸易企业经营活动空间与顾客消费行为空间的动态重叠。不同贸易企业商圈的空间范围存在地域重叠性,重叠区内的居民分布着不同贸易企业的目标顾客。贸易企业商圈辐射力的变化和居民消费行为的变化将使重叠区域范围发生动态变化。如一些零售企业提供免费班车接送,就会使其商圈范围扩大。

从不同的角度看,可以将商圈分为不同的类型:

一方面,按照贸易企业类型分类,有批发商圈、零售商圈等。批发商圈指的是某个批发企业所具有的市场空间范围。批发商的顾客分布较广,属于区域性商圈。零售商圈是指某个零售企业的市场空间范围。零售商的顾客相对集中,商圈一般比批发商圈小,并具有比较明显的层次性特征。

另一方面,按照商圈的影响范围和顾客的分布特征来看,可以将商圈划分为:①核心商圈,或称主要商圈、基本商圈,是指最接近商店并拥有高密度顾客群且顾客光顾很方便的区域。一般而言,核心商圈能吸引整个商圈50%~70%的顾客。②次级商圈,或称次要商圈,位于主要商圈之外的邻近区域,顾客光顾率较低,一般有15%~25%的顾客来自次级商圈。③边际商圈,或称边缘商圈,位于次要商圈之外围,属于较远辐射区域,在此商圈内顾客购物比率更低,且非常分散。

贸易企业实际的商圈范围与理论上计算的商圈范围有一定的差别。理论上的商圈范围是在一定的假设条件下用数学模型计算出来的,一般为圆形或椭圆形商圈。但在现实的地理环境和市场竞争条件下,顾客的消费行为空间受到多种因素的影响,如道路隔离栏、河流、竞争店等,贸易企业的实际商圈往往呈现不规则的区域空间特征。

2. 商圈理论体系与模型

自20世纪30年代以来,有关商圈理论的研究逐渐形成了理论体系和模型。其中主要概括为三个方面:商圈形态理论(生态学派)、商圈等级体系理论(中心地理论)及商圈定量测评与比较理论(社会物理学派)。[①] 其主要演变过程如图8-1所示。

伯吉斯同心圆	霍伊特扇形	哈里斯、乌尔曼多核心	墨菲、万斯CBD界定	德雷斯曼零售种群	司格特的租金与商店类型	
1923年	1939年	1945年	1954年	1968年	1970年	时间
霍林特模型、赖利法则		康维斯断裂点公式		潜力、引力模式	计量应用	商圈对比
1929~1931年		1949年		20世纪50~60年代		20世纪80年代	时间
克氏中心地理论	廖什中心地	贝利、加里森修正		斯坦恩周期性市场	万斯分离模式	商圈与商圈体系
1933年	1940年	20世纪50年代末		1964年	1970年	20世纪80年代	时间

图8-1 传统商业地理三派发展演化表[②]

商圈形态理论运用达尔文进化论和古典经济理论说明家庭收入、教育水平、种族等对

---

① 齐晓斋:《城市商圈发展概论》,上海科学技术文献出版社2007年版,第15页。
② 桑义明、肖玲:《商业地理研究的理论与方法回顾》,载于《人文地理》2003年版第6期。

商业区及商圈形态的影响，该理论主要包括以下几种学说①：①伯吉斯（E. W. Burgess）1923年创立了同心圆理论，认为商业集中于市中心，形成中心商业区（CBD），外围是通勤区和居住区。②霍伊特（Homer Hoyt）1939年提出扇形学说，认为商业区、不同阶层居住区沿交通线从CBD向四周放射发展。③哈里斯（Harris）和乌尔曼（E. L. ullman）在1945年提出了多核心学说，除CBD外，还有其他商业中心存在。

城市商圈等级体系理论依据中心地理论发展起来，主要用于分析商圈发展的区位选择、商业规模和布局等问题，该理论主要包括以下几种学说②：①克里斯泰勒（W. Christaller）1933年提出中心地理论，首创以城市聚落为中心进行市场面与网络分析的理论，用简单的模式说明不同等级中心地的空间分布和组合规律。该理论认为，城市是其腹地的服务中心，根据所提供服务的不同档次，各城市之间形成一个有规则的等级均匀分布系。②廖什（Losch）1940年提出市场区位论，创立了服从最大限度利润、以市场为中心的区位论和作为市场体系的经济景观。该理论认为，市场范围的排列网络中必定有一个大城市，其周边则环绕着一系列市场区和竞争点。③贝克曼（Beckmann）在克里斯泰勒的中心地等级框架的基础上，提出中心地人口规模模型。后来不断有方法对该模型进行修正。④市场地理学与商店区位研究。市场地理学关注能够帮助经营者作出决策的理论，特别是在商店区位选择中分析商店的区位选择过程包括的相互依赖的决策。经过学者们的努力，该理论基本形成了自身的方法体系和技术手段。

城市商圈定量测评模型包括威廉·雷利（William J. Reilly）的零售引力法则、康维斯（P. d. Converse, 1949）的"断裂点理论"、赫夫（D. L. Huff）顾客吸引力模型、哈佛商学院（80年代）的饱和指数模型。下面，对雷利零售引力法则、断裂点理论、商圈饱和指数模型作简单的介绍。

（1）雷利零售引力法则。美国学者威廉·雷利（William J. Reilly）从1929年开始，用3年时间调查了美国150个以上的都市，于1931年发表了他的"零售引力法则"。雷利提出，一个城市从其附近城镇吸引到的零售顾客数量与该城市的人口规模成正比，与两地间距离平方成反比。若沿着主交通道路有 O_1、O_2 两个城镇，其中间地带有 O 城镇，居住在 O 城镇的消费者会在 O_1、O_2 两个城镇间选择购物。雷利法则就要研究多少消费者从 O 城镇流向 O_1 城镇，多少消费者从 O 城镇流向 O_2 城镇。假设：每一城镇规模大小由居民人口数衡量，Q_1、Q_2 分别代表 O_1 城镇和 O_2 城镇的人口数量；各地具有相同的价格水平；O 城镇到 O_1 城镇、O_2 城镇间的交通条件相同，d_1、d_2 分别为 O 城镇到 O_1 城镇和 O_2 城镇之间的距离；（4）各地提供的商品在质量、服务、促销策略等方面无差异。雷利零售引力法则可表述为：

$$F_1/F_2 = Q_1 \cdot d_2^2 / Q_2 \cdot d_1^2$$

其中：F_1、F_2 分别为 O 城镇流向 O_1 城镇和 O_2 城镇的消费者数量。

从上式可以看出，城市规模越大、人口越多，对顾客购买的吸引力就越大，就会从附近城镇吸引更多的消费者。这一方法可用于城乡之间商圈分析，也可以应用到同一城市的

---

① ② 齐晓斋：《城市商圈发展概论》，上海科学技术文献出版社2007年版。

不同商业区之间进行商圈分析。

(2) 康维斯（P. d. Converse）的"断裂点理论"。

康维斯依据雷利法则，进一步研究两个城市（或社区）的商圈范围，改进形成"断裂点理论"。该模型可表述为：

$$d = \frac{D}{1 + \sqrt{P_1/P_2}}$$

d 为小商业中心到商圈分界点的距离；D 为两贸易中心距离；P_1 和 P_2 分别为大、小商业中心人口数。商圈分界点亦通过各商圈交叠得出。

(3) 商圈饱和指数模型。

哈佛商学院（1980年代）在实践中创立了商圈饱和指数模型。该模型通过计算零售商业市场的饱和系数，测定特定商圈内某类商品销售的饱和程度，这对于零售商业的选址及其基建规模的决策有着重要意义。

零售商业市场饱和系数（IRS）根据以下公式进行测定。

$$IRS = \frac{C \times RE}{RF}$$

式中：C 为某地区购买某类商品的潜在顾客人数；RE 为某地区每一顾客平均购买额；RF 为某地区经营同类商品的商店营业面积。

一般而言，当 IRS 呈现高值时，表明该市场尚未饱和，这类产品的竞争程度还不够激烈，市场潜力很大。当 IRS 呈现低值时，表明该市场已经饱和，新的零售发展商不宜再进入此市场发展零售业。该模型主要应用于商圈内的竞争分析，在实际应用时应综合考虑商圈内现有商店的数量、现有商店的规模分布、所有商店的优势与劣势、短期和长期变动等因素，分析目前该商圈内商店的竞争情况。同时，需要对商圈实地调查，使计算结果更符合实际，增强对实践的指导意义。

3. 商圈理论的运用

商圈理论对于研究商业零售企业，特别是研究企业销售辐射范围是一种有效的工具，在商业发展规划的制定、零售企业的选址等方面有重要的实际运用价值。在测定商圈时，应将模型计算和实际调查结合起来才能得出科学的结论。对于已建的商店，可以采用抽样调查的方法，掌握企业顾客的来源地，根据固定消费的地址分析核心商圈、次级商圈和边际商圈的分布。对于新建商店，在运用相应的模型进行测算的基础上还应重点分析以下因素：

(1) 商圈的人口规模、结构和特点。家庭和人口作为一个地区显性与潜在购买力的承担者是非常重要的。商圈内人口规模、可支配收入、年龄分布、人群特征、生活习惯、消费水平，以及流动人口数量与构成等，决定企业的选址和规模大小。

(2) 区域产业结构、交通条件。一个企业所处区域是工业区还是农业区，是城市还是郊区，对于其商圈的形成有着重要影响。交通条件影响顾客的交通费用、方便程度，对于商圈的形成有十分重要的意义。交通条件包括是否有公交车、地铁停车站；是否有停车场等。在农村则主要应考虑公路和铁路车站等。

(3) 区域商业氛围、文化背景。区域商业氛围反映在零售企业的集聚程度上。零售企业的聚集可分为异种零售业的聚集、有竞争关系的零售业的聚集、有补充关系的零售业的聚集、零售业与饮食业、服务业、娱乐业，以及邮电、银行业的聚集等。地域文化对商圈有持久的影响力，对商圈的形成有重要作用。

（4）区域发展规划和定位。商圈形成受到区域整体规划的制约。如果企业选址位于区域商业中心，其商圈范围大，如果企业选址在社区，则商圈范围就小。区域发展定位决定商业发展规模和结构，进而影响商圈的形成。

第二节 区域市场与区际贸易

我国幅员辽阔，区域经济发展不平衡，存在不同层次的区域市场。讨论区域贸易要区分不同含义的区域概念，即行政区域和经济区域。行政区域是国家根据政权管理的需要，按一定层级划分的地理区域。而经济区域是由经济因素而形成的具有经济特色的地理区域。按经济区域划分的市场相对稳定，因为它是在经济规律作用下不断演化的结果，而按行政区域划分的市场则容易变动。

一、区域市场

20世纪30年代，德国地理学家W. 克里斯塔勒是最早对区域市场探索的学者，他提出著名的中心地理论，认为任何产品和劳务必定有一定的范围，这个范围称之为市场区。目前，学术界对区域市场的概念仍尚未达成共识，不同的学者对区域市场的定义超过10种以上。相对而言，张可云（1994）认为区域市场是根据经济同质性或内聚性而识别的一级综合经济区内的各种货物、劳务、有价证券等的供需与交易关系及交易场所。可以根据不同的标准对区域市场进行分类，如根据交易对象的不同可以将区域市场分为区域商品市场和要素市场，区域商品市场可进一步分为区域农产品市场、工业消费品市场和生产资料市场等；根据区域分工不同可以将区域市场分为产地市场、销地市场和集散地市场。

（一）区域市场的特征

1. 地域分工是区域市场形成的先决条件

区域市场是区域分工的结果，是社会化大生产的必然产物。社会化大生产促进区域分工，产生了生产地域专业化，促进区域市场的发育，区域市场的发育又进一步推动分工的深化。自然要素和非自然要素的空间分布影响地域分工，地域分工影响地域市场特点，地域市场特点决定区域市场的形成。无论自然要素还是非自然要素的地域差别都只是地域分工及区域市场产生的外在条件。劳动的地域分工及区域市场的产生归根到底是人类经济活动在地域空间长期分化的结果,是由经济过程的内在机制所决定的。①

2. 区域市场具有层次性

这种层次性表现在两个方面,一方面指区域市场间存在梯次结构,另一方面指区域市场内部存在梯次结构。从表8-1可以看出,我国东、中、西部及东北地区城镇居民消费水平存在明显的差异性,东部地区城镇居民人均消费支出处于相对较高水平。从图8-2可以看出,2009年我国大陆31个省市自治区人均GDP存在较大的差距,反映我国区域市场存在层次性。图中前六位是东部地区的上海、北京、天津、江苏、浙江、广东,后五位是西部地区的广西、西藏、云南、甘肃、贵州。我国区域综合实力最强的长三角地区,区域内部城市的层次性比较明显。该区域内有16个城市,其中上海是区域核心城市,南京、苏州、无锡、杭州、宁波等特大城市属于区域内第二层次,而其他城市则属于第三、第四层次。

表8-1　　　　2009年东、中、西部及东北地区城镇居民家庭基本情况　　　　单位:元

项　目	东部地区	中部地区	西部地区	东北地区
平均每人消费性支出	14 619.75	10 031.06	10 641.98	11 128.90
食品	5 173.23	3 773.72	4 110.95	4 024.89
衣着	1 349.14	1 170.09	1 235.79	1 378.41
居住	1 433.64	1 077.95	988.98	1 231.01
家庭设备用品及服务	939.34	698.62	688.69	573.46
医疗保健	929.81	753.09	739.64	1 029.41
交通通信	2 315.21	1 068.86	1 317.97	1 265.86
教育文化娱乐服务	1 903.43	1 140.37	1 163.64	1 118.99
杂项商品与服务	575.95	348.36	396.32	506.87

数据来源:2010年《中国统计年鉴》。

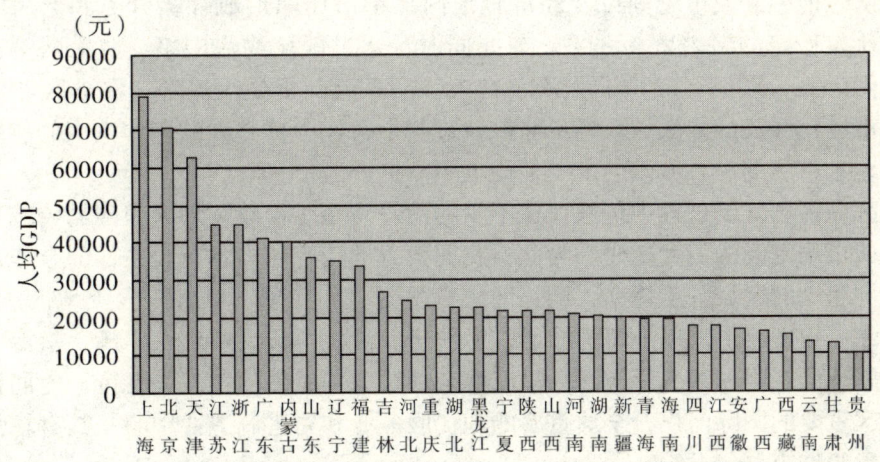

图8-2　2009我国大陆31个省市自治区人均GDP柱状图

数据来源:2010年《中国统计年鉴》。

---

① 卢彦:《区域市场:理论与中国的实践》,载于《北京商学院学报》1994年第1期。

3. 区域市场处于动态变化中

从区域市场的变化趋势来看,其空间边界是随着区域经济或区际经济的发展而处于动态变化之中的,区域市场的范围会随着经济发展发生变动。区域市场发展过程中,随着区际商品和要素的流动,区域之间的边界变得越来越模糊。区域整合已成为区域经济的重要现象和区域经济竞争的重要形式,如长三角从原来的 15 个城市到 "15 + 1",再到泛长三角的空间拓展,反映了区域市场动态变化的特点。

(二) 区域市场的构成

区域市场是以区域分工为基础形成的市场空间形态。区域市场既包括有形的交易场所,也包括无形的交易关系,既包括农产品市场、工业品市场等商品市场,也包括金融市场、劳动力市场等要素市场。对于区域市场的构成,不同的学者有不同的观点,如曾坤生(1998)认为区域市场由区域内的城市、区域市场所依托的经济腹地或地理单元、区域市场的内在通道、区域市场的外部联系四个部分构成,林文益(1994)认为区域市场有市场中心、市场区域和市场网络三要素组成。尽管不同的专家对市场构成的看法不尽相同,但基本观点是一致的,即区域市场是非均质的,由核心区、腹地和市场网络组成。区域市场发展过程中,市场核心区一般由区域市场的中心城市承担。中心城市对周边地区产生极化效应和扩散效应,中心城市的集聚力和辐射力越强,区域市场的经济腹地就越广。区域市场的经济腹地由众多小的区域市场构成,小的区域市场也有相应的中心城市,是小区域市场的交换中心。这些小区域市场通过横向和纵向联系,构成区域市场网络。市场网络把市场核心区和经济腹地,以及经济腹地内部小区域市场之间联结成有机的整体。区域市场核心区和经济腹地小区域市场间以及经济腹地内部小市场间形成社会分工和商品的供求关系,构成比较稳定的区内贸易关系。与此同时,通过区域物流网络、金融网络、交通网络、通讯网络等,形成区域内的人流、物流、信息流、资金流循环,促进区域市场的发展。区域市场是开放的,区域市场不断扩展过程中,作为核心区的中心城市的能级不断提升,其腹地小市场的中心城镇的市场地位也不断提升。

我国区域市场发展过程中仍然存在不少的障碍,而以行政区划为基础的传统行政体制是制约区域市场发展的最大障碍。为此,我国大力推动区域内各行政主体的合作,形成以市场机制为基础的区域分工体系,增强区域竞争力。如我国《长江三角洲地区区域规划》提出,长江三角洲将形成以上海为核心,沿沪宁和沪杭甬线、沿江、沿湾、沿海、沿宁湖杭线、沿湖、沿东陇海线、沿运河、沿温丽金衢线为发展带的"一核九带"空间格局,成为亚太地区重要的国际门户、全球重要的现代服务业和先进制造业中心、具有较强国际竞争力的世界级城市群。

二、区际贸易

区际贸易不仅指跨越不同行政区域的贸易,也指跨越不同经济区域的贸易。我国幅员辽阔，区际贸易量巨大，区际贸易原因也很复杂。

（一）区际贸易的原因

1. 要素禀赋的差异

由于区域间要素禀赋存在差异，需要通过区际贸易来互通有无。按照俄林（Bertil Ohlin）的观点，区际贸易的根本原因是地区间存在相对的商品和生产要素价格上的差异，且它们之间会相互影响各自的需求，最终由需求和供给的关系来决定价格体系和贸易。一国的森林、矿产等自然资源分布不均匀，每个地方都有自己的特色产品，但并非每个地方都能生产当地所需要的一切产品，需要从其他地区输入当地缺乏的产品，从本地输出特色产品。除了自然资源差异外，各地的人口、资本、技术等要素资源分布也不均匀，各地都有具有比较优势的产品，与其他地区开展互利贸易活动。

2. 地区间社会分工

随着商品经济的发展，各地市场主体通过利益比较，选择对自己有利的社会分工，形成地区间社会分工关系。分工不同的地区间相互依赖，互相联系，形成稳定的商品供求关系，促进区际贸易的发展。区际分工使参与区际贸易的地区实现报酬递增，产生自我强化效应，进一步拓展地区间社会分工的深度和广度。在此基础上，贸易地区将参与到更广泛的社会分工范围，贸易范围将从区际贸易向国际贸易拓展。

3. 市场扩张的需要

从供给角度看，企业规模的扩张使得生产不能以当地市场为限，必须到外地寻求产品需求者和原材料等生产要素的供应者。从需求角度看，随着居民收入水平和购买力的提高，消费需求趋向多样化和高级化，对商品的品种结构和档次结构提出新要求。本地供给不能满足这种消费需求，需要从外地输入，促进区际贸易的发展。区际贸易主要由资金实力强规模大的生产企业和批发商来完成。

4. 区域协调发展的需要

由于自然、地理、历史等原因，一国区域间经济发展是不平衡的，这种不平衡可以通过区域贸易加以改善。区际贸易有利于促进提高劳动生产率，加快落后地区资本积累，促进发达地区技术向落后地区扩散，改进落后地区生产函数。贸易的过程也是知识、文化交流的过程，并在此过程中实现区域经济均衡发展。

（二）区际贸易的类型

区际贸易和国际贸易的基本原理是一致的，为此可以从产业间贸易、产业内贸易和产品内贸易等理论划分区际贸易的类型。

1. 区际产业间贸易

产业间贸易是指区域间同一产业产品基本上是单向流动的。由贸易区域的自然条件和自然资源差异会导致这种贸易形式。如矿产原料产地与销地间的贸易活动，农业地区与工业地区的贸易活动。

2. 区际产业内贸易

产业内贸易是指由不同区域间同类产品相互交换的贸易现象。发生这种区际贸易的区域往往具有相近的经济发展水平,虽然生产同类产品,但产品的品牌、品质和价格等方面存在差异,区际贸易能够在获取规模经济的同时,满足不同偏好消费者的需要。

3. 区际产品内贸易

产品内贸易是指生产产品的中间投入的贸易。通常由行业内的龙头企业处于价值链主导地位,价值链上其他地区的企业为其提供原料、零部件、半成品或某些加工环节,产品的设计、核心部件、关键工艺和营销环节由主导企业所在地区完成。

对一个区域来说多种贸易类型并存,但总体看,区际贸易存在着梯度趋势,一般经济发达地区工业制成品、精加工品流向经济发展中等水平地区,再向经济落后地区;而落后地区的工业原材料、粗加工品流向经济发展中等水平地区,再向经济发达地区。

(三)区际贸易的影响因素

区际贸易的增长和扩展,受到多种因素的制约,最根本的是地区间社会分工的深入和各地商品经济的发展,还受到批发商的实力、交通运输条件、区域产业政策等因素的影响。① 一个地区购买力越高,越有雄厚的资金参与到区际购销活动,到远方去采购和进货。区际贸易一般由经营规模较大的制造商和批发商来组织,批发商的实力大小影响区际贸易的规模。交通运输的发达程度影响区际贸易的发展规模,发达的交通运输促进区际贸易的发展,落后的交通运输阻碍区际贸易的发展。区域产业政策如果服从社会分工原则,促进各地发展适应市场需要的优势产业,就会促进区际贸易的发展;如果违背社会分工的原则,无条件地建立独立的生产体系,造成各地产业结构雷同,就会阻碍区际贸易发展。

一般而言,在开放程度不高的国家,区域内各地区及区域间往往存在经济、行政等交易障碍。在区际贸易发展中,地方政府的作用显得十分重要。我国有些地区仍存在地方保护主义的现象。所谓地方保护主义,是指在市场发展中地方政权或割据势力从当地的经济利益和财政利益出发,对当地的市场和地区外的贸易往来进行不应有的干预。例如,直接地干预禁止,暂停或限制输入或输出,或间接地干预,通过税费、价格、信贷或其他手段来封锁、分割市场,造成贸易壁垒。地方保护主义阻碍了区际贸易的发展,阻碍市场的正常发育和国内统一市场的形成,不利于企业竞争力的培育和产业结构的调整,损害消费者利益,不利于资源的优化配置,影响经济可持续发展。因此,应努力消除地区间各种贸易壁垒,为市场主体创造统一、开放、竞争、有序的市场,确保贸易自由、等价交换和公平竞争原则能够在区际贸易中正确地和顺利地贯彻。地区产业政策要服从社会分工原则,因地制宜,发展适应市场需要的优势产业,因而能在分工基础上发展地区间贸易,提升产业

---

① 林文益等:《贸易经济学》,中国财政经济出版社 1995 年版,第 391 页。

竞争力,实现经济可持续发展。

第三节 世界市场与国际贸易

一、世界市场

（一）世界市场的形成

世界市场是世界范围商品交换关系的总和。早期的世界市场同早期国内市场一样是一个地理概念,是世界商品交换的场所。古代早期的世界市场是指欧洲大陆的意大利北部热那亚、威尼斯等商业城市。在16世纪,由于地理上的伟大发现,即古巴、海地、巴哈马群岛特别是北美大陆的发现,商业突然扩大,又形成新的世界市场,原来的商业城市失去了自己的作用,地处大西洋沿岸的葡萄牙、尼德兰、荷兰和英国在世界贸易中起到主要作用,成了新的世界市场所在地。① 世界市场萌芽于16世纪,初步形成于18世纪下半叶,成熟于20世纪70年代以后。产业革命推动了世界市场的发展,但一直到19世纪中叶,世界市场上还只有英国处于支配地位。到19世纪末20世纪初,资本主义进入垄断时期,才形成统一的世界市场。进入20世纪70年代,世界市场进入成熟阶段。世界市场形成的标志有以下几个方面。

（1）世界市场价格的形成。到20世纪初,统一的世界市场已经形成,世界上已没有什么国家和地区可以脱离世界市场去进行经济活动了。19世纪末、20世纪初,形成了一批世界性的国际贸易中心,集聚大批进出口贸易组织,而且有商品交易所、展览中心、博览会等市场组织,使世界各地的客商及产品汇集到一起。这些城市进行有世界影响的、集中的大宗买卖,广泛联系着世界各主要生产国和消费国的主要城市,使世界各地的同类产品的价格有趋于一致的倾向,形成了许多产品的世界市场行情。

（2）世界贸易制度的形成。国际贸易的有序进行依赖于世界贸易制度,包括正式规则和非正式规则的形成。维护现代世界市场运行的三大支柱是世界贸易组织、国际货币基金组织和世界银行。1944年7月,在美国的提议下召开了联合国货币与金融会议,成立了国际货币基金组织,通过了《国际复兴开发银行协定》,1945年12月,28个国家政府的代表签署了这一协定,并宣布国际复兴开发银行正式成立。1946年2月,联合国成立了筹备委员会,着手筹建国际贸易组织。1994年4月15日"乌拉圭回合"参加方在摩洛哥马拉哈什通过了《建立世界贸易组织的协定》。1995年1月1日世界贸易组织正式运行。通过

---

① 王海英:《对现代世界市场发展趋势的探讨》,载于《学术交流》2003年第3期。

长期的实践，在世界市场上已经形成了一整套有利于各国贸易往来的规则和惯例，规范和约束着世界市场上各国企业的贸易行为。

（3）世界货币的形成。世界市场的形成与世界货币的形成是紧密联系在一起的，世界范围的商品交换活动需要在世界各国都能通用的、担任一般等价物的商品。早期的世界货币是黄金和白银并用，是一种复本位制。1816年英国过渡到单一的金本位制，促使黄金转化为世界货币。19世纪70年代以后欧美各国和日本等国相继仿效，到20世纪初，世界上大多数国家都实行了金本位制。第一次世界大战爆发后，各国为了筹集庞大的军费，纷纷发行不兑现的纸币，禁止黄金自由输出，导致金本位制的崩溃。第一次世界大战以后，除美国以外，其他大多数国家只能实行没有金币流通的金本位制，这就是金块本位制和金汇兑本位制。这两种货币制度到70年代基本消失。第二次世界大战后，建立了以美元为中心的国际货币体系，这实际上是一种金汇兑本位制。但是，其后由于1971年12月与1973年2月美国政府被迫两次宣布美元贬值，资本主义各国纷纷采用浮动汇率，以美元为中心的资本主义世界国际货币体系终于瓦解。资本主义世界逐渐形成美国、西欧、日本三个中心。国际金融危机的爆发充分暴露了美元霸权下国际货币体系存在的严重风险，国际货币体系多元化的趋势日益明显。

（二）世界市场的分类和国际贸易中心

根据不同的标准，可以把世界市场划分为不同的类型。如果以经济发展水平为标准，可以把世界市场划分为发达国家市场和发展中国家市场。如果以参加国（或地区）的地理分布为标准，则可以划分为欧洲市场、北美市场、亚洲市场、拉美市场、非洲市场等。还可以将世界市场划分得更细一些，如西欧市场、中东市场、东南亚市场等，或按国别（或地区）划为美国市场、日本市场、德国市场等。如果按交易对象划分，世界市场可以划分为商品市场、货币市场、技术市场等，还可以按商品大类划分为纺织品市场，粮油市场、机械市场、化工市场等。比较常见的是按照地理位置、国别（地区）、产品种类划分世界市场。

在世界市场的交易活动中，国际贸易中心扮演了重要角色。所谓国际贸易中心是集结着国际商品和国际贸易机构的大城市，它通常是交易便利的港口、或者铁路枢纽城市。工业革命后，伦敦、纽约、鹿特丹等城市等纷纷崛起，成为近代意义上的国际贸易中心。第二次世界大战之后，东京、香港、新加坡等城市又陆续成为国际贸易中心。随着经济发展，国际贸易中心的内涵和特质也发生了变化。工业经济主导下的国际贸易中心与服务经济主导下的国际贸易中心在贸易标的、贸易主体、功能设施等方面都存在以下本质的区别：[①] ①前者以最终品货物为主要贸易标的、以货物批发和代理企业为主要贸易主体、以货物集散为主要功能、以实体贸易网络和空间载体为主要运作方式和平台。②而后者的贸易标的则是最终品货物、中间品货物、服务贸易和知识产品的综合；贸易主体则以跨国采购商、跨国网络经营商、国际品牌商、跨国发包接包商为主，其他贸易主体共同参与的多

---

① 程大中：《国际贸易中心的历史演变及其对上海的启示》，载于《世界经济情况》2009年第7期。

元化竞争格局；运作方式和平台则是实体贸易网络和以科技为支撑的虚拟贸易网络相结合、陆海空港和信息港相集成。

二、国际贸易

（一）国际贸易的含义及分类

国际贸易是指世界各国（地区）之间所进行的商品和劳务的交换活动。国际贸易按国内贸易的内容划分可分为商品（货物）贸易和服务贸易。国际货物贸易包括10大类，67章，262组，1 023个分组，2 970个基本项目。国际服务贸易指一国的服务提供者通过商业现场或自然人的商业现场向他国消费者提供服务并获得外汇收入的过程。服务贸易包括过境交付、境外消费、商业存在、自然人流动四种形式。

国际贸易分类按分工水平划分可分为水平贸易（Horizontal Trade）和垂直贸易（Vertical Trade）。水平贸易是指经济发展水平比较接近的国家之间开展的贸易活动。如发达国家之间展开的贸易或者发展中国家之间所展开的贸易活动。垂直贸易是指经济发展水平不同国家间开展的贸易活动。如发达国家与发展中国家间进行的贸易大多属于这种类型。

国际贸易按结算关系可分为双边贸易和多边贸易。双边贸易各以一方为出口，而以另一方为进口。多边贸易是指三个或三个以上的国家，为求相互间的收支在整体上获得平衡，通过协议在多边结算的基础上所进行的贸易。

（二）国际贸易与国内贸易的差异

国际贸易是在国内贸易发展的基础上发展起来的，与国内贸易有许多一致，如都以社会分工为基础、都受商品经济客观规律支配等，但也有较大的差异，主要表现在以下几个方面。

1. 货币结算不同

国内贸易的交换在一国内部进行，以本国通行的货币为结算手段。国际贸易是在不同国家间进行的贸易活动，结算手段是各国都能接纳的硬通货即世界货币。这就涉及不同国家货币的兑换关系，存在汇率结算风险。外汇的升值或贬值直接影响贸易收益和成本，造成贸易企业的盈利或亏损。而且汇率的变动，比国内贸易中币值变动的影响因素更加复杂。因此，国际贸易的货币结算比国内贸易复杂得多。

2. 贸易环节多

国际贸易涉及两个国家以上贸易主体的交换活动，经过两个国家的出口商、进口商及进口国家的代理商、批发商、零售商等诸多环节，还要通过海关、商检等环节，路线、时间都比国内贸易长。由于贸易环节多，国际贸易中的交易风险、价格风险、运输风险比国内贸易大。

3. 各国贸易政策多变

在当代世界市场中，一个国家特别是重要贸易国贸易政策的变动，往往会对世界各国的对外贸易产生连锁反应，对国际贸易带来即期或长远影响。2008年金融危机以来，为救助陷入困境的金融部门和企业，刺激经济恢复和发展，各国政府采取了多种经济政策，其中就包含了贸易保护措施。

4. 易受非经济因素的影响

国际贸易不是在一国内部进行，而是在各国之间进行，不仅市场空间更广阔，而且各国的差异很大。国际贸易受到政治、法律、社会、文化等非经济因素的影响比国内贸易大。在政治方面，各国实行不同的体制，政局的稳定性也不同。在法律方面，不同国家贸易法律法规存在差异甚至冲突。在社会方面，各国的风土人情、社会背景、消费习惯各不相同，差异很大。在文化方面，各国的文化背景不同，语言、文字等不统一。国际贸易受到以上非经济因素的影响比国内贸易大。

（三）国际贸易格局

当代国际贸易格局中，发达国家仍然占据国际贸易主导权，发达国家货物出口占据世界货物出口70%以上的份额和服务贸易90%以上的份额，其中美国、欧盟和日本是当今世界贸易的三大中心，其贸易额约占世界贸易总额的一半以上。发达国家通过开展区域贸易合作和控制多边贸易体制来主宰国际贸易秩序，并在国际交换中获得了大部分贸易利益。据世界贸易组织报告显示，2007年，在北美、欧洲以及亚洲的区域间贸易仅占世界交易量的22.3%，而这三个地区内部贸易量则占了世界商品贸易全部份额的52.1%，其中欧洲的区域内贸易为31.2%，亚洲次之为13.9%，北美再次之为7.0%。① 尽管如此，从发展趋势看，发展中国家在经济全球化中心作用将不断提升。随着发展中国家企业竞争力的增强，必然向国外拓展市场和对外直接投资，经济全球化步伐不可阻挡。近年来，新兴市场国家即中国、印度、俄罗斯、巴西等国进出口贸易增长较快，对国际贸易增长的贡献率上升，如2009年中国在出口规模上超过德国跃居全球第一。2010年1月1日，中国与东盟间的"自由贸易协定"正式生效，多种商品互免关税，这是世界上人口最多的自由贸易区，也是发展中国家最大的自由贸易区。该自由贸易区的建立将促进区域市场的发展，提升亚洲经济竞争力。

【本章案例】

城乡商贸流通载体的构建

近年来，我国大力推进城乡商贸流通载体建设，通过"万村千乡市场工程"、"农超对接"等加快构建城乡商贸流通载体。2005年2月，商务部启动以重新构建农村流通体

---

① 张永丽、杨琨：《电子支付方式对区域贸易发展影响研究》，载于《甘肃社会科学》2010年第3期。

系为目标的"万村千乡市场工程",通过安排财政资金,鼓励城市连锁店和超市等流通企业向农村延伸发展"农家店",构建农村流通网络。2006年,商务部启动"双百市场工程",支持100家大型农产品批发市场和100家大型农产品流通企业,构建与国际市场接轨的农产品现代流通体系。同年6月,供销合作总社启动"农村现代流通服务网络工程",重点构建农业生产资料经营服务、农副产品市场购销、日用消费品现代经营、再生资源回收利用四大网络。2011年2月,商务部、农业部联合发布《关于全面推进农超对接工作的指导意见》,旨在通过推进农超对接,打造安全、高效的流通链条和舒适便捷的消费环境,使超市成为城市居民购买农产品的主要场所之一。这些措施极大地促进了农村流通网络的发展,改善了农村消费环境和消费质量,促进了城乡商品的流通。商务部的一系列措施有力地推动了我国农村流通网络的建设。

2006年2月28日至3月1日,商务部在江苏扬州召开全国"万村千乡市场工程"现场会,会上推广苏果超市等典型企业的先进经验。苏果自成立初就开始致力于开拓农村市场,1998年4月在江苏溧水县开出了第一家农村连锁店,率先将连锁经营形式运用于农村商业。苏果超市60%的网点开设在县及县以下农村,50%的销售来自农村市场。在商务部开展"万村千乡市场工程"后,加快了进军乡镇和村级市场的步伐,受到农民的普遍欢迎。杭州华辰超市作为商务部确立的"万村千乡"市场工程承办企业,也在服务农村市场的过程中实现了快速发展。作为富阳千万工程典型代表之一的杭州华辰超市,发挥供销社系统的优势,加快连锁网络发展,至2008年已拥有连锁门店300多家,实现行政村全覆盖。杭州华辰超市十分重视物流配送服务,加强物流配送中心建设,其门店配送率达100%。

杭州旺财超市在促进农产品流通、城市居民购买价廉物美的农产品方面为零售企业作出了示范。随着城市居民消费水平的提高,人们对生态绿色农产品的需求增长很快,同时农村特色农产品也迫切需要稳定的销售渠道,旺财超市敏锐地发现了这不断扩张的市场,将市场定位在"优质农产品店",为特色农产品向城市流通构建了新的载体。旺财超市使杭州市民能及时吃到新鲜绿色的特色农产品,也为广大农户开辟了生财之道。到2011年8月,旺财入驻的农业龙头企业和专业合作社已达80多家,农产品种类也已经有1 000多种。旺财超市不仅经营本地的优质农产品,还积极发展加盟连锁,引进外地特色农产品,提升品牌影响力。

实践证明,城乡商贸流通载体的构建,一方面使工业品、农业生产资料有了更通畅、直接的流通渠道,改善了农村消费环境,扩大了农村市场,另一方面,农产品有了更广阔、更直接的流通渠道,超市将采购直接延伸到农户的田间地头,减少了中间环节,使农民得到实惠,既增加了农民的收入,又满足了城市居民不断增长的对绿色农产品的需求。

参考文献

夏海微等:《着力构建并完善城乡一体化的商贸流通大平台》,载于《杭州日报》,2010.08.31。

案例讨论题

1. 结合案例分析城乡商贸流通载体的构建的意义是什么?案例中的三个企业成功的

原因是什么?

2. 选择适当的贸易理论分析政府应该在城乡贸易载体建设中发挥怎样的作用?
3. 搜集更多的资料,分析城乡贸易载体建设中成功的经验及失败的教训。

[复习思考题]

1. 农村市场的地位和作用有哪些?怎样开拓农村市场?
2. 商圈理论有哪些主要模型?
3. 区域市场有哪些特征?
4. 区际贸易的主要特征及成因。
5. 影响国际贸易的政策因素有哪些?

[推荐阅读]

[1] 齐晓斋:《城市商圈发展概论》,上海科学技术文献出版社2007年版。
[2] 柳思维《贸易经济学》第六章,高等教育出版社2007年版。
[3] 周肇先《贸易经济学》第十一章,中国财政经济出版社1999年版。
[4] 任保平、任宗哲:《统筹城乡商贸流通的案例研究》,中国财政经济出版社2011年版。
[5] 王必达:《区际贸易与区域发展》,经济科学出版社2010年版。

第九章 贸易效益

【本章学习目的】掌握贸易经济效益、贸易社会效益的内涵及评价指标,了解影响贸易效益的经济因素和非经济因素,明确贸易经济效益和社会效益两者的统一,熟悉宏观层面和微观层面提高贸易效益的途径。

提高贸易效益既是经济社会发展的客观要求,也是贸易运行的中心目标。贸易效益包括贸易经济效益和贸易社会效益。贸易效益受多种因素影响,既有经济因素,也有非经济因素,提高贸易效益对于产业发展、企业经营和社会总福利水平都有重要意义。

第一节 贸易效益及其评价

一、贸易经济效益及评价

(一) 贸易经济效益的内涵

贸易经济效益是经济效益概念在贸易领域的延伸和体现。经济效益是经济活动中投入与产出的对比关系,而贸易经济效益是贸易经济活动中投入和产出的对比关系。贸易经济活动投入包括资本、技术、劳动、土地和企业家才能等。贸易是商品流通部门,其产出不是物质本身,而是实现商品交换的规模与速度、服务质量和水平等。因此,研究贸易经济效益要把商品销售量、速度、服务质量和水平作为产出的评价指标。贸易经济活动中,以较小的要素投入实现较大的商品和劳务销售,则贸易效益高;反之,则贸易效益就低。

(二) 贸易经济效益的评价

为了正确评价贸易活动的经济效益,必须建立衡量贸易活动经济效益的指标体系。影响贸易效益的因素是多方面的,因而评价贸易经济效益的高低,必须从多方面分层次地进行分析。贸易经济效益评价指标体系的建立,要根据实际需要,使他们能正确反映贸易活动的成果,并力求做到"科学、简单、实用"[1]。由于企业性质不同,对贸易经济效益的

---

[1] 张绪昌、丁俊发:《流通经济学》,人民出版社1995年版,第372页。

考核指标也不同，如对批发零售企业的要求和对制造企业的要求是不一样的，这里主要介绍批零企业的贸易经济效益评价指标。

贸易企业的经济效益，是对具体贸易企业经营活动经济效益的评价。评价贸易经济效益指标很多，主要有商品销售额、劳动效率、资金使用效率、流通费用率、利润和利润率等。其中，流通费用率和利润率是评价贸易活动效率的综合指标。

1. 商品销售额

商品销售额是一定时期内贸易企业销售商品量的货币表现，是评价贸易企业经济效益的基本指标。这一指标反映了企业的基本实力，是衡量贸易企业履行贸易职能的基本指标。在同样的要素投入规模下，贸易企业实现的销售额越大，所取得的经济效益越高；反之，实现的销售额越小，所取得的经济效益越低。为了能更客观评价贸易活动的经济效益，进行比较分析时，需要剔除价格因素对销售额的影响。具体做法是用平减指数对名义销售量进行修正。

2. 贸易劳动效率

劳动是贸易经济活动中重要的要素投入，特别对于传统贸易活动来说劳动投入是首要的要素投入，劳动效率是指单位劳动的贸易产出，包括全员劳动生产率、部分人员劳动效率、单项劳动效率等。

$$全员劳动生产率 = 计算期商品销售额 \div 同期全部职工平均人数$$

对于贸易活动中某些劳动，可以用单位劳动的实物工作量来衡量劳动效率，如运输、仓储、包装等。

贸易活动需要较多的劳动力投入，劳动效率对贸易经济效益的影响较大。劳动效率越高，实现单位销售额所需的劳动投入越少，单位商品流通成本就越低，效益就越好；反之，劳动效率越低，实现单位销售额所需的劳动投入越多，单位商品流通成本就越高，效益就越低。

3. 贸易资金效率

贸易活动中的另一个重要因素投入是资金投入，资金效率反映的是单位资金的贸易产出。资金投入包括固定资金投入和流动资金投入，相应的评价指标也包括固定资金效率指标和流动资金效率指标。在贸易企业核算中，一般用流动资金周转率和每百元商品销售额占用的固定资金来计算和分析资金占用与使用效果。

$$流动资金周转次数 = 某一时期商品销售额 \div 同一时期流动资金平均占用额$$

流动资金周转率是衡量资金使用效率的重要指标。一定时期内实现销售收入所需要流动资金越小，则流动资金周转次数越多，经济效益越好；反之，就越差。

4. 商品流通费用额和商品流通费用率

反映贸易活动要素投入成本支出方面的指标有商品流通费用额、商品流通费用增减额、商品流通费用率、商品流通费用升降程度、商品流通费用升降速度等指标。其中商品流通费用额和商品流通费用率是最重要的指标。

$$商品流通费用率 = 商品流通费用额 \div 商品销售额 \times 100\%$$

一般情况下，商品流通费用额随着贸易量的增长而相应增加，但其增加幅度的大小影响贸易经济活动的经济效益。商品流通费用率把贸易活动的成本支出与产出直接联系起来比较,反映了贸易活动的质量。

5. 贸易利润与利润率

贸易利润是贸易企业出售商品所获得的纯收入的货币表现,是贸易企业的销售收入扣除商品进货价格、流通费用和税金后的余额。贸易利润与利润率是衡量贸易活动经济效益的综合指标,包括贸易利润额、贸易利润增减额、人均商品销售增减额、人均贸易利润增减额、贸易资金利润额、商品销售利润率等指标。其中贸易销售利润率和贸易资金利润率最重要。

$$商品销售利润率 = 贸易利润额 \div 商品销售额 \times 100\%$$

$$贸易资金利润率 = 贸易利润额 \div 全部贸易资金平均占用额 \times 100\%$$

商品销售利润率和贸易资金利润率从不同的角度反映企业利润率水平,结合起来使用可以更加全面反映贸易活动的经济效益。

随着我国经济的高速增长,我国零售行业的规模也迅速扩张,利润水平也大幅上升。1998年,我国限额以上批发企业共实现利润950.7亿元,商品利润率4.1%。2009年我国限额以上批发企业共实现利润10 672.2亿元,其中内资企业8 590.0亿元,港、澳、台商投资企业468.6亿元,外商投资企业1 613.6亿元;限额以上零售企业共实现利润4 185.7亿元,其中内资企业实现利润3 444.6亿元,港、澳、台商投资企业实现利润280.1亿元,外资企业实现利润461.0亿元。[①] 除了利润指标外,还需要运用上面介绍的其他评价指标进行综合分析,才能对贸易经济效益有更客观的评价。

二、贸易社会效益内涵及评价

(一) 贸易社会效益内涵

贸易社会效益是指贸易经济活动所产生的社会影响和效果,主要指贸易经济活动对消费者效用、就业、收入、环境、科技、文化等方面所做出的贡献,主要包括以下几个方面:

(1) 贸易经营活动中的商品供给、服务质量、服务方式等方面的情况和效果。贸易经营活动中商品供给丰富,服务质量好,服务方式多样,消费者满意率高,社会效益好;反之,社会效益差。

(2) 贸易领域恪守贸易道德规范,维护消费者权益的情况和效果。贸易领域遵守贸易惯例,诚实守信,文明经营,流通有序,消费者权益得到较好的保障,社会效益好;反之,社会效益就差。

(3) 贸易企业吸收劳动力就业和增加劳动者收入水平的情况和效果。贸易行业是吸收劳动力就业较多的领域。贸易企业吸收劳动力就业数量多,劳动者的工资收入水平高,社会效益好;反之,社会效益差。

(4) 贸易经营活动对生态、环保的影响及可持续发展的状况和效果。贸易经营活动促

---

① 数据来源:2010年《中国统计年鉴》。

进了生态环境的改善、可持续发展能力提高，社会效益好；反之社会效益差。贸易活动会通过生产活动的扩展影响生态环境，也会通过贸易活动实现污染的转移，或贸易活动本身会对环境造成破坏。特别是在国际贸易中，发达国家向发展中国家转移污染性产业的问题已经比较突出，需要引起我们足够的重视。因此，我们在评价贸易的社会效益时一定要更加关注其对环境的影响。

（5）贸易在促进科技进步方面的作用。贸易企业虽然在技术研发上不及生产企业，但可以通过从事技术贸易活动、销售高科技产品、应用新技术等方面促进社会科技进步。这方面的作用大，社会效益好；反之，社会效益差。

（6）贸易经营活动对社会文化的影响。贸易经营活动促进先进文化发展，能引导消费者树立先进的消费理念，改变落后的生活方式，倡导健康文明生活方式，社会效益好；反之，社会效益差。

除以上六个方面外，贸易企业能自觉地按照国家的产业政策行事，就能使国家贸易发展战略、宏观调控政策取得更好的效果，贸易企业转变发展方式就能带动生产方式的转变，这些都能产生很好的社会效果。

（二）贸易社会效益评价

贸易社会效益的评价难度比贸易经济效益的评价难度高，因为贸易社会效益不容易通过具体的指标进行精确的测度。但是，可以用一些特定的指标对社会效益进行近似的测度。考核贸易社会效益的指标有以下几个方面。

1. 消费者购物满意率

它是指某一地区的消费者购物的满意程度，包括对商品数量、商品质量、商品价格、服务水平、购物便利性、商品安全性等方面的满意率。对于该项目的评价可以采用问卷调查、访谈等形式进行。应当指出的是，商品安全性，特别是食品的安全性是衡量消费者满意率的重要指标，需要重点关注。商业服务投诉率也是反映消费者购物满意率的重要指标。它是指消费者投诉人数与消费者光顾人数之比，衡量消费者对商业服务的满意率情况。该指标越低，表示消费者对商业服务满意率越高，社会效益就越高，反之就越低。

2. 零售网点的密度

它是指某一地区零售网点满足居民购物需要的程度。该项目可以用单位面积内零售网点数量衡量。单位面积内零售网点数量越多，表明零售网密度越大，居民购买商品就方便，社会效益就高。但零售网密度也不宜过大，否则会影响贸易企业效益，造成资源浪费。近年来我国城市商业网点迅速扩张，竞争急剧加剧，贸易企业的利润水平下降。

3. 零售业态的多样性

它是指某一地区拥有的各种零售业态数量，用于衡量零售业发展适应消费多样化、多层次需要的情况。随着居民收入水平的提高，人们的购物需求呈现多样化、多层次的特征，不同的零售业态适应不同的消费人群。零售业态多，就能满足各类人群的购物需求，否则就可能使一部分人的消费需求得不到满足。

4. 贸易企业就业人数

它是反映贸易活动对就业和收入贡献的指标。该项目可以用贸易企业就业人数、贸易企业就业人数占全社会就业人数的比重等指标衡量。统计贸易企业就业人数时，不仅要包括法人企业的就业人数，还应包括个体工商户的就业人数。实际上，我国大量的个体工商户、微小型贸易企业对就业有较大贡献。

5. 贸易的环境效应

它是指贸易活动对环境产生的影响，包括正面影响和负面影响。该项目可以用贸易企业经营商品在生产过程中对环境的影响程度、经营节能环保产品的比例等来衡量。比较准确的评价则需要通过一定的计量模型来测度。

6. 贸易技术贡献率

它是指贸易活动对技术进步的促进作用。该项目可以用贸易企业技术贸易额及占比、经营高新技术产品的数量及占比、贸易企业信息化率等指标衡量。比较准确的评价则需要通过一定的计量模型来计算。

7. 贸易的文化效应

它是指贸易活动对区域文化产生的影响。该项目可以用贸易企业文化产品的销售额及占比、不同文化地区文化产品的销售额及占比、外资零售商的数量及占比等指标来衡量。

第二节 贸易效益的主要影响因素

贸易效益受到多种因素的影响，有经济因素也有非经济因素，有宏观因素也有微观因素，有外部因素也有内部因素。

一、经济发展

在社会再生产各环节中，交换处于生产和消费的中介。因此，贸易活动受到生产和消费的双重影响。生产能力强、生产水平高，就能提供适销对路的产品，有利于提高贸易量和销售收入，提高贸易效益。按照凯恩斯消费理论，消费由收入决定，而居民的收入水平又取决于经济发展水平。经济发展水平的高低影响人们的消费水平，进而影响贸易企业的经济效益。在经济繁荣时，贸易企业的效益就好，经济萧条时首当其冲的是贸易企业受到影响。贸易发展以产业为基础，产业结构调整是贸易结构优化调整的基础，产业结构调整进程快慢将制约贸易结构调整速度和效果，当一个国家或地区产业升级速度快时，能提高产业竞争力，改善贸易条件，提升贸易经济效益；当一个国家或地区产业结构升级慢，或处于锁定状态时，出现贫困化增长，贸易效益就差。

二、交通运输条件

商品贸易活动过程需要通过交通运输来完成商品的传输。因此，交通运输条件对贸易的影响是巨大的。如果交通运输发达，贸易企业不仅能缩短商品运输时间，还能减少商品在装卸搬运和储存过程中的损耗，贸易效益就高；反之，效益就低。交通运输条件好就能促进企业的集聚和商品市场的形成，扩大交易规模，降低单位运输成本，提高贸易效益。改革开放以来，我国各种运输方式发展较快，为贸易发展创造了良好的运输条件。在交通运输条件既定的情况下，交通运输工具和运输线路的选择对贸易企业物流成本有较大影响，应根据运输具体需要选择不同的运输方式。铁路货运主要以大宗货物为主；公路货运主要从事短途货物运输，可以实现"门到门"运输形式；水路货运由远洋运输、近洋运输和内河运输组成，运输能力最大，运输成本低；航空运输速度快，安全性较高。

三、市场环境

市场环境从狭义上理解，是指市场体系发育状况、竞争态势、供求状况、市场设施等因素。市场环境对经济效益的影响主要表现在：

市场体系的发育状况直接影响市场信号的传递、市场机制作用的发挥，影响贸易的经济效益和社会效益。我国从初级市场经济向比较完善的市场经济转型过程中，消费品市场发育较快，生产要素市场发育滞后，沿海地区市场发育较快，中西部地区市场发育相对滞后。市场体系发育滞后，使交易成本增加，影响贸易经济效益。

市场供求状况直接影响市场竞争状况，进而影响贸易经济效益。在求大于供的卖方市场条件下，贸易主体缺乏竞争的动力，会忽视服务质量，导致贸易运行效率低下，商品销售价格高，消费者的选择性小，商品供应满足率低、商业服务投诉率高，社会效益低。在供大于求的买方市场下，贸易主体受到竞争的压力，生产企业为提高销售量，获得更高的盈利水平，会采用先进的技术，提高产品质量，贸易企业会不断调整经营结构、增加营业网点，提高服务质量，提高商品供应满足率，商品价格也相对平稳，但会造成产品的积压。一般情况下，供略大于求的市场环境是较理想的市场环境。

市场设施直接影响消费者的购买欲望，影响贸易的经济效益和社会效益。良好的购物环境使消费者在购物的同时体验优雅的环境，满足心理上享受的需要，激发了购买的欲望，增加商店的销售量。随着居民收入水平的不断提高，消费者追求生活品质的要求越来越强烈，对市场设施的要求会越高，市场设施对销售量的影响将更大。

四、政治、法律和文化环境

（一）政治环境

贸易的政治环境包括国家的政治制度、国内外政治形势、政府的产业政策等。政治环境对贸易活动的影响，集中体现在贸易体制和与贸易有关的产业政策上。贸易体制包括贸易管理体制、商品购销体制、商品调控体系等。贸易体制决定和制约了商品流通规模、商品流通形式、贸易运行方式、贸易经济利益等。国家的产业政策、税收政策、财政政策、金融政策、价格政策等经济政策影响和制约着贸易活动的发展方向，如鼓励高科技产业发展的产业政策，就会使贸易企业经营高科技产品的比重增加。产业政策反映了政府的产业发展导向，同时也影响贸易发展方向和结构。税收政策通过提高或降低税率的办法调节贸易活动，如国家通过出口退税或低税率政策鼓励和促进某些产品的出口。金融政策主要通过商业贷款政策来影响贸易企业的融资成本和经济效益，调节贸易活动。国家控制市场物价总水平的价格政策，以及对某些商品的价格管制政策，直接影响贸易企业经营收入水平。

（二）法律环境

贸易的法律环境是指影响和制约贸易的法律因素和条件。良好的法律环境可以保证贸易行为的规范化，降低贸易活动的交易成本，提高贸易经济效益；可以维护贸易主体的合法权益，保证贸易主体行使应有的权利，保证贸易自由、等价交换等原则在贸易活动中得到贯彻，制止非法活动，维护贸易秩序；有利于保证消费者的合法权益，提高贸易的社会效益。随着人们环保意识的不断增强，环保法律法规融入国际贸易的规则中，对国际贸易产生了越来越重要的影响。目前世界上签署了180多项与环境和资源有关的国际条约、协定或协议，其中有很多法律、法规涉及国际贸易问题[①]。

（三）社会文化环境

社会文化环境由一国或地区价值观念，社会风俗和习惯、信仰、行为规范、生活方式等构成。社会文化环境对贸易活动的影响是持久的、稳定的，是贸易企业开拓市场时必须考虑的重要因素。价值观念是人们世界观的组成部分，决定着个人的态度、意见和行为。价值观念影响着消费者的消费行为，从而影响贸易活动。一般来说，人们的价值观念对消费资料中发展资料和享受资料的需求影响较大，而对生活必需品和生产资料的需求影响小。人们的宗教信仰、民族传统、风俗传统等会影响消费者的消费方式、消费习惯和消费特点，影响消费者的购买行为，影响商品的需求结构，进而影响贸易结构。道德规范是一

---

① 彭红斌：《当代国际贸易发展的特点探析》，载于《桂海论丛》2007年第4期。

种由人们在实际生活中根据人们的需求而逐步形成的一种具有普遍约束力的行为规范,约束贸易主体的交易行为,影响商品交易成本,影响贸易量规模和贸易效益。

五、产业发展因素

贸易产业发展情况对企业经济效益的影响主要表现在:贸易产业缺乏竞争就会使贸易企业获得垄断利润,企业缺乏创新的动力,不利于贸易企业提高服务质量;贸易产业过度竞争,导致贸易企业间价格战接连不断、自相残杀,贸易企业效益差;贸易产业内批发、零售企业间协作水平高,资源配置效率高,贸易企业效率高;贸易产业的技术创新能力强,能提高购进、销售、仓储、运输等环节技术水平,可以节约流通费用,提高贸易效率。如现代信息技术在贸易产业的发展,提高了商品流通效率,降低了交易费用和流通费用。2005年以来,中国物流总成本占当年GDP的比重一直保持在18%左右,2010年是17.8%,居高不下。而西方发达国家同类指标是8%~10%,标准化、信息化水平差距明显[①]。

六、企业自身因素

在外部环境给定的情况下,贸易企业效益的高低取决于企业自身因素。贸易企业规模、经营管理水平、人员素质、技术水平等因素影响贸易企业效益。

贸易企业规模扩大能获得规模经济好处,实现规模报酬递增收益,贸易效益就高;贸易企业经营管理水平高,就能确定正确的发展战略和经营方针,抓住贸易发展机遇,扩大贸易规模,调整经营结构,降低管理成本,提高贸易效益。

贸易企业人员素质高,就能为消费者提供良好的服务,提升贸易企业的商誉,提高商品销售量,增加企业利润。近年来,购买中心、便利店、连锁超市等零售业态迅速发展,但都遇到了相应的经营管理人才严重缺乏的情况。贸易企业向农村市场拓展时普遍遇到贸易人才缺乏的情况,不仅缺乏高层次管理人才,也缺乏从事具体业务的基层管理人才。近年来,我国贸易领域从业人数增长较快,但整体素质不高,不能适应贸易发展的需要。以零售连锁业为例,在其员工的专业构成中,销售人员占70%~80%,专业技术人员(包括财务人员)只占2%~13%;在受教育程度方面,大学本科及以上仅占2%~8%,中专、职业高中及以下占到了72%~78%。[②]

贸易企业技术水平高不仅能提升企业的生产效率,还能拓展企业的经营范围,缩短贸易活动的时间,降低贸易活动成本。信息技术的运用可大大降低贸易企业对信息的搜寻、储存、传递和分析的成本,提高商品流通速度,缩短商品流通时间。贸易企业应加强供应链技术,努力降低商品流通成本。供应链管理是以电子商务技术为基础,将商品的需求、

---

① 张志刚:《我国流通业与发达国家存在三大差距》,载于《证券时报》,2011年5月9日。
② 戴遐海:《我国零售连锁企业竞争力现状分析及对策》,载于《经济论坛》2007年第5期。

流通和生产有机地联系在一起，不仅可以在库存数量、存货地点、订货计划、配送运输几个方面实现最佳选择，而且能在准确的时间、准确的地点，以恰当的价格和便捷的方式将商品送到消费者手中。

第三节　提高贸易效益的基本途径

一、宏观层面

从宏观层面看，要提高整个社会贸易活动的经济效益，需要从影响贸易经济效益的宏观因素考察，主要包括制定贸易发展战略、构建现代流通体系、调整产业结构、提高居民消费水平等。

（一）制定科学的贸易发展战略

在经济社会总体发展战略的框架下制定科学的贸易发展战略，是提高贸易经济和社会效益的重要前提。贸易发展战略包括贸易发展的指导思想、总体目标、主要任务和保障措施等。贸易发展战略包括内贸发展战略和外贸发展战略。外贸发展战略主要有初级产品出口战略、出口替代战略、进口替代战略和出口导向战略等，应根据经济发展阶段适时确定正确的发展战略。我国外贸发展战略应从出口导向型向进出口均衡、内外需协调发展战略转变。科学的贸易发展战略能促进市场商品供求基本协调、商品符合消费需要，价格相对稳定，流通效率提高、流通费用下降、贸易利润稳定增长。

（二）建立现代流通体系

建立现代流通体系是不断提高贸易效益的重要保证。现代流通体系是指与现代经济技术水平相适应的、与国际接轨的流通体系，包括商品市场体系、现代物流体系、流通管理体系、流通法律体系、宏观调控体系、现代商业信用体系等。目前我国商品流通体系存在的主要问题是：高效的商品批发体系尚不完善，缺乏具有国际竞争力的大型商贸企业，农村市场体系不健全；政府调控市场和稳定市场的机制有待完善，市场价格波动大；行业法律、法规、规章和标准建设滞后；流通技术研发、管理创新滞后，流通成本高。建立现代流通体系的战略任务是：培育具有国际竞争力的大型商贸企业，提升市场主体的竞争力，大力扶持中小微型企业的发展，加强农村商品市场体系建设；加强政府宏观调控机制建设，健全完善对大宗商品市场的调控体系；推进流通体制深化改革，加快流通标准建设，进一步推动流通国际化进程；培育现代化大型物流企业，加强物流技术研发，建立大型物流基地，推进城乡物流体系建设；建立商业信用公开制度，推进现代商业信用体系的建设。

（三）转变贸易发展方式

转变贸易发展方式就是贸易发展要从粗放的数量型向质量、效益型转变。首先，要推动业态创新。积极推动商业业态创新，引进国外先进的商业业态，形成合理的业态结构，发展连锁经营方式，提高流通效率，降低流通成本。其次，促进供应链管理创新。贸易产业要延伸产业链，从原来的销售终端向生产和服务两端延伸，提升贸易服务增加值。再其次，增加科技投入。推进电子信息技术在贸易产业的深度运用，实现商品销售自动化、信息流通标准化、商品选配自动化，大力发展电子商务。推进新技术、新设备在贸易产业的运用，促进物流现代化，大力降低物流成本。加快通讯现代化和交通运输现代化的步伐，加快各项基础设施的建设，为贸易产业创造良好的硬件环境。最后，加快外贸发展方式转型。鼓励出口贸易由主要依赖资源、土地、劳动力等有形要素投入向以科技、管理、创新等无形要素投入为主转变，提高高技术含量、高附加值、高效益产品出口比重。优化贸易结构，由主要依赖货物贸易向货物贸易、服务贸易协调发展转变，大力发展服务外包。

（四）提高居民消费水平

贸易的发展不仅受生产的制约，而且受消费和分配的制约。居民消费水平对贸易产业发展和贸易经济效益有直接的制约。为此需要从以下几个方面促进居民消费水平的提高：提高社会保障水平，扩大社会保障覆盖面，改变居民的消费预期；调整收入分配结构，缩小居民收入差距，提高低收入群体的消费水平；采取多种形式的刺激消费政策，扩大居民特别是农村居民对商品和劳务的需求；通过多种途径引导人们树立正确的消费观念，正确地指导消费，改善消费结构，为提高贸易经济效益创造良好的条件。

（五）优化贸易发展环境

目前，国内领先的本土贸易企业与国际大买家相比，在规模、品牌、盈利能力、国际市场份额、供应链管理能力等方面均有较大差距。政府应支持大型贸易企业规模扩张，通过投资、兼并、重组、战略联盟等途径，培育自有品牌，提升国际竞争力。应把流通领域的科技创新纳入到产业研发基金支持范围内，促进贸易企业加快科技创新，提高企业的信息化水平和现代化水平。政府应加大交通运输建设力度，建立大型公益流通基础设施，为贸易企业的物流配送提供支持。

社会诚信水平是影响贸易企业经济效益的重要因素。政府要加强社会诚信体系建设，提高社会诚信水平。建设企业信用信息数据库，实现信用数据共享。强化信用监管体系建设，加大对失信企业的惩戒力度，提高失信企业的失信成本。

二、微观层面

从微观层面看，要提高贸易企业的经济效益，需要从影响贸易经济效益的微观因素考察，主要包括制定正确的发展战略，扩大企业经营规模、加强企业管理，提高服务水平，提高人员素质，提高技术创新能力等。

(一) 确定正确的发展战略

现代市场经济条件下，贸易行业竞争激烈，贸易企业要在竞争中立于不败之地，取得理想的经济效益，必须制定正确的企业发展战略。贸易企业发展战略是对企业发展整体性、长期性、基本性的谋略。贸易企业要制定正确的发展战略，重点做好以下工作：首先，要确定发展定位。贸易企业要做好市场调研和市场预测，掌握市场变化动态及其规律性，分析面临的机遇和挑战，根据自身的条件选择企业的核心业务。企业发展定位有阶段性，不同发展阶段有不同的发展定位。其次，要整合要素资源。企业战略目标的实现靠要素资源，包括物质资源、人力资源、信息资源、技术资源等，贸易企业不仅要善于利用企业内部资源，还要善于利用企业外部资源。最后，要制定好战略措施。战略措施是指企业为实现经营目标而制定的政策、策略、计划和方法的总称，它是实现企业发展定位的保证。贸易企业要根据发展定位制定相应的政策和策略，确定企业发展的重点和路径等。

(二) 扩大企业经营规模

规模经济是指随着产量的增加，企业单位成本下降的趋势。贸易企业应努力扩大企业经营规模，实现规模经济。商品销售是贸易企业组织商品流通的中心环节，商品销售量是衡量贸易企业规模的关键指标，扩大商品销售量是提高贸易经济效益的重要途径。要扩大商品销售量，需要加强对市场的调研，掌握市场发展动态，要不断完善销售网络，改进销售方式，开展有效的促销活动等。扩大商品销售量既可以通过扩大单体规模的方式实现，也可以通过连锁经营等方式实现。要扩大商品销售量，还必须有相应的商品采购、商品储存、商品运输、商品加工整理等一系列环节的配套才能顺利进行。贸易企业要及时把所获得的销售信息及时反馈给生产企业，促进生产企业研发新品种，提高产品质量，降低生产成本，增强产品在市场上的竞争力。

(三) 加强企业管理

贸易企业经营管理就是对采购、销售、运输、储存等经营活动进行有效地组织、指挥、调节和监督。首先，加强采购管理，降低采购成本。采购是贸易企业成本控制的首要环节，采购费用的节省将直接带来利润的增加。这一点往往被不少企业所忽视。为此应选择正确的采购方式和供应商,努力降低商品采购成本。其次,加强物流管理,降低物流成本。加强对商品的入库验收、盘点和清查,消除不合理的商品损失。加强商品的养护管理,降低商品的损耗。加强运输管理,按照商品供应链组织物流活动,消除不合理运输,减少出入库环节,缩短商品在途时间,降低商品损耗。最后,要加强资金管理,加速流动资金周转。要运用经济批量法等确定合理的库存量,采用 ABC 分类法等确定合理的商品结构,同时要运用现代信息技术降低库存量,尽量控制在存货上占用的资金,使存货占有的资金流量为最小化,提高库存管理的经济效益。加强应收账款管理,保证应收账款及时收回。

(四) 提高服务水平

贸易企业的产品就是提供服务,贸易企业服务质量的好坏直接影响商品的销售量,良好的服务信誉是贸易经济效益不断提高的重要来源。随着收入水平的提高,消费者对商品服务质量要求越来越高,商品服务质量好坏对贸易企业商品销售量的影响越来越大。服务质量主要包括营业员的服务水平、服务管理规范化程度、商品的售后服务水平、服务环境优化程度等。为此,贸易企业要从以下几个方面提高服务质量:了解消费者的商品需求,经营商品齐全,提高商品的可挑选性;制定服务标准,加强培训教育,规范服务人员服务行为;加强售前服务、售中服务和售后服务,为消费者提供全方位、全过程服务;优化购物环境,给顾客提供餐饮、休息、娱乐、观赏等一系列现场服务等。

(五) 提高人员的素质

经济效益是企业素质的表现形式,企业的素质包括人的素质、技术与装备的素质和管理素质。要提高企业素质关键是提高人的素质,包括企业家素质、管理队伍素质和普通员工素质。企业家素质是提高人员素质的核心和关键,对企业经济效益有十分关键的影响。企业家要有敢于开拓的职业精神、坚忍不拔的意志和敏锐的市场意识,才能在瞬息万变的市场中抓住机遇,及时调整经营决策,获得竞争的主动权,取得理想的经济效益。贸易企业管理人员要具有现代管理和现代科学知识,善经营、会管理,有较强的执行力,才能较好地贯彻管理决策,提高管理效率,降低管理成本。普通员工要具有敬业精神和职业道德,精通业务,熟知各类商品的性能、用途、使用、保管和维修等技术知识及各种推销技巧,才能为顾客提供良好的服务,提升贸易企业的商誉,提高贸易企业的效益。贸易企业要充分利用职业经理人市场选聘合适的职业经理,提升经营决策能力和水平。通过教育、培训、激励等途径,开发贸易企业员工的潜能,提高他们的知识和技能水平。同时,贸易企业要积极吸收大专院校毕业生,提升员工整体素质。

(六) 提高技术创新能力

在知识经济时代,企业取得效益的重要手段就是增强管理过程的知识含量和科技附加值。长期以来，人们更关注生产领域的技术创新，对贸易企业的技术创新重视不够。随着技术进步和经济发展，生活方式和消费方式的改变，贸易企业开始更加重视技术创新，贸易企业技术创新主要体现在服务创新、管理创新和流通技术创新方面。贸易企业要不断利用新技术提高服务水平和质量，如推出网上购物、技术指导等新兴服务项目。贸易企业要不断加强技术创新，将无线射频识别技术（RFID）、商业智能（BI）、客户关系管理（CRM）、供应链管理（SCM）、需求链管理（DCM）等技术运用于经营活动中，提高管理效率和服务水平；要发展以运输技术、配送技术、装卸搬运技术、自动化技术、库存控制技术、包装技术等专业技术为支撑的现代化物流装备技术，并进行应用创新，大力降低物流成本。

总之，提高贸易效益是一项系统工程，需要从多方面、多途径入手，不仅要不断优化贸易活动的宏观环境，还要不断提高贸易企业的自身素质，并根据各时期、各地区的不同情况采取不同的措施。

【本章案例】

批发零售行业的效益分析

近年来，我国国内市场需求快速扩张，批发零售企业实现了较快的发展。表9-1反映了2005年和2009年我国限额以上不同批发、零售行业主要财务指标。从该表可以看出，2009年与2005年相比，我国批发企业和零售企业都实现了较快发展，一些新兴的行业如超级市场零售业、无店铺及其他零售业等迅猛增长。超级市场主营业务收入从2005年的266.9亿元增长到2009年的4 956.4亿元，无店铺及其他零售业主营业务收入从2005年的9.4亿元迅速增长到2009年的660.1亿元。表9-2反映了限额以上不同企业类型批发、零售企业财务指标。从该表可以看出，随着零售业全面对外开放，港、澳、台商投资企业和外商投资企业发展较快，而港、澳、台商投资企业实现了更快的增长，零售业主营业务收入从2005年的462.5亿元增加到2009年的1 963.3亿元。

表9-1　　　　我国部分限额以上批发、零售企业主要财务指标比较　　　　单位：亿元

指标	主营业务		主营业务成本		主营业务利润	
	2005年	2009年	2005年	2009年	2005年	2009年
批发企业合计	67 701.3	142 954.0	62 047.9	131 930.7	4 231.3	10 672.2
其中：农畜产品批发业	1 719.0	2 853.0	1 605.8	2 656.1	76.8	183.3
纺织、服装及日用品批发业	5 080.7	9 049.5	4 709.5	7 970.7	305.5	1 055.2
机械设备、五金交电及电子	10 432.8	22 910.1	9 379.3	20 902.0	668.5	1 995.0
贸易经纪与代理	683.9	2 736.1	640.4	2 574.8	33.4	154.2

续表

指　标	主营业务		主营业务成本		主营业务利润	
	2005年	2009年	2005年	2009年	2005年	2009年
零售企业合计	15 190.9	38 600.0	13 497.4	33 989.3	1 360.0	4 185.7
其中：综合零售业	2 889.5	11 337.1	2 426.9	9 697.4	389.4	1 483.0
——百货零售业	2 692.5	5 898.5	2 368.0	4 957.8	258.5	854.5
超级市场零售业	266.9	4 956.4	225.1	4 332.7	34.8	562.8
纺织、服装及日用品专门零售业	205.1	1 416.0	159.1	1 042.0	38.9	359.1
汽车、摩托车、燃料及零配件	3 539.7	17 971.8	3 344.5	16 523.8	151.9	1 302.1
家用电器及电子产品专门	1 162.3	3 247.7	1 084.7	2 907.4	63.8	308.1
无店铺及其他零售业	9.4	660.1	7.0	552.5	2.4	93.9

数据来源：《2006年中国统计年鉴》、《2010年中国统计年鉴》。

表9-2　　　我国限额以上不同企业类型批发、零售企业主要财务指标对比　　　单位：亿元

指　标	主营业务		主营业务成本		主营业务利润	
	2005年	2009年	2005年	2009年	2005年	2009年
批发企业合计	67 701.3	142 954.0	62 047.9	131 930.7	4 231.3	10 672.2
内资企业	62 217.0	128 045.3	57 528.8	119 125.1	3 599.2	8 590.0
港、澳、台商投资企业	868.6	3 554.8	786.4	3 077.8	65.8	468.6
外商投资企业	4 615.7	11 353.8	3 732.8	9 727.8	566.3	1 613.6
零售企业合计	15 190.9	38 600.0	13 497.4	33 989.3	1 360.0	4 185.7
内资企业	13 682.6	33 614.1	12 215.4	29 783.0	1 171.5	3 444.6
港、澳、台商投资企业	462.5	1 963.3	385.1	1 670.2	58.6	280.1
外商投资企业	1 045.8	3 022.6	896.9	2 536.1	129.9	461.0

数据来源：《2006年中国统计年鉴》、《2010年中国统计年鉴》。

我国批发零售行业的快速发展主要得益于近几年经济的高速增长、人民生活水平的不断提高，特别是国家扩大内需政策的推动。随着国家扩大内需战略的进一步深化，我国消费需求的空间将进一步扩大，一些新兴行业将呈现更快的发展。同时，随着零售业对外开放的不断深入，外资企业大举进入国内市场，市场竞争日趋激烈，如何提高企业经营效益是贸易企业面临的重大课题。

案例讨论题

1. 分析不同批发、零售行业的主要财务指标，提出你的看法。

2. 分析不同类型批发、零售企业的主要财务指标,提出你的看法。
3. 进一步搜集相关资料,研究我国典型批发、零售企业规模扩张与单店效益关系。

[复习思考题]

1. 什么是贸易经济效益?有哪些评价指标?
2. 如何正确处理贸易经济效益与社会效益的关系?
3. 试述提高贸易经济效益的途径。
4. 我国贸易经济效益的主要影响因素有哪些?

[推荐阅读]

[1] 张绪昌、丁俊发:《流通经济学》,人民出版社1995年版。
[2] 周肇先:《贸易经济学》第13章,中国财政经济出版社1999年版。
[3] 易法海:《贸易经济学》第13章,中国农业出版社2008年版。
[4] 蒋和胜:《贸易经济学》第12章,电子科学出版社2005年版。
[5] 洪涛:《"十二五"中国特色流通体系及其战略研究》,载于《北京工商大学学报(社会科学版)》2010年第4期。

第十章 贸易发展

【本章学习目的】掌握贸易增长与发展的内涵及评价指标,明确贸易发展方式的内涵和我国贸易发展方式的特点,熟悉贸易发展的主要趋势,理解我国贸易发展战略的演变及今后的重点方向。

贸易发展是一国或地区经济发展的重要方面,对一国或地区经济发展和综合竞争力的提升具有重要意义。贸易发展既包括贸易量的增长,又包括贸易结构的优化和经济效益的提高。实现从贸易大国向贸易强国转变的关键是转变贸易发展方式。

第一节 贸易增长与发展

一、贸易增长

贸易增长是指一个国家或地区在一定时期(通常是一年)内实现的商品价值与使用价值量和提供的服务量的增加,是贸易规模在数量上的扩大。目前我国贸易统计体系尚不完善,还没有全面反映贸易增长的指标,只能采用一系列指标来近似地反映。衡量商品贸易增长的指标包括价值指标和实物指标。

(一)衡量商品贸易的指标

1. 商品贸易量价值指标

从价值形态看,商品贸易量是指一定时期内商品交换量或商品买卖量。我国目前统计指标体系中,从价值形态衡量商品贸易量的指标包括社会消费品零售总额、商品购进额、商品销售总额、进出口总额等。社会消费品零售总额除了反映商品贸易量的批发和零售业外,还包括住宿和餐饮业以及其他行业,不能准确反映商品贸易量情况。商品购进总额指从本企业以外的单位和个人购进作为转卖或加工后转卖的商品额,该指标小于商品销售总额。进出口总额是一定时期出口贸易量和进口贸易量总和,仅反映对外贸易的规模。相对而言,商品销售量能比较准确地反映贸易量情况。

(1)商品销售总额。它是衡量商品贸易量的主要指标,指对本单位以外的单位和个人出售的商品金额。包括:售给城乡居民和社会集团消费用的商品;售给农业、工业、建筑业、运输邮电业、服务业、公用事业等国民经济各行业用于生产、经营用的商品,包括售予批发和零售业作为转卖或加工后转卖的商品；对国（境）外直接出口的商品。不包括：未通过买卖行为付出的商品；只收取手续费的业务；购货退回的商品；商品损耗和损失；出售本单位自用的废旧物资等。该指标反映批发零售贸易业在国内市场上销售商品以及出口商品的总量。

（2）社会商品购买力。社会商品购买力是指一定时期市场上购买商品的货币总额，反映了社会对市场商品的需求。社会商品购买力与实际的商品贸易量有一定的差距，但在买方市场条件下，商品贸易量主要由社会购买力来决定的，因此可以将社会商品购买力近似地反映商品贸易量。社会商品购买力包括居民购买力和社会集团购买力。社会集团购买力是指一定时期企业、机关、团体、学校、部队、事业单位等社会集团用于购买商品的货币支出。社会商品购买力按照它在市场上投放所形成的需求对象不同而有不同的购买力，可以分为物质资料购买力和劳务购买力、生活资料购买力和生产资料购买力、对内市场购买和对外市场购买力等。

2. 商品贸易量实物量指标

从使用价值形态看，商品贸易量是指一定时期商品实体的周转量。商品贸易活动需要通过运输、包装、装卸搬运等物流活动完成商品实体的空间移动。运输是物流活动的核心，因此，可以用商品运输量指标来衡量贸易量实体规模。我国现有统计指标体系中衡量贸易实物量的指标有货运量和货物周转量。

（1）货运量。指在一定时期内，各种运输工具实际运送的货物数量。货运量不论运输距离长短、货物类别，均按实际重量统计。它是反映运输业为国民经济和人民生活服务的数量指标，也是衡量一定时期商品贸易量实体规模的重要指标。

（2）货物周转量。指一定时期内，运输部门实际运送的货物吨数和它的运输距离的乘积。以吨公里（海运企业用吨海里）为单位。把各种运输工具采用各种运输形式（铁路、公路、水运、空运、管道）完成的货运量或货物周转量相加，就得到货运总量和货物总周转量。它是运输部门制订计划和经济考核的重要指标之一，也是衡量一定时期商品贸易量实体规模的重要指标。

（二）衡量服务贸易的指标

服务贸易具有无形的特点，衡量贸易量的指标只有价值指标。我国现有统计指标体系中对服务贸易的统计尚不完善，服务贸易量的测度可以从服务业增加值和服务业总产值指标中近似得到[①]。

1. 服务业增加值

这是指在一定时期内服务业为社会提供各种服务所增加的价值总量，是服务业总产出扣除中间投入后的净值。

---

① 周肇先：《贸易经济学》，中国财政经济出版社 1999 年版。

2. 服务业总产值

这是指以货币表示的一个国家或地区服务业在一定时期内经营活动的全部成果,是实现商品的价值与新增价值之和。

二、贸易发展

贸易发展是指一个国家或地区随着贸易增长而出现的贸易结构的优化、运行效率提高和对经济的引导作用增强等等。贸易发展不仅包括规模的扩张,还包括质的提升,是一个内涵丰富的贸易经济学概念。

(一) 贸易发展内涵

一般来讲,贸易发展主要表现在以下几个方面。

1. 贸易量增长

贸易量的持续增长是贸易发展的基础和条件,没有量的累积,就谈不上结构优化。贸易量的增长表现为贸易额绝对值的增加和适度的增长速度。贸易量的增长是经济增长导致的交易量扩大的结果,也是经济发展过程中分工进一步细化导致的中间产品交易规模扩大的结果。改革开放以来,我国贸易量实现了高速增长,为贸易进一步发展奠定了良好的基础。1978 年,我国社会消费品零售总额 1 558.6 亿元,进出口贸易额 206.4 亿美元,到2010 年,我国社会消费品零售总额达到 15.7 万亿元,生产资料销售总额达 36 万亿元,进出口贸易额接近 3 万亿美元。1978 年,我国第三产业增加值 872.5 亿元,到 2010 年第三产业增加值达到 17.1 万亿元。从贸易实物量看,也呈现了很快的增长速度。1978 年,我国货运量、货物周转量分别为 248 946 万吨、9 829 亿吨公里,2009 年达到 2825 222 万吨、122 133 亿吨公里,分别增长了 10.3 倍、11.4 倍。我国沿海规模以上港口货物吞吐量从 1985 年的 31 154 万吨增加到 2009 年的 475 481 万吨,增长 14.3 倍①,反映出我国外贸货物运输量增长速度很快。

2. 贸易结构优化

贸易结构变化是贸易发展的关键,没有贸易结构的优化,就谈不上贸易发展。贸易结构包括行业结构、企业结构、空间结构、产品结构等。主要表现为:随着我国从初级市场经济向比较完善的市场经济转型,我国贸易所有制结构进一步向多元化方向发展,非国有经济比重将进一步扩大;新兴的贸易行业不断涌现,传统行业的比重将降低,现代服务业的比重将上升;贸易企业规模进一步扩大,涌现出一批具有国际竞争力的大型贸易企业,贸易的多向性更加明显,国内贸易、国际贸易更加均衡发展。1998 年限额以上国有批发零售贸易企业销售收入占批发零售贸易企业销售总收入的 65.8%,至 2009 年,限额以上国有批发企业主营业务收入占批发贸易企业主营业务收入总额的 20.9%,限额以上国有零售

---

① 数据来源:2010 年《中国统计年鉴》

企业主营业务收入占零售贸易企业主营业务收入总额的 7.3%。以上数据表明，随着我国经济体制改革的不断深化，批发零售企业中非国有企业的比重不断提高。从批发业销售额看，2009 年文化、体育用品及器材批发业占比 1.26%、医药及医疗器材批发占比 4.32%、机械设备、五金交电及电子产品批发占比 16.10%。从第三产业增加值构成看，批发零售行业占第三产业比重从 1978 年的 27.77% 降低至 2009 年的 19.63%，金融、房地产行业占第三产业的比重从 1978 年的 16.97% 提高到 2009 年的 24.64%。1999 年限额以上批发企业和零售企业平均销售规模分别为 1.3 亿元、0.5 亿元，至 2009 年限额以上批发企业平均销售规模为 3.0 亿元、1.0 亿元。从外贸出口看，工业制成品出口额占出口总额的比重从 1980 年的 49.7% 提高至 2009 年的 94.7%，说明我国的对外贸易商品结构得到很大的改善。

3. 贸易效率提高

贸易活动不断提高资源配置效率，贸易环节的简化，流通时间的缩短，贸易量的扩张建立在效率提高、技术进步基础上，以较低的投入实现较快的发展。近年来，我国连锁经营发展速度较快，不断推动贸易效率的提高，2005 年到 2009 年，连锁零售企业总店数从 1 416 个增加到 2 327 个，门店总数从 105 684 个增加到 175 677 个，销售额从 12 587.8 亿元增加到 22 240.0 亿元，统一配送商品购进额从 8 409.4 亿元增加到 14 723.1 亿元。长三角连锁零售企业总店数占全国比重 20.4%，门店总数占全国 31.6%，销售额占全国比重 35.1%。数据表明，长三角地区连锁零售企业规模大于全国平均水平。2009 年限额以上批发企业和零售企业人均销售额分别为 505.5 万元、99.2 万元。

4. 贸易作用增强

市场经济条件下，贸易作为社会经济运行的中心环节，在经济发展中的作用是不可替代的。贸易发展的重要标志是贸易对产业发展的引导作用增强，对经济的贡献度提高。自 1978 年至 2009 年，社会消费品零售总额占 GDP 总量一直在 40% 左右，第三产业占 GDP 比重不断提高，从 1978 年的 23.9% 提高到 2009 年的 43.4%。外贸对经济增长的作用十分显著，1990 年出口依存度 16.0%，外贸依存度 29.8%，2009 年出口依存度达到 24.1%，外贸依存度达到 44.2%。

（二）衡量贸易发展的指标

衡量贸易发展比衡量贸易增长难度大，内容也更复杂。衡量贸易发展的指标体系包括三大类[①]。

1. 贸易增长指标

该类指标衡量贸易量的增长情况，主要有商品贸易量或人均贸易量、服务贸易量、总贸易量或人均总贸易量的增长额或增长速度。贸易的增长指标反映一个国家或地区扩大贸易规模的能力，是贸易发展的基础。但这一指标没有反映出贸易质量的改善情况。

---

① 周肇先：《贸易经济学》，中国财政经济出版社 1999 年版。

2. 贸易结构指标

贸易结构的变动反映贸易发展质量的变化,衡量指标包括贸易所有制结构、贸易行业结构、贸易企业结构、贸易商品结构等。贸易所有制结构反映贸易企业产权多元化的情况,贸易行业结构反映贸易经营要素在各类商品经营中的配置情况,贸易企业结构包括规模结构、布局结构等,反映各类企业的比例和联系方式,贸易产品结构反映贸易企业经营的各类商品的比例关系。

3. 贸易效益指标

贸易效益指标包括经济效益指标和社会效益指标。贸易经济效益是投入与产出的比例,是反映贸易发展的重要指标,衡量指标包括劳动效率、资金效率、流通费用率、销售利润率、资金利润率等。衡量社会效益的指标包括消费者购物满意率、零售网点的密度、零售业态的多样性、贸易企业就业人数、贸易的环境效应、贸易技术贡献率、贸易的文化效应等。

(三) 贸易发展方式

在阐述贸易发展方式概念之前,需要介绍经济增长方式与经济发展方式的概念。经济增长方式与经济发展方式,是两个既有联系又有区别的概念。现有的经济学文献,对经济增长方式概念界定比较明确,而对经济发展方式缺乏比较一致的看法。前苏联经济学家提出了两种不同的经济增长方式的概念,即粗放型经济增长方式和集约型经济增长方式。粗放型经济增长方式其基本特征是依靠增加生产要素量的投入来扩大生产规模,实现经济增长。以这种方式实现经济增长,消耗高、成本高、效益低,产品质量难以提高。集约型经济增长方式其基本特征是依靠提高生产要素的质量和利用效率,来实现经济增长。以这种方式实现经济增长,消耗较低,成本较低,产品质量能不断提高,经济效益较高。尽管经济学家对经济发展方式的内涵界定有不同的看法,但是,经济学家普遍认同经济发展方式中包含了经济结构的变化。参照经济发展方式概念的界定,贸易发展方式既指贸易量的增长,又指贸易结构的改善、贸易效益的提高。从理论上讲,经济发展方式决定贸易发展方式,贸易发展方式转变应适应经济发展方式的转变;同时,贸易发展方式转变对经济发展方式转变也有先导促进作用。贸易发展方式既包括外贸发展方式,也包括内贸发展方式。目前国内外对外贸增长方式讨论较多,而对内贸增长方式问题没有引起足够的重视,相关的研究较少。因为在主流经济学中,国家被"假定是个没有内部空间的点,国内的任何资源都可以自由流动和配置"(克鲁格曼,2000)。因为,发达国家国内市场机制比较完善,国内市场发展成熟,贸易发展的重点是拓展国际市场。但我国市场经济正处于发展过程中,区域贸易壁垒尚未完全消除,国内外两个市场都处于快速发展时期,内外贸发展同样重要。

由粗放型贸易发展方式向集约型贸易发展方式转变是我国贸易可持续发展的必由之路。贸易发展方式的转变有利于提高贸易领域资源利用效率,有利于提高服务质量,有利于贸易可持续发展。同时,经过 30 多年贸易快速发展,我国已经具备贸易发展方式转变的现实基

第十章 贸易发展

础，我国一系列促进经济发展方式转变的政策措施，为贸易发展方式转变提供了动力机制和政策保证，对外开放的不断深入，为贸易发展方式转变创造了良好的发展环境。

第二节 贸易发展趋势

随着科技的发展、经济发展水平和居民消费水平的提高，贸易领域的变革和创新将不断深化，我国贸易发展将呈现以下态势。

一、贸易规模扩大

随着市场经济发展和居民消费水平的提高，贸易规模也在不断扩张，主要表现在以下几方面：

（1）贸易量不断扩大。我国拥有13亿人口，是世界上最有潜力的大市场，随着居民收入水平不断提高，消费能力将不断提升，内需市场不断扩大。按照中国21世纪以来最终消费年均增长11.6%计算，预计2015年中国最终消费额将达到5万亿美元，超过日本，位居世界第二，并有可能在2020年超过美国，成为全球最大的消费市场。[①]

（2）贸易行业不断扩张。随着新兴产业的不断发展，新贸易行业成长很快，无店铺及其他零售将快速发展。知识经济条件下服务贸易将迅速增长，超过商品贸易的增长速度。技术、金融、保险、电信、信息、咨询等新兴服务业比重上升，传统的运输业、旅游业所占份额趋向下降。

（3）贸易网点和从业人员不断增加。随着内需市场的不断扩张，我国批零企业和零售营业面积增长较快。我国限额以上零售法人企业总数从2005年的20 735个增加到2009年的42 615个。我国批发和零售业年末从业人员从2005年的519.5万人增加到2009年的749.0万人，年末零售营业面积从2005年的7 375.8万平方米增加到2009年的22 727.9万平方米。随着未来农村市场的发展，贸易网点将进一步拓展，从业人员不断增加。

二、贸易组织创新

市场经济发展的过程也是贸易组织不断创新的过程。在市场经济发展水平相对较低的情况下，由于贸易规模不大，贸易组织一般由分散的批发商和零售商来承担，有形批发市场是组织市场交易的主要方式。由于组织化程度低，导致流通不畅，流通效率难以提高，并且影响经济的正常运转。随着我国市场经济的进一步深入和融入经济全球化，我国的贸

---

① 赵萍：《培育我国大型流通企业迫在眉睫》中国经贸导刊2010年第20期

易组织形式不断创新,组织化程度不断提高。主要表现在以下几个方面:

(1) 新贸易组织形式不断涌现。改革开放以来我国贸易组织发生了深刻的变化,出现了专业批发市场、商品交易市场、拍卖行、超级市场、便利店等新的贸易组织,随着科技进步、经济发展和人们消费水平的提高,新贸易组织形式将不断涌现。

(2) 贸易组织电子化、网络化趋势明显。随着电子信息技术的发展,贸易组织网络化、电子化趋势主要表现在传统贸易组织的电子化趋势、新型的网络贸易组织和电子化的中介组织三个方面[①]。①传统贸易组织电子化、网络化。近年来,批发商和零售商在保持原有的销售体系的同时大力发展电子商务,建立网上直营和直销系统,出现传统贸易组织形式与虚拟贸易组织形式并存的发展趋势。②新型的网络贸易组织。网络贸易组织是指利用互联网实现商品和服务销售全过程的商业组织,如网上专卖店、网上超市等。网络贸易组织实现了贸易组织的变革,不需要传统意义上的店铺形式,也不需要营业员、仓库等,经营的商品数量也大大增加了。③电子化中介组织。在电子商务时代,贸易主体可以通过类似电子商场、目录及搜索引擎服务等形式搜寻交易对象,对传统意义上的经纪、代理等中介组织形成冲击。电子化中介组织可以在更大的规模上聚集买家和卖家,大大降低交易成本,提高了交易的效率。

(3) 贸易组织向大型化、综合化或专业化、特色化发展。我国贸易组织的总体规模偏小,向大型化发展是必然趋势,特别是形成有国际影响力的国际大买家是贸易领域的重点发展方向。同时,大型购物中心等综合性的贸易组织将日益增多,大量贸易企业将向特色化和专业化方向发展,以满足人们多样化、个性化的需求。

(4) 连锁组织的范围进一步延伸。近年来我国连锁经营发展较快,商贸服务业连锁经营由传统业态向社区便利店、大型折扣店等多业态、多业种延伸。2005~2009年,我国连锁零售企业门店总数从 105 684 家增加到 175 677 家,增长了 66.7%。随着贸易领域竞争的深入,连锁经营组织的范围将进一步扩大,以追求规模经济效益。

三、贸易渠道创新

由于市场竞争日趋激烈,传统贸易渠道发生了深刻的变化,主要表现在以下几方面:

(1) 生产企业纵向一体化。生产企业为了增强对市场的反应能力,缩短生产者与消费者的距离,生产企业或自营批发业务,或自设销售机构,或通过整合商业网络,向终端消费者销售产品。

(2) 零售商间横向联合与纵向渗透。一方面,零售商通过横向联合越过批发商直接向生产企业采购商品,通过扩大采购规模增强与生产企业的价格谈判能力,降低采购成本。另一方面,零售商向生产领域渗透,发展纵向一体化,控制和掌握部分商品货源。

(3) 批发商纵向渗透与功能分化。一方面,批发商投资生产领域以获得稳定的货源,兼营零售以保证稳定的销售渠道;另一方面,批发商通过合理分工,形成独立批发

---

① 赵有广:《网络贸易组织的创新与发展》,载于《财贸经济》2002年第6期。

商，代理商等多种批发商协调发展的多样化的批发商结构，促进贸易渠道的创新与发展。

四、贸易工具创新

贸易工具方面的巨大变革和创新表现在：

（1）以电子计算机和互联网为代表的信息通讯技术为贸易提供了新的手段。20世纪90年代以来电子计算机和互联网为代表的信息通信技术克服了传统的电报电话技术的缺陷，通过电子化和数字化，整合贸易流程，大大缩短了业务流程。电子商务在国际贸易业务中的采用，更为传统国际商务活动带来重大变革，除了减轻对实物基础设施的依赖，电子商务进一步降低了交易成本。因此电子商务在国际贸易中的运用将越来越广泛，国际贸易的电子化趋势越来越明显。

（2）运输方式的革命促进运输效率的提高。集装箱技术的推广运用，使港口码头、仓库的装卸起运速度大大加快，吞吐量进一步增大，使传统的"港—港"运输逐渐让位于"门—门"运输。这大大提高了海洋运输和航空运输的效率，降低了运输成本，促进远程贸易特别是国际贸易的发展。

（3）各种促进或便利贸易发展的贸易政策、措施和手段不断创新。如各种便利的和优惠的贸易融资方式、贸易信贷担保方式、港口和运输各环节的服务自由化、商务服务的发展大大提高了贸易效率，不仅促进其他部门贸易的发展，而且实现自身的快速发展。在世贸组织制度存在缺陷和发展缓慢的情况下，越来越多的国家开始转向寻求发展双边或区域性一体化组织为本国经济发展服务。进入21世纪以来，我国加快了推进区域性贸易发展的步伐，成为区域贸易投资自由化和便利化的积极参与者，进一步拓展了对外贸易的空间，区域贸易安排成为我国促进对外贸易的重要方式。

五、国际贸易环境更加复杂

贸易自由化和保护主义的斗争更加激烈，国际贸易环境将更加复杂。在经济全球化的推动下，国际贸易自由化已是不可逆转的潮流。但是随着国际贸易规模不断扩大，贸易摩擦产生的可能性也就越大，贸易保护主义有所上升。随着中国外贸规模的不断扩大，贸易摩擦也不断增加，中国企业在国际贸易中面临的不确定性也越来越大。当前，各国经济景气的不均衡性、区域贸易集团的排他性、贸易分配利益的两极化等都是造成贸易保护主义层出不穷的重要原因。受国际金融危机、产业结构调整等因素的影响，许多国家采取保护国内市场的做法，将影响国际贸易的发展。尽管2008年金融危机以来世界贸易保护主义现象比较明显，但在经济全球化的背景下，各国经济相互依存，既有贸易保护主义抬头的倾向，也有抑制贸易保护势头及影响的力量和因素。2008年11月以来，为应对全球金融危机所举行的三次20国集团峰会中，反对贸易保护主义都是会议宣言的重要内容。这表明反对贸易保护主义仍是国际贸易主要参与国的共识。

第三节 我国贸易发展战略

一、我国贸易发展战略的转变

贸易发展战略是一个国家在一定时期内筹划和指导贸易发展全局的方略,包括贸易发展战略目标、战略重点和对策等。贸易发展战略狭义上被理解为外贸发展战略,从理论上看,发展中国家的贸易战略主要有初级产品出口战略、出口替代战略、进口替代战略和出口导向战略等。新中国建立以来,我国外贸发展战略经历了全面实行进口替代战略阶段(1949~1978年)、由进口替代向出口导向转变阶段(1979~1991年)、出口促进与加速贸易市场化改革阶段(1992~2001年)以及有管理的贸易开放阶段(2002年至今)这四个阶段。[①] 我国加入世界贸易组织后,在市场准入、国内措施、外资待遇、服务贸易等各个领域均很好地兑现了自身对世界贸易组织的承诺,贸易政策改革在许多方面已经与国际贸易体制接轨。金融危机后,发达国家调整经济增长模式,纷纷采取再工业化战略,重视出口并采取贸易保护措施,对我国外贸出口市场环境产生影响。同时,我国国内生产要素结构也产生了重大变化,高素质的劳动力比例大幅上升,企业技术水平正在不断上升,部分新兴产业在技术上具有比较优势。因此,需要重新认识对外贸易对我国经济发展的作用,重新审视出口导向型发展战略,重视国内贸易对经济发展的作用,促进对外贸易与国内经济发展在更大程度上的融合。我国贸易发展战略的转变主要包括以下内容。

(1) 从内外贸关系看,贸易发展应从出口导向型向内需外需协调发展转变。改革开放以来,我国出口导向型的发展战略,使外贸出口和外汇储备迅速增长,但其贸易成本也是巨大的。而且,这种出口导向型战略实际上已经不可持续。因此,重视国内市场对经济发展的拉动作用,大力发展国内市场,促进国内和国际两个市场协调发展,是新时期我国贸易发展战略的必然选择。

(2) 从进出口关系看,外贸发展应从出口导向型向进出口协调发展转变。正确认识进口对经济社会发展的重要作用,重视进口对经济增长的作用,改变重出口轻进口的重商主义理念和做法,实现进出口基本平衡的目标,从出口导向型向进口和出口协调发展转变,是我国外贸发展战略的基本取向。

(3) 从比较优势看,贸易发展应从静态比较优势战略向动态比较优势战略和综合比较优势战略转变。改革开放以来,我国实现以开发劳动密集型产品和资源密集型产品的出口

---

① 马颖、李建波:《从进口替代到出口导向:大陆与台湾贸易发展战略的路径比较》,载于《亚太经济》2007年第3期。

战略，沿海地区嵌入全球价值链，迅速融入国际分工，对外贸易迅速增长，但被锁定在低端环节。为此，我国贸易发展需要从依赖资源、土地、劳动力等有形要素向以科技、管理、创新等无形要素投入为主转变，从成本优势向综合竞争优势转变。

二、新时期我国贸易发展战略重点

新时期我国贸易发展战略目标是，贸易发展方式取得实质性转变，贸易规模持续扩大，结构调整取得新突破，形成大市场、大流通、大贸易格局，实现从贸易大国向贸易强国转型。到"十二五"期末，社会消费品零售总额比2010年翻一番，至2015年，全国社会消费品零售总额达到32万亿元，生产资料销售额达到76万亿元①，网上购物零售额相当于社会消费品零售总额的9%，外贸进出口基本达到平衡。新时期我国贸易发展的战略重点如下。

（一）扩大国内消费市场

"十二五"期间我国把扩大消费需求作为扩大内需的战略重点，通过积极稳妥推进城镇化、实施就业优先战略、深化收入分配制度改革、健全社会保障体系和营造良好的消费环境，增强居民消费能力，改善居民消费预期，促进消费结构升级，进一步释放城乡居民消费潜力，逐步使我国国内市场总体规模位居世界前列。要积极稳妥推进城镇化，大力发展服务业和中小企业，增加就业创业机会。要加强市场流通体系建设，发展新型消费业态，拓展新兴服务消费，完善鼓励消费的政策，改善消费环境，保护消费者权益，积极促进消费结构升级。要合理引导消费行为，发展节能环保型消费品，倡导与我国国情相适应的文明、节约、绿色、低碳消费模式。

（二）提升在全球价值链的地位

应改变目前我国企业嵌入全球价值链低端环节的现状，鼓励本土企业向全球价值链高端攀升，改变我国出口商品在国际贸易中的不利地位。支持发展具有国际竞争力的大型商贸流通企业，鼓励和引导企业整合产业链，完善服务链，实现跨行业、跨地区、跨所有制兼并重组，培育能主导全球价值链的跨国公司。加快发展战略性新兴产业，在部分产业领域抢占价值链的高端环节。大力发展现代服务业，为生产企业向价值链高端环节攀升提供支撑。培育一批拥有自主知识产权、自主品牌和自主营销渠道以及高技术含量、高附加值、高效益的出口产品。提高出口企业在国际市场中的话语权，在国际标准的制定上发挥更大的作用。

---

① 商务部新闻办公室：商务部确定"十二五"商务发展主要任务和重点工作，http://www.mofcom.gov.cn/article/ae/ai/201201/2012010791388.html

(三) 提高贸易运行效率

随着我国贸易规模的扩大,我国大宗商品的交易规模已经居世界前列,在世界市场的影响力越来越大,应着力加强国际贸易中心建设。应将我国稀有资源加工建成规范、标准材料,成立具有世界影响力的现货、期货交易市场,以此为核心产品,扩大我国大宗商品交易规模和交易品种;改进交易规则,在吸取伦敦、纽约、芝加哥交易所经验基础上,建立更具世界代表性的上海交易所。[①] 依托国内大型商品交易市场建设市场指数,建立大宗商品市场指数体系,引导消费、生产、流通。我国于2006年开始编制义乌小商品指数,现在已有义乌小商品指数、柯桥纺织指数、盛泽丝绸化纤指数和中关村电子信息产品指数。市场指数增强了我国商品的定价话语权,成为政府调控市场的决策依据,促进了产业转型升级。今后应进一步扩大商品指数的范围,增强指数的科学性、可靠性,完善指数的发布形式,提高指数的使用效率。

(四) 集聚高级贸易要素

转变贸易发展方式需要人才、科技等高级要素的支撑。重视人才培养,形成一支具备现代经营理念、熟悉国内外贸易规则、精通现代贸易管理和掌握现代贸易技术的高素质、复合型贸易人才队伍;加快科技进步,提高贸易活动的科技含量和附加值;积极扩大先进技术、关键零部件、国内短缺资源和节能环保产品进口,提高企业自主创新的技术支持,引导产业结构调整,促进产业向高加工度、高技术化、高端化、生态化转型发展。

我国要抓住全球产业调整机遇,在世界经济步入调整发展新周期中加快转变贸易发展方式,在世界贸易新格局中进一步巩固贸易大国地位,实现贸易强国的战略目标。

【本章案例】

贸易发展方式转型

改革开放以来,我国对外贸易发展迅速,2009年成为世界第一大出口国,2010年成为世界第二大进口国。但从出口产品的结构、自主创新能力以及企业国际竞争力等角度来看,我国离"贸易强国"还有较大的差距。统计公报显示,2010年我国货物出口总额15 779亿美元,其中,一般贸易7 207亿美元,加工贸易7 403亿美元,加工贸易占全部出口额的46.9%;高新技术产品出口4 924亿元,占全部出口额的31.2%;外资企业出口8 623亿美元,占全部出口额的54.6%。我国制造业处于全球价值链的低端,主要在价值

---

① 金柏松:《新时代我国对外贸易发展战略思考》,载于《经济学动态》2010年第10期。

链的一般零部件制造和组装环节，缺少国际认可的支柱产业和出口名牌产品，获利甚微。加工贸易产品占据我国出口的比重高于一般贸易的比重，但在加工贸易中获取的利润只有3%~5%。美国商业周刊评选的品牌100强中没有一个中国品牌。我国自主品牌商品出口占总出口的比重不到10%，出口的商品大部分是贴牌产品，出口加工企业仅赚取微薄的加工利润，造成"没有利润的忙碌"局面。而发达国家的品牌商，或由其主导的二、三级经销商，通过竞争性采购模式，不断压低采购价格，对出口企业进行纵向压榨。缺乏制定国际贸易游戏规则的能力，我国对石油、铁矿石等能源资源消费量巨大，但在国际市场上缺乏足够的价格话语权。

中国是人口大国，应具有广阔的国内市场。但最终消费率和居民消费率偏低，国内市场的发展受到制约。从图10-1可以看出，自2001年以来最终消费率呈下降趋势，近几年在50%以下，低于发展中国家平均水平。最终消费支出对经济增长的贡献率也不高，2003年仅为35.8%，2009年也只有45.4%。为此，"十二五"规划把扩大消费需求作为扩大内需的战略重点，通过积极稳妥推进城镇化、实施就业优先战略、深化收入分配制度改革、健全社会保障体系和营造良好的消费环境，增强居民消费能力，改善居民消费预期，促进消费结构升级，进一步释放城乡居民消费潜力，逐步使我国国内市场总体规模位居世界前列。

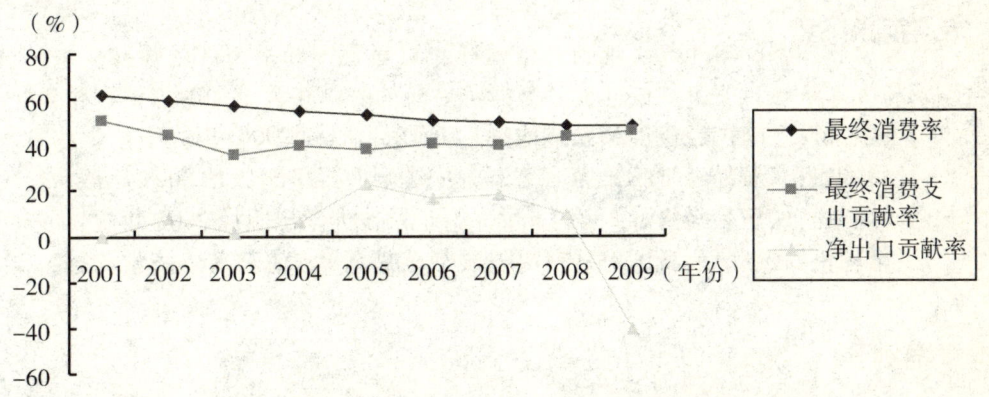

图10-1 2001~2009年我国最终消费、净出口对经济增长的贡献

数据来源：2010年《中国统计年鉴》。

近十年来，我国内贸领域实现了规模的快速扩张，涌现了一批实力较强的大型贸易企业。但与世界著名贸易企业相比，我国贸易企业规模偏小、国际竞争力弱，在全球价值链上攀升的难度很大。我国内贸增长主要依靠大量要素投入，重规模轻结构，重数量轻质量，发展方式粗放，主要表现在：一些地区和城市的批发市场与零售网点已经饱和，批发零售企业的利润率不断下降；流通企业在经营规模扩张的同时在物流配送、经营人才和信息技术方面的发展相对滞后；随着新型业态的不断涌现和连锁化经营的快速发展，人才短缺已经成为我国贸易发展的关键因素；在城乡批发市场发展过程中，一些地方只注重硬件建设不注重管理，造成有场无市的局面。因此，转变贸易发展方式，提升贸易发展效益，是当期贸易发展的重要战略任务。

参考文献

姚丽芳：《转变贸易增长方式 成就贸易强国》，载于《中国经贸导刊》，2010 年第 6 期。

案例讨论题

1. 结合案例资料讨论我国为什么要转变贸易发展方式？
2. 为什么我国贸易发展战略需要从出口导向型向内需型转变？
3. 查找更多资料，提出我国内外贸转变发展方式的具体路径。

[复习思考题]

1. 贸易增长和贸易发展的内涵和评价指标。
2. 联系我国实际阐述贸易发展趋势。
3. 我国贸易发展方式存在哪些问题？如何转型贸易发展方式？
4. 我国贸易发展战略的主要内容。

[推荐阅读]

[1] 吴敬链：《中国经济增长模式抉择》，远东出版社 2006 年版。
[2] 周肇先：《贸易经济学》第十五章，中国财政经济出版社 2004 年版。
[3] 蒋和祥：《贸易经济学》第 13 章，电子科技大学出版社 2005 年版。
[4] 金柏松：《新时代我国对外贸易发展战略思考》，载于《经济学动态》2010 年第 10 期。

参 考 文 献

1. 林文益：《贸易经济学》，中国财政经济出版社1995年版。
2. 章国兴、张鹏：《贸易经济学》，重庆大学出版社1995年版。
3. 张绪昌、丁俊发：《流通经济学》，人民出版社1995年版。
4. 周肇先：《贸易经济学》，中国财政经济出版社1999年版。
5. 柳思维：《贸易经济学》，高等教育出版社2007年版。
6. 夏春玉：《流通概论》，东北财经出版社2006年版。
7. 蒋和祥：《贸易经济学》，电子科技大学出版社2005年版。
8. 易法海：《贸易经济学》，中国农业出版社2007年版。
9. 马龙龙：《流通产业组织》，清华大学出版社2006年版。
10. 田村正纪著、吴小丁、王丽翻译：《流通原理》，机械工业出版社2007年版。
11. 彭辉：《流通经济学》，科学出版社2010年版。
12. 吴小丁、［日］矢作敏行等编译：《商品流通论》，科学出版社2009年版。
13. 童一秋：《批发商》，中国时代经济出版社2004年版。
14. 黄国雄、曹厚昌：《现代商学通论》，人民日报出版社1994年版。
15. 李庆新：《明代海外贸易制度》，社会科学文献出版社2007年版。
16. 王晓明：《世界贸易史》，中国人民大学出版社2009年版。
17. 樊纲：《市场机制与经济效率》，上海三联书店、上海人民出版社1995年版。
18. 田文：《产品内贸易论》，经济科学出版社2006年版。
19. 陈郁：《企业制度与市场组织——交易费用经济学文献》，上海三联书店、上海人民出版社1996年版。
20. 卢现祥：《西方新制度经济学》，中国发展出版社1996年版。
21. 任保平、任宗哲：《统筹城乡商贸流通的案例研究》，中国财政经济出版社2011年版。
22. 王必达：《区际贸易与区域发展》，经济科学出版社2010年版。
23. 陈秀山、张可云：《区域经济理论》，商务印书馆2003年版。
24. 齐晓斋：《城市商圈发展概论》，上海科学技术文献出版社2007年版。
25. 荆林波等：《中国服务业发展报告——面向"十二五"的中国服务业》，社会科学文献出版社2011年版。
26. 胡春燕：《零售商抗衡势力假说研究评述》，载于《商业经济与管理》2010年第

5 期。

27. 晁钢令：《建设国际贸易中心必须振兴上海批发商业》，载于《上海商业》2005 年第 3 期。

28. 晏维龙：《"零售之轮"理论发展的逻辑与不足》，载于《北京工商大学学报（社会科学版）》2002 年第 11 期。

29. 莫少颖：《发达国家农产品批发市场发展经验及启示》，载于《价格月刊》2010 年第 5 期。

30. 杜德斌、王以华：《政府采购中的目标多维与下一步改进》，载于《改革》2010 年第 6 期。

31. 洪涛：《"十二五"中国特色流通体系及其战略研究》，载于《北京工商大学学报（社会科学版）》2010 年第 7 期。

32. 杨圣明、刘力：《服务贸易理论的兴起与发展》，载于《经济学动态》1999 年第 5 期。

33. 吴晓云、张峰：《现代服务业可迁移性和交互性的新特征及其全球化潜力——兼论对中国发展现代服务业的管理启示》，载于《山东大学学报（哲学社会科学版）》2010 年第 1 期。

34. 庄尚文：《流通渠道及其主导权研究：评述与展望》，载于《世界经济与政治论坛》2008 年第 5 期。

35. 阴训法、杨超：《浅析现代服务业的特征》，载于《中国商贸》2010 年第 20 期。

36. 陈柳钦：《关于全球价值链理论的研究综述》，载于《全球科技经济瞭望》2009 年第 12 期。

37. 郭艳华：《发达国家批发零售业的发展趋势与启示》，载于《广东行政学院学报》，2008 年第 4 期。

38. 马龙龙：《批发贸易演进及发展规律研究》，载于《财贸经济》2010 年第 3 期。

39. 连玲玲：《从零售革命到消费革命：以近代上海百货公司为中心》，载于《历史研究》2008 年第 5 期。

40. 郑志刚：《美国零售商业发展理论假说研究》，载于《商业研究》1998 年第 6 期。

41. 赵萍：《国外零售组织演进假说及其局限性分析》，载于《经济理论与经济管理》2006 年第 1 期。

42. 柳思维、张晖：《中国连锁商业发展研究综述》，载于《北京工商大学学报（社会科学版）》2009 年第 3 期。

43. 李圣军：《新时期农村流通体系的构建模式》，载于《经济与管理》2010 年第 7 期。

44. 张家林：《商会的性质、机制与我国商会的转型》，载于《上海经济研究》2009 年第 7 期。

45. 夏春玉、张闯、梁守观：《城乡互动的双向流通系统：互动机制与建立路径》，载于《财贸经济》2010 年第 3 期。

46. 桑义明、肖玲：《商业地理研究的理论与方法回顾》，载于《人文地理》2003 年第 6 期。

47. 张可云：《区域市场理论再探》，载于《学术研究》1994 年第 2 期。

48. 卢彦：《区域市场：理论与中国的实践》，载于《北京商学院学报》1994 年第 1 期。

49. 程大中：《国际贸易中心的历史演变及其对上海的启示》，载于《世界经济情况》2009 年第 7 期。

50. 金柏松：《新时代我国对外贸易发展战略思考》，载于《经济学动态》2010 年第 10 期。

51. M. P. McNair: *Trends in Large Scale Retailing*, Harvard Business Review, Vol. 10, October, 1931.

52. D. Izraeli: *Cyclical Evolution of Marketing Channels*, British Journal of Marketing, Vol. 5, 1970, (3).

53. Dressman: *Patterns of Evolution in Retailing*, Journal of Retailing, 1968, (44).

54. E. Agergaard, P. A. Olsen, J. Allpass: *The Interaction between Retailing and the Urban Centre Structure: A theory of Spiral Movement*, Environment and Planning, Vol, 2, 1970.